Ab dem Hauptstudium
bis zum Referendariat

 JURA **INTENSIV**

W0229221

CRASHKURS
Öffentliches Recht Nordrhein-Westfalen

Dr. Dirk Kues

6. Auflage

Jura Intensiv Verlags UG & Co. KG, Frankfurt, Oktober 2020

Herr **Dr. Dirk Kues** ist Rechtsanwalt und Franchisenehmer des Repetitoriums *Jura Intensiv* in Frankfurt, Gießen, Heidelberg, Mainz und Marburg. Er wirkt seit über 15 Jahren als Dozent des Repetitoriums und ist Redakteur der Ausbildungszeitschrift RA – Rechtsprechungs-Auswertung. Ferner ist er Autor der Crashkurs- und Kompaktreihe im Öffentlichen Recht sowie Co-Autor der Skripte Verwaltungsrecht AT, Verwaltungsprozessrecht und der Basis-Fälle Verwaltungsrecht AT & Verwaltungsprozessrecht aus der *Jura Intensiv* Skriptenreihe.

Autor
Dr. Dirk Kues

Verlag und Vertrieb
Jura Intensiv Verlags UG (haftungsbeschränkt) & Co. KG
Eschersheimer Landstr. 60 - 62
60322 Frankfurt am Main
info@verlag.jura-intensiv.de
www.verlag.jura-intensiv.de

Gestaltung Cover
B. A. Huyen Truong

Druck und Bindung
Druckerei Busch GmbH, Raiffeisenring 31, 46395 Bocholt

ISBN 978-3-96712-026-4

Inhaltsverzeichnis

Crashkurs Öffentliches Recht Nordrhein-Westfalen

Straßenrecht

Staatsorganisationsrecht

Grundrechte

Staatshaftungsrecht

Europarecht

EMRK

Allgemeines Verwaltungsrecht

A. Verwaltungsakt, § 35 VwVfG NRW
Problematische VA-Merkmale:

I. Behörde
Legaldefinition in § 1 II VwVfG NRW. Konkretisierende Merkmale:

1. Einsetzung durch Hoheitsakt.

2. Unabhängig von einem Mitgliederwechsel.

3. Handelt unmittelbar im eigenen Namen nach außen.

> **Beachte:** An diesem Merkmal scheitert i.d.R. die Behördenstellung des Rates, da seine Entscheidungen grds. noch einer Umsetzung nach außen durch den BM bedürfen. Daher ist grds. der BM die Behörde der Gemeinde.
>
> **Ausn.:** Rat entscheidet über Zulassung eines Bürgerbegehrens (s.u. Kommunalrecht) oder über Straßenumbenennung. Hier bedarf es keiner Umsetzung mehr, sodass der Rat selbst die Behörde ist.

Examenstipps:
VG Arnsberg, Urteil vom 6.7.2017, Az.: 7 K 2014/16
Bei einer Straßenumbenennung sind die für die Anlieger dadurch ausgelösten nachteiligen Folgen wie z.B. der Kostenaufwand für erforderlich werdende Adressänderungen in die Ermessensentscheidung einzubeziehen. Den Anliegern steht insoweit eine die Klagebefugnis begründende eigene Rechtsposition zu.

VG Köln, Urteil vom 9.2.2017, Az.: 20 K 7476/15, RA 2017, 370 ff.
Eine Entscheidung über die Umbenennung einer Straße ist regelmäßig ein adressatloser dinglicher Verwaltungsakt in der Gestalt einer Allgemeinverfügung. Es liegt eine Regelung mit Außenwirkung vor, auch wenn noch kein neuer Straßenname benannt worden ist. Eines besonderen Vollziehungsakts bedarf es nicht.
Ein Anlieger ist hinsichtlich einer Umbenennung der Straße, in der er wohnt bzw. sein Gewerbe ausübt, regelmäßig klagebefugt, da er in seinem subjektiven Recht auf ermessensfehlerfreie Entscheidung dahingehend, dass die Gemeinde die sich aus der Änderung ergebenden nachteiligen Folgen für die Straßenanlieger in die Ermessensentscheidung einzubeziehen hat, verletzt sein kann. Insoweit haben die Anlieger durch die Erstbenennung einer Straße einen Status erlangt, der durch die Änderung in rechtlich relevanter Weise berührt wird und deshalb die Gemeinde verpflichtet, die sich aus der Änderung ergebenden nachteiligen Folgen für die Anlieger in die Ermessensentscheidung einzubeziehen.
Die Gemeinde ist grundsätzlich berechtigt, Straßenbezeichnungen abzuändern. Hierfür muss sie jedoch das ihr zustehende Ermessen ordnungsgemäß ausüben. Davon ist regelmäßig nicht auszugehen, wenn die Gemeinde die selbst gesetzten Kriterien zur Änderung von Straßennamen nicht eingehalten hat.

Probleme:
a) **Verwaltungshelfer** = Person des Privatrechts, die Hoheitsrechte im Namen der Behörde ausübt, die sie beauftragt hat (Bsp.: Abschleppunternehmer, Schülerlotse). Ist selbst nicht Behörde. Beauftragung kann auch zivilrechtlich erfolgen, weil die Hoheitsrechte nicht im eigenen Namen ausgeübt werden, z.B. durch einen Vertrag.

b) **Beliehener** = Person des Zivilrechts, die Hoheitsrechte im eigenen Namen ausübt (<u>Bsp.</u>: Prüfer beim TÜV, wenn er die HU-Plakette aufklebt; Bezirksschornsteinfeger, wenn er die Heizungsanlage überprüft). Der Beliehene ist selbst Behörde und nach h.M. auch selbst Klagegegner. Da der Staat hier seine Hoheitsrechte komplett auf eine Privatperson überträgt, muss eine gesetzliche Ermächtigung vorliegen.

4. Ausübung von Verwaltungstätigkeit, d.h. keine Gesetzgebung und keine Respr.

II. Regelung

= rechtsverbindliche Anordnung, die auf die Setzung einer Rechtsfolge gerichtet ist, d.h. Auferlegung einer Pflicht (z.B. Platzverweis, Abrissverfügung), Verleihung eines Rechts (z.B. Baugenehmigung) oder verbindliche Feststellung der Rechtslage (z.B. Feststellung der dauerhaften Dienstunfähigkeit eines Beamten).
Grenzt ab vom Realakt bzw. schlicht-hoheitlichen Handeln wie etwa dem rechtsunverbindlichen Hinweis oder der Auskunft.

Probleme:
1. Standardmaßnahmen
   Einordnung strittig. Richtigerweise kommt es auf die jeweilige Standardmaßnahme und die konkrete Situation an. Überwiegend werden sie Regelungswirkung haben (z.B. Platzverweis). Insbes. ist darauf zu achten, ob vor Durchführung der Standardmaßnahme ein ausdrücklicher Befehl erteilt wurde (z.B. „öffnen sie die Tür" oder „ich nehme sie jetzt in Gewahrsam"). Dann entfaltet jedenfalls dieser Befehl Regelungswirkung. Demgegenüber fehlt die Regelungswirkung z.B. bei einer Observationsmaßnahme.

2. Verwaltungsvollstreckung
   Maßnahmen der Verwaltungsvollstreckung wie Ersatzvornahme und unmittelbarer Zwang sollen nach einer Ansicht eine konkludente Duldungsverfügung beinhalten (z.B. „dulde, dass ich dich schlage"). Dagegen spricht jedoch, dass schon nach dem äußeren Ablauf des Geschehens ein rein tatsächliches Handeln der Behörde vorliegt. Zudem bedarf es der Konstruktion einer konkludenten Duldungsverfügung nicht, da auch gegen Realakte effektiver Rechtsschutz zur Verfügung steht.

III. Einzelfall

Grenzt ab vom Gesetz.

<u>Fallgruppen:</u>

1. Konkret-individuell
   = ganz bestimmter Sachverhalt (= konkret) wird für eine ganz bestimmte Person (= individuell) geregelt, z.B. Erteilung einer Baugenehmigung.

2. Konkret-generell
   = ganz bestimmter Sachverhalt (= konkret) wird für unendlich viele Personen (= generell) geregelt.
   Das ist die Allgemeinverfügung gem. § 35 S. 2 VwVfG NRW. Die Norm hat **drei Fälle**:

   a) Adressatenbezogene Allgemeinverfügung gem. § 35 S. 2 1. Fall VwVfG NRW, z.B. Lichtzeichen einer Verkehrsampel.

   b) Sachbezogene Allgemeinverfügung/dinglicher VA gem. § 35 S. 2 2. Fall VwVfG NRW, z.B. Widmung einer öffentlichen Straße, Straßenumbenennung.

   c) Benutzungsregelnde Allgemeinverfügung gem. § 35 S. 2 3. Fall VwVfG NRW, z.B. Verkehrsschilder.

3. Abstrakt-individuell

= unendlich viele Sachverhalte (= abstrakt) werden für eine ganz bestimmte Person (= individuell) geregelt. Bsp.: Kraftwerksbetreiber wird verpflichtet, die angrenzende Straße zu streuen, wenn die Temperatur unter 0 Grad fällt, da dann der Wasserdampf aus seinem Kühlturm für Glatteisbildung sorgt.

Es handelt sich um eine VA i.S.d. § 35 S. 1 VwVfG NRW.

4. Abstrakt-generell

= unendlich viele Sachverhalte (= abstrakt) werden für unendlich viele Personen geregelt (= generell).

Das ist ein Gesetz.

Beachte: Formelle Gesetze sind Gesetze, die ein förmliches Gesetzgebungsverfahren durchlaufen haben, also Gesetze, die vom BT oder den Landesparlamenten stammen. Materielle Gesetze sind demgegenüber Gesetze, die von der Exekutive erlassen wurden, d.h. RVO und Satzungen.

Einfache Gesetze sind Gesetze, die mit einfacher Mehrheit erlassen wurden, also alle Gesetze unterhalb des GG.

IV. Außenwirkung

= Maßnahmen muss final darauf gerichtet sein, Rechtswirkungen bei einer Person zu erzeugen, die außerhalb des handelnden Verwaltungsträgers steht.

Grenzt ab vom Verwaltungsinternum sowie vom (ungewollten) Rechtsreflex.

Probleme:

1. Sonderstatusverhältnisse (Beamte, Richter etc.)

Entscheidend ist, ob der Adressat in seiner persönlichen Rechtsstellung betroffen ist (z.B. Einstellung, Beförderung, Entlassung) oder nur als Glied der Verwaltung angesprochen wird (z.B. Arbeitsanweisungen des Vorgesetzten).

Indiz: Ist der Adressat austauschbar, wäre die Maßnahme also gegen jeden beliebigen Adressaten ebenso ergangen, spricht dies gegen eine Betroffenheit in der persönlichen Rechtsstellung.

2. Mehrstufiger VA

= bevor Erlassbehörde nach außen gegenüber dem Bürger einen VA erlassen darf, muss sie intern andere Behörden (= Mitwirkungsbehörden) beteiligen.

Diese Mitwirkung ist mangels Außenwirkung grds. kein VA.

Ausn.: • Mitwirkungsbehörde teilt ihre Entscheidung direkt dem Bürger mit.

• Mitwirkungsbehörde prüft bestimmte Gesichtspunkte ausschließlich, so dass die Erlassbehörde daran gebunden ist und gegenüber dem Bürger quasi nur noch als Erklärungsbote auftritt.

3. Maßnahmen der Aufsichtsbehörde

Bsp.: Weisung der Kommunalaufsichtsbehörde gegenüber einer Gemeinde.

Außenwirkung hängt davon ab, in welchem Aufgabenbereich die Gemeinde betroffen ist. Ist ihr Selbstverwaltungsbereich berührt, kann sie der Aufsichtsbehörde mit der Selbstverwaltungsgarantie eine eigene Rechtsposition entgegenhalten, so dass sie ihr mit eigener Rechtspersönlichkeit entgegentritt. Es liegt dann eine ähnliche Beziehung wie im Verhältnis Bürger - Staat vor, so dass die Außenwirkung zu bejahen ist. Bezieht sich die Maßnahme der Aufsichtsbehörde hingegen auf Pflichtaufgaben zur Erfüllung nach Weisung, ist die Rechtslage strittig (s.u. Kommunalrecht).

                                    Autor: Dr. Dirk Kues

4. **Kommunalverfassungsstreit (KVS)**
   = Streit zwischen Organen oder Organteilen einer kommunalen Selbstverwaltungsein-
   richtung um die ihnen zustehenden Kompetenzen.
   M.M. hält Außenwirkung für gegeben, wenn das klagende Organ/der Organteil in
   eigenen Rechten betroffen ist. Zieht also Parallelen zu den Sonderstatusverhältnissen
   (s.o.). Jedoch tritt der Betroffene hier nicht als natürliche Person, sondern in seiner
   hoheitlichen Funktion auf. Er rügt auch nicht private Rechtspositionen, sondern
   Organrechte. Schließlich ist die Annahme einer Außenwirkung auch nicht erforderlich,
   um ihm effektiven Rechtsschutz zu gewähren. Daher lehnt die h.M. eine Außenwirkung
   grds. ab. Eine Ausnahme kommt nur bei Sanktionsmaßnahmen in Betracht, für die der
   Betroffene als Privatperson einstehen muss, z.B. Verhängung eines Ordnungsgeldes.

V. Bekanntgabe, § 41 VwVfG NRW
Ist kein Element der Legaldefinition des § 35 S. 1 VwVfG NRW, jedoch gem. § 43 I VwVfG NRW
Wirksamkeitsvoraussetzung des VA.

Bekanntgabe = amtlich veranlasste Möglichkeit der Kenntnisnahme.
Ein besonderer Fall ist die öffentliche Bekanntgabe gem. § 41 III, IV VwVfG
NRW.

Problem: Bekanntgabe von Verkehrszeichen
Für Verkehrszeichen gelten besondere Bekanntgabevorausset-
zungen aufgrund der StVO. Sie wirken gegenüber allen Verkehrsteilnehmern, sobald sie so aufgestellt sind, dass sie mit einem
raschen, beiläufigen Blick erkannt werden können. Es kommt nicht
darauf an, ob der Verkehrsteilnehmer tatsächlich vor Ort ist, sondern
ob er das Verkehrszeichen erkennen könnte, wenn er vor Ort wäre.

B. Inhalts- und Nebenbestimmungen

I. Abgrenzung

Inhaltsbestimmung = legt den Inhalt des VA fest, ist der VA.

Nebenbestimmung = bezieht sich auf einen VA, ist akzessorisch, regelt jedoch einen ei-
genständigen Sachverhalt.

In beiden Fällen geht es in den Klausuren stets darum, dass ein eigentlich begünstigender VA
mit einer belastenden Inhalts- oder Nebenbestimmung verbunden ist, gegen die sich der Betroffene wehren möchte.

Abgrenzungsmethoden:

- Wurde ein VA mit einem ganz bestimmten Inhalt begehrt und weicht die Behörde davon ab,
gewährt also einen VA mit einem anderen Inhalt, liegt eine Inhaltsbestimmung vor.
Bsp.: Begehrt wird eine Baugenehmigung für einen Saal ohne Säulen, genehmigt wird aber
nur ein Saal mit Säulen.

- Alternativ kann auch durch Auslegung der maßgeblichen Rechtsvorschriften ermittelt werden,
was der begünstigende VA grds. gestattet. Tangiert die zugleich auferlegte Belastung den so
ermittelten Inhalt des VA, handelt es sich um eine Inhaltsbestimmung, anderenfalls um eine
Nebenbestimmung.
Bsp.: Die Pflicht, beim Führen eines Kfz eine Sehhilfe zu tragen, tangiert nicht das grds.
Recht, alle Fahrzeuge einer bestimmten Klasse zu führen. Daher handelt es sich um eine
Nebenbestimmung.

II. Abgrenzung der Nebenbestimmungen untereinander

Definition/Erläuterung der Nebenbestimmungen in § 36 II VwVfG NRW.

Problem: Abgrenzung Bedingung ←→ Auflage

Entscheidend ist der objektive Wille der Behörde, d.h. es kommt darauf an, wie wichtig ihr die Einhaltung der Nebenbestimmung ist. Soll davon die Wirksamkeit des VA abhängen, dann Bedingung. Anderenfalls Auflage (+).

Merksatz: Die Bedingung suspendiert, zwingt aber nicht (= bei Nichteinhaltung der Bedingung ist der VA unwirksam, so dass die Bedingung auch nicht zwangsweise durchgesetzt werden muss). Die Auflage zwingt, suspendiert aber nicht (= bei Nichteinhaltung der Auflage bleibt der VA existent, da ansonsten § 49 II 1 Nr. 2, III 1 Nr. 2 VwVfG NRW überflüssig wäre; jedoch kann die Auflage mit den Mitteln der Verwaltungsvollstreckung durchgesetzt werden).

Wortlaut hat nur Indizwirkung, weil Behörde häufig selbst nicht sicher zwischen Bedingung und Auflage unterscheiden kann. In verbleibenden Zweifelsfällen liegt die Auflage als das mildere Mittel vor.

III. Rechtmäßigkeit der Nebenbestimmungen

Prüfung hängt davon ab, ob gebundene Entscheidung oder Ermessensentscheidung vorliegt:

Gebundene Entscheidung, § 36 I VwVfG NRW:

Nebenbestimmung nur zulässig, wenn ausdrückliche gesetzliche Bestimmung sie gestattet, z.B. § 5 GastG (i.V.m. Art. 125a I GG). Alternativ kann sie erlassen werden, wenn ansonsten die Voraussetzungen für den Erlass des gebundenen VA nicht vorliegen. Bsp.: Erlass einer Baugenehmigung mit der Nebenbestimmung, noch fehlende Stellplätze zu schaffen.

Ermessensentscheidung, § 36 II VwVfG NRW:

Keine besonderen Anforderungen an den Erlass einer Nebenbestimmung, weil zur Ermessensausübung auch die Entscheidung über den Erlass einer Nebenbestimmung gehört.

C. Aufhebung von Verwaltungsakten

I. Rücknahme rechtswidriger VA

1. Ermächtigungsgrundlage für die Rücknahme

2. Formelle Rechtmäßigkeit der Rücknahme
   a) Zuständigkeit
   b) Verfahren, § 28 VwVfG NRW
   c) Form

3. Materielle Rechtmäßigkeit der Rücknahme (am Beispiel des § 48 VwVfG NRW)
   a) Rechtswidriger Ausgangs-VA, § 48 I 1 VwVfG NRW
   b) Begünstigender Ausgangs-VA, § 48 I 2 VwVfG NRW
   c) Geldleistung oder teilbare Sachleistung, § 48 II 1 VwVfG NRW
   d) Jahresfrist, § 48 IV VwVfG NRW
   e) Rechtsfolge: Ermessen, § 48 I 1 VwVfG NRW

1. EGL für die Rücknahme
   Spezialnormen: § 45 I WaffG, § 15 I GastG.
   Im Übrigen gilt § 48 VwVfG NRW.

Examenstipp:
BVerwG, Urteil vom 19.6.2019, Az.: 6 C 9.18, RA 2019, 589 ff.
Unzuverlässig im Sinne des § 5 Abs. 2 Nr. 3 Buchst. a WaffG a.F. ist in der Regel auch der-jenige, der verfassungsfeindliche Bestrebungen im Rahmen der Mitgliedschaft in einer nicht verbotenen politischen Partei verfolgt.
Bestrebungen, die sich im Sinne des § 5 Abs. 2 Nr. 3 Buchst. a WaffG a.F. gegen die ver-fassungsmäßige Ordnung richten, liegen bei einer Vereinigung vor, die als solche nach außen eine kämpferisch-aggressive Haltung gegenüber den elementaren Grundsätzen der Verfassung einnimmt. Dazu genügt, dass sie die verfassungsmäßige Ordnung fortlaufend untergraben will, wie dies für eine mit dem Nationalsozialismus wesensverwandte Vereinigung kennzeich-nend ist. Sie muss ihre Ziele nicht durch Gewaltanwendung oder sonstige Rechtsverletzungen zu verwirklichen suchen.
Die verfassungsfeindlichen Bestrebungen einer Partei werden jedenfalls dann im Sinne des § 5 Abs. 2 Nr. 3 Buchst. a WaffG a.F. unterstützt, wenn leitende Funktionen in der Partei oder Mandate als Vertreter der Partei in Parlamenten und Kommunalvertretungen wahrge-nommen werden.
Ist der Tatbestand des § 5 Abs. 2 Nr. 3 Buchst. a WaffG a.F. erfüllt, muss einzelfallbezogen geprüft werden, ob atypische Umstände vorliegen, die geeignet sein könnten, die Regelver-mutung der Unzuverlässigkeit zu widerlegen. In den Fällen der Unterstützung verfassungs-feindlicher Bestrebungen einer Partei durch Wahrnehmung von Parteiämtern oder Mandaten in Parlamenten und Kommunalvertretungen setzt dies - neben einem in waffenrechtlicher Hinsicht beanstandungsfreien Verhalten - grundsätzlich die Feststellung voraus, dass die betreffende Person sich von hetzenden Äußerungen sowie gewaltgeneigten, bedrohenden oder einschüchternden Verhaltensweisen anderer Mitglieder oder Anhänger der Partei unmiss-verständlich und beharrlich distanziert hat.

Probleme:

a) Anwendung des § 48 VwVfG NRW neben § 15 I GastG
§ 48 VwVfG NRW ist anwendbar. Anderenfalls wäre ein Widerruf einer rechtmäßigen Gaststättenerlaubnis gem. § 15 II, III GastG eher möglich als die Rücknahme einer rechtswidrigen Gaststättenerlaubnis nach § 15 I GastG, weil § 15 II, III GastG mehr Widerrufsgründe normiert.

b) Ist § 48 VwVfG NRW gegenüber einem Dritten anwendbar, an den der Adressat des VA die Begünstigung weitergereicht hat?
Grds. nicht, weil nur zwischen dem Adressaten und der Verwaltung ein Verwaltungsrechtsverhältnis besteht.

Ausn.: • der Dritte ist der Gesamtrechtsnachfolger des Adressaten.

• VA bezieht sich auf ein bestimmtes Objekt, ist sachbezogen.

• Weitergabe der Begünstigung ist im VA selbst vorgesehen.

• VA verstößt gegen das EU-Recht; zwecks effektiver Durchsetzung des EU-Rechts muss auch eine Rücknahme und Rückforderung gegenüber dem Einzelrechtsnachfolger des Adressaten möglich sein.

c) Anspruch auf Rücknahme eines rechtswidrigen, belastenden, bestandskräftigen VA
Besteht zum einen unter den engen Voraussetzungen des § 51 I-III VwVfG NRW. Dann muss zusätzlich noch die EGL des bestandskräftigen VA geprüft werden. Zum anderen kann sich ein Anspruch aus § 48 I 1 VwVfG NRW ergeben, der dem Betroffenen einen Anspruch auf ermessensfehlerfreie Entscheidung gewährt. Das behördliche Ermessen ist jedoch nur auf null reduziert, wenn:

• die Verwaltung einen VA in gleich gelagerten Fällen aufgehoben hat,

• die Aufrechterhaltung des VA gegen die guten Sitten verstößt (z.B. weil die Verwaltung den Betroffenen davon abgehalten hat, sich rechtzeitig gegen den VA zu wehren) oder

• der VA offensichtlich rechtswidrig ist, d.h. zurzeit seines Erlasses kein vernünftiger Zweifel an seiner Rechtswidrigkeit besteht.

Ist keine dieser Konstellationen einschlägig, kann sich die Verwaltung ermessensfehlerfrei auf die eingetretene Bestandskraft des VA berufen und dessen Rücknahme ablehnen.

Sonderfall: Verstoß gegen das EU-Recht:
Verstößt ein VA gegen das EU-Recht, hat der Betroffene unter folgenden Voraussetzungen einen Anspruch aus § 48 I 1 VwVfG NRW auf Wiederaufgreifen des Verfahrens und zugleich richtigerweise auch einen Anspruch auf Rücknahme des VA (sog. Kühne & Haitz-Rechtsprechung):

• die Verwaltung ist befugt, einen rechtswidrigen, bestandskräftigen VA aufzuheben, was gem. § 48 I 1 VwVfG NRW der Fall ist

• der VA ist aufgrund eines letztinstanzlichen Urteils bestandskräftig geworden, d.h. der Betroffene hat alle verfügbaren Rechtsmittel in Anspruch genommen

• dieses Urteil beruht auf einer unrichtigen Auslegung des EU-Rechts, ohne dass der EuGH um Vorabentscheidung ersucht wurde

• der EuGH hat in einem späteren Verfahren die Europarechtswidrigkeit dieses Urteils festgestellt und der Betroffene hat unmittelbar nach Kenntniserlangung von der EuGH-Entscheidung die Verwaltung um Aufhebung des VA gebeten

• durch die Aufhebung werden nicht Belange Dritter verletzt.

2. Formelle Rechtmäßigkeit der Rücknahme

a) Zuständigkeit
= die Behörde, die den aufzuhebenden VA erlassen hat bzw. hätte erlassen müssen (sog. **Annexkompetenz**).
Hat eine unzuständige Behörde den Ausgangs-VA erlassen, darf er nur von der eigentlich zuständigen Behörde aufgehoben werden.

b) Verfahren, § 28 VwVfG NRW

c) Form
Aus Gründen der Rechtssicherheit muss die Rücknahme die gleiche Form haben wie der aufzuhebende VA.

3. Materielle Rechtmäßigkeit der Rücknahme (am Beispiel des § 48 VwVfG NRW)

a) Rechtswidriger Ausgangs-VA, § 48 I 1 VwVfG NRW
Inzidente Prüfung der Rechtmäßigkeit des aufzuhebenden VA.

> **Problem:** Anwendung des § 48 VwVfG NRW auf nachträglich rechtswidrig gewordene VA
> Bsp.: Beamter erhält wegen einer besonderen Funktion, die er ausübt, eine Zulage. Nach einer Versetzung steht ihm die Zulage nicht mehr zu, er erhält sie aber weiterhin. Zuständige Behörde möchte Zulage rückwirkend zu dem Zeitpunkt aufheben, in dem die Versetzung erfolgte.
> Grds. (-), weil ansonsten § 49 II 1 Nr. 3, 4 VwVfG NRW überflüssig wären.
> Strittig, ob eine Ausnahme für Dauer-VA gilt (= VA, der ein auf Dauer angelegtes Rechtsverhältnis erzeugt, s. obiges Bsp.). Eine Ansicht lehnt dies ab, weil der Gesetzgeber mit § 49 II 1 Nr. 3, 4 VwVfG NRW eine abschließende Regelung getroffen habe. Die Gegenauffassung will § 48 VwVfG NRW anwenden, weil sich Dauer-VA ständig aktualisieren und deshalb ab dem Zeitpunkt, in dem sie rechtswidrig werden, wie ein ursprünglich rechtswidriger VA zu behandeln seien. Zudem könne sonst außerhalb der engen Voraussetzungen des § 49 III VwVfG NRW keine Aufhebung ex tunc erfolgen, so dass auch keine Rückforderung gem. § 49a I VwVfG NRW möglich ist. Der Begünstigte dürfe dann eine Leistung behalten, auf die er keinen Anspruch hatte.

b) Begünstigender Ausgangs-VA, § 48 I 2 VwVfG NRW
Wenn der Ausgangs-VA nicht begünstigend ist, gelten keine weiteren Tatbestandsvoraussetzungen.

> **Problem:** Ausschluss des § 48 II-IV VwVfG NRW durch § 50 VwVfG NRW
> Strittig, welche Anforderungen an den Rechtsbehelf des Dritten i.S.d. § 50 VwVfG NRW zu stellen sind. Die h.M. verlangt, dass der Rechtsbehelf zulässig und begründet ist, weil § 50 VwVfG NRW mit dem Ausschluss aller Vertrauensschutzregelungen des § 48 VwVfG NRW eine sehr belastende Rechtsfolge hat. Die M.M. lässt die Zulässigkeit des Drittrechtsbehelfs ausreichen. Für sie spricht der Wortlaut des § 50 VwVfG NRW, der keine Anforderungen an den Drittrechtsbehelf stellt. Zudem schließt § 50 VwVfG NRW auch die Vertrauensschutzregeln des § 49 VwVfG NRW aus. In dieser Konstellation kann der Drittrechtsbehelf aber gar nicht begründet sein, weil es bei § 49 VwVfG NRW um rechtmäßige VA geht.

 Autor: Dr. Dirk Kues

c) Geldleistung oder teilbare Sachleistung, § 48 II 1 VwVfG NRW
   Grenzt § 48 II VwVfG NRW ab von § 48 III VwVfG NRW. Teilbare Sachleistungen sind Leistungen, die den Staat nur finanziell belasten, z.B. Überlassung einer Wohnung.

   aa)   § 48 II VwVfG NRW

      (1)   Tatsächliches Vertrauen
            Z.B. (-), wenn der Adressat gar keine tatsächliche Kenntnis vom begünstigenden VA hat.

      (2)   Schutzwürdigkeit des Vertrauens

            Prüfungsreihenfolge:

            • § 48 II 3 VwVfG NRW:
              § 48 II 3 Nr. 2 VwVfG NRW verlangt im Gegensatz zu § 48 II 3 Nr. 1, 3 VwVfG NRW kein Verschulden. Allerdings müssen unrichtige oder unvollständige Angaben in den Verantwortungsbereich des Begünstigten fallen, dürfen also nicht durch die Behörde verursacht worden sein.
              Bei § 48 II 3 Nr. 3 VwVfG NRW muss sich die Kenntnis bzw. grob fahrlässige Unkenntnis auf die Rechtswidrigkeit des VA selbst beziehen. Eine bloße Kenntnis der Umstände, die zur Rechtswidrigkeit führen, genügt also (im Gegensatz zu § 49a II 2 VwVfG NRW) nicht.

              Examenstipp:
              BVerwG, Urteil vom 22.3.2017, Az.: 5 C 4/16
              Die Berufung auf schutzwürdiges Vertrauen ist gem. § 48 II 3 Nr. 1 VwVfG auch ausgeschlossen, wenn nicht der Begünstigte, sondern sein Vertreter den VA durch Bestechung erwirkt hat.

            • § 48 II 2 VwVfG NRW:
              Leistungen sind nicht verbraucht, wenn noch vorhandene Wertgegenstände angeschafft oder Schulden getilgt wurden. Hingegen sind die Leistungen verbraucht, wenn das Geld für die allgemeine Lebensführung ausgegeben wurde. Zumutbarkeit der Rückgängigmachung einer Vermögensdisposition hängt von Einkommens-, Vermögens- und sonstigen Umständen des Betroffenen ab.

            • § 48 II 1 VwVfG NRW:
              Abwägung des Vertrauensschutzes des Betroffenen mit dem öffentlichen Interesse an der Rücknahme. Ist § 48 II 2 VwVfG NRW einschlägig, beschränkt sich die Abwägung auf die Prüfung, ob ein atypischer Sonderfall vorliegt, der eine Ausnahme von der Regelwertung des § 48 II 2 VwVfG NRW gebietet. Bsp.: VA verstößt gegen das EU-Recht, so dass zum öffentlichen Rücknahmeinteresse das Interesse an einer effektiven Durchsetzung des EU-Rechts hinzutritt; Begünstigter verhält sich grob pflichtwidrig, indem er eine Subvention nicht zweckentsprechend verwendet. Wenn § 48 II 2 VwVfG NRW nicht einschlägig ist, überwiegt in aller Regel das Rücknahmeinteresse.

   bb)   § 48 III VwVfG NRW
         Beachte: Tatbestandlich verlangt § 48 III VwVfG NRW keine Berücksichtigung eines schutzwürdigen Vertrauens des Begünstigten.

d) Jahresfrist, § 48 IV VwVfG NRW

Probleme:

aa) Wann beginnt die Jahresfrist?

Nach h.M. beginnt die Jahresfrist erst, wenn der zuständige Sachbearbeiter alle Sach- und Rechtsfragen geklärt und auch sein Ermessen ausgeübt hat (Jahresfrist als Entscheidungsfrist). § 48 IV VwVfG NRW verfolge den Zweck, die Behörde unter einen Entscheidungsdruck zu setzen. Der Sachbearbeiter solle aber nicht auf ungesicherter Sach- oder Rechtslage eventuell weitreichende Entscheidungen treffen. Nach der M.M. beginnt die Jahresfrist bereits, sobald der Sachbearbeiter bemerkt, dass der VA nunmehr aufhebbar ist (Jahresfrist als Bearbeitungsfrist). Sinn und Zweck der Norm sei es nämlich auch, das Vertrauen des Betroffenen auf den Bestand des VA zu schützen. Die h.M. lasse den Vertrauensschutz komplett außer Betracht, die Jahresfrist laufe danach geradezu ins Leere.

bb) Ist § 48 IV VwVfG NRW im Rahmen von speziellen Rücknahmevorschriften anwendbar?

Da § 48 IV VwVfG NRW die Behörde unter einen Entscheidungsdruck setzen will, ist die Norm auf Ermessensentscheidungen zugeschnitten, da die Behörde bei gebundenen Entscheidungen nichts zu entscheiden hat. Folglich ist § 48 IV VwVfG NRW zumindest im Rahmen solcher speziellen Rücknahmevorschriften nicht anwendbar, die eine gebundene Rechtsfolge vorsehen, z.B. § 15 I GastG, § 45 I WaffG. Ist die Rechtsfolge ein Ermessen, muss durch Auslegung der speziellen Rücknahmevorschrift ermittelt werden, ob § 48 IV VwVfG NRW ergänzend anwendbar ist.

cc) Anwendbarkeit bei nachträglicher Kenntniserlangung von Rechtsanwendungsfehlern

Rechtsanwendungsfehler liegen vor, wenn sich in tatsächlicher Hinsicht nachträglich nichts verändert hat, sondern die Behörde „nur" zu einer anderen Rechtsauffassung gelangt ist. § 48 IV 1 VwVfG NRW ist richtigerweise anwendbar. Das folgt im Umkehrschluss aus § 48 IV 2 VwVfG NRW, der gerade bestimmte Rechtsanwendungsfehler von der Jahresfrist ausnimmt. Ferner ist die Schutzwürdigkeit des Betroffenen unabhängig davon, ob die Behörde von Tatsachen Kenntnis erhält oder zu einer anderen Rechtsauffassung gelangt.

dd) Einfluss des EU-Rechts

Verlangt das EU-Recht die Rücknahme eines VA, ist § 48 IV VwVfG NRW nicht anwendbar. Anderenfalls wäre es den Mitgliedstaaten möglich, durch die Normierung von Ausschlussfristen die Durchsetzung des EU-Rechts zu verhindern. Ferner gibt es auch keinen behördlichen Entscheidungsspielraum mehr, der über § 48 IV VwVfG NRW zu schützen wäre, wenn das EU-Recht die Rücknahme eines VA zwingend fordert.

e) Rechtsfolge: Ermessen, § 48 I 1 VwVfG NRW.

<u>Beachte:</u> Bei einer Rücknahme ex tunc sind bereits erbrachte Leistungen gem. § 49a I 1 VwVfG NRW zu erstatten.

Examenstipps:

BVerwG, Urteil vom 22.3.2017, Az.: 5 C 5/16

Adressat eines Rückforderungsbegehrens ist derjenige Beamte, der die in Rede stehende Geldleistung erlangt hat. Das ist auch der Fall, wenn sie einem fremden Konto gutgeschrieben wurde und er die Zahlung gegen sich gelten lassen muss.

OVG Münster, Urteil vom 17.8.2018, Az.: 1 A 2675/15, RA 2018, 593 ff.

Der Erbe oder sonstige (Gesamt)Rechtsnachfolger tritt in vollem Umfang in die Rechte und Pflichten des Erblassers oder des sonstigen Rechtsvorgängers ein und damit auch in ein durch einen (rechtswidrigen) Verwaltungsakt begründetes Rechtsverhältnis. Adressat eines Rücknahme- und Rückforderungsbescheides muss daher nicht notwendig der ursprüngliche Zuwendungsempfänger selbst, sondern kann gegebenenfalls auch der Rechtsnachfolger sein. Der Erbe oder sonstige Gesamtrechtsnachfolger übernimmt dabei die Rechte und Pflichten des Erblassers so, wie sie im Zeitpunkt des Todes des Erblassers bestanden haben.

Problem: Gehört zu einer fehlerfreien Ermessensausübung im Rahmen des § 48 III VwVfG NRW auch eine Berücksichtigung eines schutzwürdigen Vertrauens des Betroffenen?

Wird z.T. generell angenommen, weil schutzwürdiges Vertrauen wegen Art. 20 III GG bei der Aufhebung eines VA stets berücksichtigt werden müsse. Dagegen spricht jedoch die gesetzgeberische Konzeption des § 48 II, III VwVfG NRW. In § 48 II VwVfG NRW sieht der Gesetzgeber im Falle eines schutzwürdigen Vertrauens des Betroffenen auf den Bestand des VA vor, dass die Rücknahme ausscheidet (Vertrauensschutz durch Bestandsschutz). In § 48 III VwVfG NRW will der Gesetzgeber hingegen, dass der VA aufgehoben und schutzwürdiges Vertrauen durch einen Geldausgleich kompensiert wird (Vertrauensschutz durch Vermögensschutz). Das ist auch vor dem Hintergrund des Art. 20 III GG in Ordnung, solange durch den Geldausgleich eine vollständige Kompensation des schutzwürdigen Vertrauens möglich ist. Nur wenn dies nicht gelingt, weil der Schaden immateriell ist (z.B. Rücknahme einer Einbürgerung), muss das schutzwürdige Vertrauen bereits bei der Rücknahme des VA berücksichtigt werden.

II. Widerruf rechtmäßiger VA

1. EGL für den Widerruf

2. Formelle Rechtmäßigkeit des Widerrufs
   a) Zuständigkeit
   b) Verfahren, § 28 VwVfG NRW
   c) Form

3. Materielle Rechtmäßigkeit des Widerrufs (am Beispiel des § 49 VwVfG NRW)
   a) § 49 I VwVfG NRW
   b) § 49 II VwVfG NRW
   c) § 49 III VwVfG NRW

1. EGL für den Widerruf
   Spezialnormen: § 45 II WaffG, § 15 II, III GastG.
   Im Übrigen gilt § 49 VwVfG NRW.

   Problem: Anwendung des § 49 VwVfG NRW neben § 15 II, III GastG
   Nicht anwendbar, weil anderenfalls die speziellen Widerrufsgründe des § 15 II, III GastG unterlaufen würden.

Examenstipp:
OVG Münster, Beschluss vom 30.4.2020, Az.: 4 B 21/20
Ein erfolgversprechendes Sanierungskonzept, das der Annahme einer gewerberechtlichen Unzuverlässigkeit entgegenstehen kann, liegt etwa dann vor, wenn ein verbindlicher und von den Gläubigern akzeptierter Tilgungsplan existiert, dem konkrete Ratenzahlungen und insbesondere das Ende der Rückführung der gesamten Rückstände zu entnehmen sind, der Schuldner vereinbarten Ratenzahlungen nachkommt und währenddessen keine Vollstreckungsmaßnahmen gegen ihn eingeleitet werden können.
Wenn die für den Betrieb einer Gaststätte erteilte Erlaubnis wegen Unzuverlässigkeit des Gewerbetreibenden widerrufen werden kann, ist eine auf das Gaststättengewerbe oder andere Tätigkeiten bezogene Gewerbeuntersagung nach § 35 VIII 1 GewO ausgeschlossen.
Der Widerruf einer Gaststättenerlaubnis ermöglicht eine hieran anknüpfende Schließungsanordnung für den gesamten Gaststättenbetrieb, der nicht in einen erlaubnispflichtigen und einen nicht erlaubnispflichtigen Teil aufgespalten werden kann.

2. Formelle Rechtmäßigkeit des Widerrufs (s.o. Rücknahme)

3. Materielle Rechtmäßigkeit des Widerrufs (am Beispiel des § 49 VwVfG NRW)
   Abhängig davon, welcher Absatz des § 49 VwVfG NRW einschlägig ist:

   a) § 49 I VwVfG NRW

      aa) Rechtmäßiger Ausgangs-VA
          Inzidente Prüfung der Rechtmäßigkeit des aufzuhebenden VA.

      bb) Nicht begünstigender Ausgangs-VA

      cc) Ausschlussgründe („außer wenn...")

      dd) Rechtsfolge: Ermessen
          Widerruf ist nur möglich ex-nunc.

   b) § 49 II VwVfG NRW

      Problem: Ausschluss durch § 50 VwVfG NRW (s.o. Rücknahme)

      aa) Rechtmäßiger Ausgangs-VA
          Inzidente Prüfung der Rechtmäßigkeit des aufzuhebenden VA.

          Problem: Anwendung auf rechtswidrige VA
                   Da § 49 II VwVfG NRW sogar den Widerruf eines rechtmäßigen VA
                   gestattet, ist er im Wege eines erst recht-Schlusses auch auf rechtswidrige
                   VA anwendbar. § 49 VwVfG NRW ist also immer bzgl. der Aufhebung
                   eines VA immer anwendbar, § 48 VwVfG NRW tritt als zusätzliche EGL
                   hinzu, wenn es um die Aufhebung eines rechtswidrigen VA geht.

          Examenstipp:
          BVerwG, Urteil vom 19.9.2018, Az.: 8 C 16.17
          Die entsprechende Anwendung des § 49 II VwVfG NRW auf einen ursprünglich
          rechtswidrigen Verwaltungsakt setzt voraus, dass ein Widerrufsgrund gemäß Satz 1
          Nr. 1 bis 5 der Vorschrift vorliegt.
          Bei ursprünglich rechtswidrigen Verwaltungsakten liegt ein Widerrufsgrund gemäß
          § 49 II 1 Nr. 3 VwVfG NRW vor, wenn nachträglich Tatsachen eintreten, derentwegen
          die Behörde - unabhängig von den Gründen der ursprünglichen Rechtswidrigkeit -
          berechtigt wäre, den Verwaltungsakt nicht zu erlassen. Dagegen genügt nicht, dass
          tatsächliche Voraussetzungen für den Erlass des Verwaltungsakts von Anfang an
          fehlten und die Behörde erst nachträglich davon erfuhr.

      bb) Begünstigender Ausgangs-VA

      cc) Widerrufsgrund, § 49 II 1 Nr. 1-5 VwVfG NRW
          Im Fall des § 49 II 1 Nr. 2 VwVfG NRW muss die Auflage grds. auch rechtmäßig sein,
          es sei denn, sie ist bereits bestandskräftig.

      dd) Jahresfrist, § 49 II 2 i.V.m. § 48 IV VwVfG NRW (s.o. Rücknahme)

      ee) Rechtsfolge: Ermessen
          Widerruf ist nur ex nunc möglich, also können erbrachte Leistungen nicht gem. § 49a I
          VwVfG NRW zurückgefordert werden.

c) § 49 III VwVfG NRW

Problem: Ausschluss durch § 50 VwVfG NRW (s.o. Rücknahme)

aa) Rechtmäßiger Ausgangs-VA
Inzidente Prüfung der Rechtmäßigkeit des aufzuhebenden VA.

Problem: Anwendung auf rechtswidrige VA (s.o.)

bb) Geldleistung oder teilbare Sachleistung (s.o. Rücknahme)

cc) Erfüllung eines bestimmten Zwecks
= Verwendungszweck.
Muss sich aus dem VA selbst ergeben.

cc) Widerrufsgrund, § 49 III 1 Nr. 1 oder 2 VwVfG NRW
Im Fall des § 49 III 1 Nr. 2 VwVfG NRW muss die Auflage grds. auch rechtmäßig sein, es sei denn, sie ist bereits bestandskräftig.

dd) Jahresfrist, § 49 III 2 i.V.m. § 48 IV VwVfG NRW (s.o. Rücknahme)

ee) Rechtsfolge: Ermessen
Widerruf ist auch ex tunc möglich, so dass erbrachte Leistungen gem. § 49a I VwVfG NRW zurückgefordert werden können.

Beachte: Abgrenzung des § 49 II von § 49 III VwVfG NRW erfolgt nicht anhand des Tatbestandes, sondern anhand der Rechtsfolge. Bei einem Widerruf ex nunc greift § 49 II VwVfG NRW, bei einem Widerruf ex tunc ist der strengere § 49 III VwVfG NRW einschlägig. Der Gesetzgeber wollte mit § 49 III VwVfG NRW nämlich nicht eine den § 49 II VwVfG NRW verdrängende Spezialvorschrift schaffen, sondern mit Blick auf § 49a I VwVfG NRW die zusätzliche Möglichkeit eines Widerrufs ex tunc eröffnen.

D. Öffentlich-rechtlicher Vertrag, §§ 54 ff. VwVfG NRW

Regelmäßig geht es um Ansprüche, die aus einem öff.-rechtlichen Vertrag abgeleitet werden. Möglich ist aber auch, dass eine Vertragspartei behauptet, der Vertrag sei unwirksam und müsse rückabgewickelt werden. Dann sind die §§ 54 ff. VwVfG NRW i.R.d. öffentlich-rechtlichen Erstattungsanspruchs bei dem Prüfungspunkt „ohne Rechtsgrund" zu prüfen (s.u. Staatshaftungsrecht).

I. Anwendbarkeit der §§ 54 ff. VwVfG NRW

II. Wirksamer Vertragsschluss, § 62 S. 2 VwVfG NRW i.V.m. §§ 145 ff. BGB

III. Nichtigkeit des Vertrages

1. Nichtigkeit gem. § 59 II VwVfG NRW

   a) Vertrag i.S.d. § 54 S. 2 VwVfG NRW
   b) Nichtigkeitsgrund (§ 59 II Nr. 1, Nr. 2, Nr. 3, Nr. 4 VwVfG NRW)

2. Nichtigkeit gem. § 59 I VwVfG NRW

IV. Schwebende Unwirksamkeit, § 58 VwVfG NRW

Anspruchsaufbau:

I. Anwendbarkeit der §§ 54 ff. VwVfG NRW

Abgrenzung vom zivilrechtlichen Vertrag. Entscheidend ist gem. § 54 S. 1 VwVfG NRW der Vertragsgegenstand und somit nicht der Parteiwille.

Abgrenzungsmethoden: • Ein Vertrag ist öff.-rechtlich, wenn er eine öff.-rechtliche Norm konkretisiert.
• Eine Vertragspflicht ist auch dann öff.-rechtlich, wenn sie nur von einem Hoheitsträger erfüllt werden kann.

Problem: Mischvertrag
= Vertrag, der sowohl zivilrechtliche als auch öff.-rechtliche Bestandteile hat. Bsp.: Gemeinde verpflichtet sich zur Übertragung des Eigentums an einem Grundstück und zur Erteilung der Baugenehmigung.
Nach h.M. kommt es darauf an, ob der Schwerpunkt des Vertrages im öff. Recht oder im Zivilrecht liegt. Dagegen spricht jedoch, dass die Schwerpunktbildung bei Verträgen regelmäßig Schwierigkeiten bereitet. Zudem könnte sich der Staat der besonderen Bindungen der §§ 54 ff. VwVfG NRW entziehen, wenn er in einen überwiegend zivilrechtlich geprägten Vertrag öff.-rechtliche Elemente aufnimmt. Daher ist nach der vorzugswürdigen M.M. ein Vertrag bereits dann öff.-rechtlich, wenn nur eine nicht völlig unwesentliche öff.-rechtliche Pflicht vereinbart wurde.

Anm.: Diese Abgrenzung erfolgt in einer Klausur i.d.R. bereits im Verwaltungsrechtsweg.

II. Wirksamer Vertragsschluss, § 62 S. 2 VwVfG NRW i.V.m. §§ 145 ff. BGB

III. Nichtigkeit des Vertrages

1. Nichtigkeit gem. § 59 II VwVfG NRW

   a) Vertrag i.S.d. § 54 S. 2 VwVfG NRW
   = Subordinationsvertrag, d.h. ein Vertrag, der in einem grds. bestehenden Über-/Unterordnungsverhältnis abgeschlossen wird.
   Erfasst ist jedes Über-/Unterordnungsverhältnis, es muss durch den Vertrag nicht zwingend ein VA ersetzt werden. Bsp.: Gemeinde verpflichtet sich gegenüber dem Bauherrn zur Erteilung ihres Einvernehmens gem. § 36 BauGB, das mangels Außenwirkung kein VA ist.
   Gegenbegriff: Koordinationsvertrag.

b) Nichtigkeitsgrund

aa) § 59 II Nr. 1 VwVfG NRW
Prüfung, ob VA, der den Inhalt des Vertrages hat, gem. § 44 VwVfG NRW nichtig wäre. Damit soll eine Umgehung des § 44 VwVfG NRW verhindert werden.

bb) § 59 II Nr. 2 VwVfG NRW

(1) Rechtswidrigkeit eines entsprechenden VA
Inzidente Prüfung, ob ein VA, der den Inhalt des Vertrages hat, rechtmäßig wäre.

(2) Beiderseitige Kenntnis

cc) § 59 II Nr. 3 VwVfG NRW

(1) Voraussetzungen eines Vergleichsvertrages
Inzidente Prüfung des § 55 VwVfG NRW.

Rechtliche Ungewissheit = Auslegung bzw. Anwendung der maßgeblichen Rechtsvorschriften ist fraglich und es fehlt an einer höchstrichterlichen Rspr. Das übliche Risiko, den Prozess verlieren zu können, genügt nicht.

Pflichtgemäßes Ermessen = Aufklärung der Rechtslage ist nicht ohne erhebliche Schwierigkeiten möglich, ferner Berücksichtigung der Kosten und der Erfolgsaussichten → Abwägung.

(2) Rechtswidrigkeit eines entsprechenden VA
Inzidente Prüfung, ob ein VA, der den Inhalt des Vertrages hat, rechtmäßig wäre.

dd) § 59 II Nr. 4 VwVfG NRW

(1) Austauschvertrag
= jeder gegenseitige Vertrag, wobei die Gegenleistung nicht zwingend eine finanzielle sein muss.

Beachte: Die Nichtigkeitsgründe des § 59 II VwVfG NRW schließen sich nicht gegenseitig aus. Daher kann ein Vertrag zugleich ein Vergleichs- und ein Austauschvertrag sein.

Problem: Hinkender Austauschvertrag
= Vertrag, in dem nur die Gegenleistung ausdrücklich vereinbart ist und die Leistung der Verwaltung stillschweigend vorausgesetzt wird.
Dies ist auch ein Austauschvertrag, weil sich die Vertragsparteien sonst leicht dem § 59 II Nr. 4 VwVfG NRW entziehen könnten. Bsp.: Verpflichtung des Bürgers, Erschließungsbeiträge für sein Grundstück zu zahlen ist nur sinnvoll, wenn sich die Gemeinde verpflichtet hat, aus dem Grundstück Bauland zu machen.

(2) § 56 II VwVfG NRW
Norm greift nur, wenn auf die Leistung der Verwaltung grds. ein Anspruch besteht, z.B. auf den Erlass einer Baugenehmigung.

„Inhalt einer Nebenbestimmung" = inzidente Prüfung, ob die vereinbarte Gegenleistung gem. § 36 I VwVfG NRW als Nebenbestimmung zu einem VA rechtmäßig wäre.

(3)   § 56 I VwVfG NRW

Voraussetzungen:
- Gegenleistung muss laut Vertrag einem bestimmten Zweck dienen
- Gegenleistung dient der Behörde zur Erfüllung ihrer öff. Aufgaben
- Angemessenheit der Gegenleistung
- sachlicher Zusammenhang von Leistung und Gegenleistung
  = Leistung und Gegenleistung müssen demselben öff. Zweck dienen. Damit wird verhindert, dass die Vertragsparteien Angelegenheiten miteinander verbinden, die nichts miteinander zu tun haben (sog. **Kopplungsverbot**, das den „Ausverkauf von Hoheitsrechten" verhindern soll).
  Bsp.: Stellplatzdispens wird dafür erteilt, dass der Bürger der Gemeinde ein Grundstück zur Errichtung eines Kindergartens zur Verfügung stellt.

2. Nichtigkeit gem. § 59 I VwVfG NRW

   a) § 59 I VwVfG NRW i.V.m. § 125 S. 1 BGB i.V.m. § 57 VwVfG NRW

   b) § 59 I VwVfG NRW i.V.m. § 134 BGB
   Verstoß gegen ein Verbotsgesetz ist in 2 Ausprägungen möglich:

   - Vertragsformverbot
     = es ist per se verboten, in dem betreffenden Rechtsbereich per Vertrag zu handeln, z.B. § 1 III 2 BauGB (selten).

   - Qualifizierte Rechtswidrigkeit
     Nicht jeder Verstoß des Vertrages gegen ein Gesetz kann zur Nichtigkeit führen, weil dann die speziellen Nichtigkeitsgründe des § 59 II VwVfG NRW überflüssig wären. Erforderlich ist deshalb eine qualifizierte Rechtswidrigkeit, d.h. die verletzte Vorschrift muss nach Wortlaut, Systematik sowie Sinn und Zweck den mit dem Vertrag angestrebten Rechtserfolg vereiteln wollen. Läuft letztlich auf eine Abwägung des Interesses am Bestand des Vertrages mit dem Prinzip der Gesetzmäßigkeit der Verwaltung hinaus.

IV. Schwebende Unwirksamkeit, § 58 VwVfG NRW

E. Zusicherung, § 38 VwVfG NRW

I. Vorliegen einer Zusicherung
Die Behörde muss verbindlich den Erlass bzw. Nichterlass eines VA versprechen. Entscheidend ist also der Rechtsbindungswille der Verwaltung in Abgrenzung zum bloßen Hinweis und zur Auskunft.

II. Wirksamkeit der Zusicherung

1. Schriftform, § 38 I 2 VwVfG NRW
2. Zuständige Behörde, § 38 I 1 VwVfG NRW
   = die Behörde, die auch für den Erlass des versprochenen VA zuständig ist.
3. Nachträgliche Änderung der Sach- oder Rechtslage, § 38 III VwVfG NRW
4. Nichtigkeit, § 38 II i.V.m. § 44 VwVfG NRW
5. Konkludente Aufhebung der Zusicherung, § 38 II i.V.m. §§ 48, 49 VwVfG NRW
   Dafür muss Behörde hinreichend deutlich zum Ausdruck bringen, dass sie sich an die Zusicherung nicht mehr gebunden fühlt. Ferner muss sie sich mit der Rücknahme- bzw. Widerrufsvorschrift auseinandersetzen und dies ebenfalls hinreichend deutlich zum Ausdruck bringen.
   Inzidente Prüfung der Voraussetzungen der §§ 48, 49 VwVfG NRW.

Verwaltungsprozessrecht

1. Teil: Klageverfahren

A. Anfechtungsklage, § 42 I 1. Fall VwGO

I. Zulässigkeit der Klage

  1. Eröffnung des Verwaltungsrechtswegs
    a) Justizfreie Hoheitsakte
    b) Aufdrängende Sonderzuweisungen
    c) Generalklausel, § 40 I 1 VwGO
    d) Abdrängende Sonderzuweisungen

  2. Statthafte Klageart, § 42 I 1. Fall VwGO = Aufhebung eines VA i.S.d. § 35 VwVfG

  3. Klagebefugnis, § 42 II VwGO

  4. Erfolgloses, ordnungsgemäß durchgeführtes Vorverfahren, §§ 68 ff. VwGO
    a) § 54 II 1, 3 BeamtStG i.V.m. § 103 I LBG NRW bzw. § 126 II 1 BBG
    b) § 68 I 2 VwGO
    c) § 75 VwGO (sog. **Untätigkeitsklage**)

  5. Klagegegner, § 78 I Nr. 1 VwGO

  6. Beteiligungs- und Prozessfähigkeit, §§ 61, 62 VwGO

  7. Klagefrist, § 74 I VwGO

II. Objektive Klagehäufung, § 44 VwGO

III. Subjektive Klagehäufung bzw. Streitgenossenschaft, § 64 VwGO i.V.m. §§ 59 ff. ZPO

IV. Beiladung, § 65 VwGO

V. Begründetheit der Klage

  1. Ggf. Passivlegitimation

  2. Ermächtigungsgrundlage für den VA

  3. Formelle Rechtmäßigkeit des VA
    a) Zuständigkeit
    b) Verfahren
    c) Form

  4. Materielle Rechtmäßigkeit des VA
    a) Tatbestand
    b) Rechtsfolge

  5. Rechtsverletzung

I. Zulässigkeit der Klage

Beachte: Maßgeblicher Zeitpunkt für die Beurteilung der Zulässigkeit der Klage ist der Zeitpunkt der letzten mündlichen Verhandlung (in der letzten Gerichtsinstanz).

1. Eröffnung des Verwaltungsrechtswegs

   a) Justizfreie Hoheitsakte = Hoheitsakte, die vor Gericht nicht angegriffen werden können.
      Bsp.: Art. 44 IV 1 GG, Begnadigungen (str.)

   b) Aufdrängende Sonderzuweisungen
      Bsp.: § 54 I BeamtStG für Landesbeamte, § 126 I BBG für Bundesbeamte

   c) Generalklausel, § 40 I 1 VwGO

      aa) Öffentlich-rechtliche Streitigkeit

          Abgrenzungstheorien:

          • Modifizierte Subjektstheorie bzw. Sonderrechtslehre
            = streitentscheidende Norm muss ausschließlich einen Hoheitsträger berechtigen oder verpflichten.
            Öff. Recht ist also das Sonderrecht der staatlichen Organe, während das Zivilrecht „Jedermannrecht" ist.

          • Subordinationstheorie bzw. Über-/Unterordnungslehre
            = es liegt eine eindeutig hoheitliche Handlungsform vor (z.B. VA) oder die umstrittene Maßnahme erging in einem eindeutig hoheitlichen Rechtsbereich (z.B. POR).
            Im Gegensatz dazu stehen eindeutig privatrechtliche Handlungen der Verwaltung, z.B. Kauf von Büromaterial (sog. **fiskalische Hilfsgeschäfte**) oder erwerbswirtschaftliche Betätigungen der Verwaltung.

          • Sachzusammenhang/actus contrarius bzw. Kehrseitentheorie
            = wird eine hoheitliche Maßnahme aufgehoben, ist die Aufhebung ebenfalls hoheitlich.

      bb) Nichtverfassungsrechtlicher Art
          = es dürfen keine am Verfassungsleben Beteiligten um Rechte und Pflichten streiten, die unmittelbar in der Verfassung geregelt sind (sog. **doppelte Verfassungsunmittelbarkeit**).
          Grenzt die Verwaltungsgerichtsbarkeit ab von der Verfassungsgerichtsbarkeit (BVerfG bzw. VerfGH NRW).

   d) Abdrängende Sonderzuweisungen
      Bsp.: Art. 14 III 4 GG, § 40 I 2 VwGO i.V.m. § 43 I OBG (i.V.m. § 67 PolG NRW bei polizeilichem Handeln), § 40 II 1 VwGO, § 23 I 1 EGGVG (Abgrenzung präventiv ←→ repressiv, in Zweifelsfällen Schwerpunktbildung nach Anlass und Zielrichtung des behördlichen Handelns).

2. Statthafte Klageart
   Anfechtungsklage, § 42 I 1. Fall VwGO = Aufhebung eines VA i.S.d. § 35 VwVfG.

   Zu den VA-Merkmalen s.o. allg. Verwaltungsrecht (Anm.: Da die VwGO ein grds. abschließendes Bundesgesetz ist, ist nach h.M. in der Zulässigkeit das VwVfG des Bundes zu zitieren).

   Gegenstand der Anfechtungsklage normiert in § 79 I, II VwGO. § 79 I Nr. 1 VwGO ist die Regel, zeigt, dass Ausgangs- und Widerspruchsbescheid eine Einheit bilden. § 79 I Nr. 2, II VwGO sind die Ausnahmen.

   • § 79 I Nr. 2 VwGO erfasst die Fälle der Drittanfechtung, soweit noch ein Vorverfahren durchzuführen ist, § 110 I JustG NRW also nicht greift (Bsp.: Auf den Widerspruch eines Konkurrenten wird per Widerspruchsbescheid ein Beihilfebescheid aufgehoben; der Begünstigte des Beihilfebescheids greift nur den Widerspruchsbescheid an).

Hier kann ausschließlich der Abhilfe- oder Widerspruchsbescheid angegriffen werden, weil nur er belastend ist. Innerhalb der Prüfung der materiellen Rechtmäßigkeit des Abhilfe- oder Widerspruchsbescheids muss die Zulässigkeit und Begründetheit des Rechtsbehelfs des Dritten geprüft werden.

- § 79 II VwGO erfasst hingegen die Fälle, in denen der Ausgangsbescheid bereits belastend ist und deshalb angegriffen werden kann, der Widerspruchsbescheid aber eine noch weitergehende Belastung beinhaltet. Auch diese Vorschrift ist natürlich nur relevant, wenn das Vorverfahren nicht gem. § 110 I JustG NRW entfällt (z.B. § 110 II, III JustG NRW). Zusätzliche selbständige Beschwer i.S.d. § 79 II 1 VwGO = jede nachteilige Änderung des Ausgangsbescheids. § 79 II 2 VwGO erfasst alle formellen Fehler eines Widerspruchsbescheids (Zuständigkeit, Verfahren und Form). Wichtigster Anwendungsfall des § 79 II 1 VwGO ist die reformatio in peius bzw. Verböserung.

Probleme:

a) Reformatio in peius bzw. Verböserung

Von einer reformatio in peius spricht man nur, wenn der Adressat einer belastenden Maßnahme einen Rechtsbehelf einlegt und es dann zu einer Verböserung kommt. Kernproblem der reformatio in peius ist nämlich das enttäuschte Vertrauen des Betroffenen, der den Rechtbehelf in der Hoffnung erhoben hat, die Situation würde sich für ihn verbessern und nicht verschlechtern. Dieses Vertrauen kann er hingegen nicht entwickeln, wenn auch ein Dritter einen Rechtbehelf mit dem Ziel eingelegt hat, dass sich die Situation für den Adressaten weiter verschlechtert. In diesem Fall liegt also kein reformatio in peius vor.

<u>Beachte nochmals:</u>   Eine reformatio in peius ist nur möglich, wenn das Vorverfahren nicht ausgeschlossen ist. Wegen des weiten Anwendungsbereichs des § 110 I JustG NRW ist dies selten der Fall, sodass die reformatio in peius in Nordrhein-Westfalen eine geringere Prüfungs-relevanz hat als in anderen Bundesländern.

b) Inhalts- und Nebenbestimmungen

Zur Abgrenzung der Inhaltsbestimmungen von den Nebenbestimmungen sowie zur Abgrenzung der Nebenbestimmungen untereinander s.o. allg. Verwaltungsrecht.
Fraglich ist, ob Inhalts- und Nebenbestimmungen separat angefochten werden können. Das hängt davon ab, ob sie prozessual vom Haupt-VA teilbar sind. Es sind folgende Konstellationen zu unterscheiden:

aa)   Anfängliche Inhaltsbestimmungen

Inhaltsbestimmungen, die von Anfang an zusammen mit dem Haupt-VA ergangen sind, können unstreitig nicht separat angefochten werden, weil die Inhaltsbestimmung den Inhalt des Haupt-VA festlegt und damit sein integraler Bestandteil ist. Zulässig ist nur eine Verpflichtungsklage auf Neuerlass des VA mit einem anderen Inhalt.

bb)   Anfängliche Nebenbestimmungen

Strittig, nach h.M. ist grds. jede Nebenbestimmung separat anfechtbar. Allerdings soll im Rahmen der Begründetheit zu berücksichtigen sein, ob durch die Aufhebung der Nebenbestimmung der verbleibende VA (sog. Rest-VA) rechtswidrig wird. Für diese Ansicht spricht der Wortlaut des § 113 I 1 VwGO. Er lässt die Teilaufhebung eines VA zu ("soweit"), so dass auch die Teilanfechtung möglich sein muss, wobei das Gesetz nicht nach der Art der Nebenbestimmungen unterscheidet. Die sofortige Beachtung einer Nebenbestimmung kann zudem durch eine Anordnung nach § 80 II 1 Nr. 4 VwGO sichergestellt werden, so dass die separate Anfechtung der Nebenbestimmung nicht gem. § 80 I VwGO dazu führen muss, dass der Betroffene die Nebenbestimmung ignorieren kann. Damit wird der beiderseitigen Interessenlage Rechnung getragen: der Betroffene kann den für ihn besten Rechtsbehelf, die Anfechtungsklage, erheben. Die Verwaltung kann eine Beachtung ihrer Nebenbestimmung sicherstellen, bis das VG endgültig über die Rechtmäßigkeit der Nebenbestimmung entschieden hat.

cc) **Nachträgliche Inhalts- und Nebenbestimmungen**
Anfechtungsklage unstreitig statthaft. Gewährt die Verwaltung dem Adressaten zunächst eine schrankenlose Begünstigung und will ihm nachträglich eine Belastung auferlegen, ist es sein gutes Recht, sich dagegen zu wehren. Der Verwaltung wird mit der separaten Anfechtung auch nicht ein Rest-VA aufgezwungen, den sie so nicht wollte, da sie den begünstigenden VA von Anfang an ohne Einschränkung erlassen hat.
Eine nachträgliche Inhaltsbestimmung ist im Übrigen nichts anderes als die Teilaufhebung des begünstigenden VA, richtet sich also nach §§ 48, 49 VwVfG NRW (bzw. etwaigen Spezialvorschriften).

3. **Klagebefugnis, § 42 II VwGO**
= mögliche Verletzung in einem subjektiv-öffentlichen Recht.
Unproblematisch, wenn der Kläger Adressat eines belastenden VA ist, da er dann zumindest in Art. 2 I GG verletzt sein kann (sog. **Adressatentheorie**).
In Zweifelsfällen ist die Schutznormtheorie heranzuziehen. Danach gewährt eine Vorschrift ein subjektiv-öffentliches Recht, wenn sie zumindest auch dem Schutz von Individualinteressen dient und der Kläger zum geschützten Personenkreis gehört. Ob das der Fall ist, ist im Wege der Auslegung der Norm zu ermitteln (Wortlaut, Systematik, Sinn und Zweck).
Subjektive Rechte können sich aus einfach-gesetzlichen Vorschriften und aus konkreten Einzelakten (z.B. Baugenehmigung) ergeben. Sie gehen dann den Grundrechten vor.

> **Problem:**   Drittanfechtung/drittschützende Normen
> Siehe dazu die Ausführungen im BauR, weil Drittanfechtungsfälle dort besonders examensrelevant sind.

4. **Erfolgloses, ordnungsgemäß durchgeführtes Vorverfahren, §§ 68 ff. VwGO**

> Beachte: Das Vorverfahren muss nicht nur erfolglos, sondern vom Kläger auch ordnungsgemäß durchgeführt worden sein, d.h. er muss insbesondere seinen Widerspruch fristgerecht erhoben haben. Fehler, die dem Kläger nicht zuzurechnen sind (z.B. Entscheidung durch die falsche Widerspruchsbehörde), führen natürlich nicht zur Unzulässigkeit seiner Klage.

Sinn und Zweck des Vorverfahrens: • Entlastung der Gerichte.
• Zusätzliche, gegenüber dem gerichtlichen Verfahren billigere Rechtsschutzinstanz für den Bürger.
• Selbstkontrolle der Verwaltung.

Vorverfahren hat eine „Zwitterstellung", ist einerseits Verwaltungsverfahren und andererseits prozessuale Zulässigkeitsvoraussetzung. Deshalb ist auch strittig, ob die Widerspruchsfrist gem. §§ 79, 31 VwVfG NRW i.V.m. §§ 187 ff. BGB oder gem. § 57 II VwGO i.V.m. § 222 I ZPO i.V.m. §§ 187 ff. BGB zu berechnen ist (zur Fristberechnung s.u. Klagefrist).

Sonderfälle:
a) § 54 II 1, 3 BeamtStG i.V.m. § 103 I LBG NRW bzw. § 126 II 1 BBG
In beamtenrechtlichen Streitigkeiten ist grds. immer - unabhängig von der statthaften Klageart - ein Vorverfahren durchzuführen. Da der Beamte und sein Dienstherr in einer besonderen Nähebeziehung stehen, sollen sie versuchen, sie ihre Streitigkeiten zunächst intern zu schlichten. Eine Gegenausnahme für Landes- und Gemeindebeamte sieht § 103 I LBG NRW vor, der sich auf die Öffnungsklausel des § 54 II 3 BeamtStG stützt.

b) § 68 I 2 VwGO
Ausschluss des Vorverfahrens, d.h. das Vorverfahren ist unstatthaft. Mit dem Passus „bedarf es nicht" ist gemeint „du darfst gar nicht". Der Prüfungspunkt „Vorverfahren" sollte in diesem Fall gleichwohl gebildet werden, um erklären zu können, warum das Vorverfahren entfällt.
§ 68 I 2 VwGO enthält mit dem Wort „Gesetz" eine Öffnungsklausel für den Landesgesetzgeber, er kann also Ausnahmen vom Vorverfahren normieren (z.B. § 110 I JustG NRW). Der Prüfungspunkt „Vorverfahren" sollte in diesem Fall gleichwohl gebildet werden, um erklären zu können, warum das Vorverfahren entfällt.

§ 68 I 2 Nr. 2 VwGO erfasst auch die reformatio in peius. Grundgedanke der Norm ist, dass stets nur ein Vorverfahren durchzuführen ist.

c) § 75 VwGO (sog. **Untätigkeitsklage**)
Ein zureichender Grund für eine längere Bearbeitung eines Antrags oder eines Widerspruchs liegt nur vor, wenn er nicht in den Verantwortungsbereich der Verwaltung fällt, z.B. besonders schwierige Rechtsfragen.

Probleme:

aa) Heilung eines Fristverstoßes durch Sachbescheidung

H.M.: Verstoß gegen Widerspruchsfrist wird dadurch geheilt, dass sich Widerspruchsbehörde nicht auf den Fristverstoß beruft, sondern inhaltlich über den Widerspruch entscheidet.

Arg.: § 70 I VwGO ist eine Schutzfrist zugunsten der Widerspruchsbehörde, auf die sie als „Herrin des Vorverfahrens" auch verzichten könne.

Kritik: § 70 I VwGO dient allein dem öffentlichen Interesse an der Vermeidung unnötiger Prozesse. Zudem ist es letztlich der Rechtsträger der Ausgangsbehörde, der verklagt wird, so dass § 70 I VwGO, wenn überhaupt, seinen Interessen dient. Schließlich ist fraglich, wann sich die Widerspruchsbehörde auf die Verfristung berufen darf und wann nicht. Willkürlich kann dies wegen Art. 3 I GG jedenfalls nicht geschehen.

Ausn.: Heilung eines Fristverstoßes scheidet auch nach h.M. aus, wenn infolge des Fristablaufs ein Dritter eine bestandskräftige Rechtsposition erlangt hat (Bsp.: Legt Nachbar gegen die Baugenehmigung verspätet Widerspruch ein, hat Bauherr eine bestandskräftige Rechtsposititon erlangt). Denn §§ 68 ff. VwGO beinhalten keine EGL für die Aufhebung einer bestandskräftigen Rechtsposition. Eine Aufhebung ist nur möglich gem. §§ 48, 49 VwVfG NRW, für deren Anwendung aber die Ausgangsbehörde und nicht die Widerspruchsbehörde zuständig ist.

bb) Heilung eines gänzlich fehlenden Vorverfahrens
Ein gänzlich fehlendes Vorverfahren kann dadurch, dass sich die Verwaltung inhaltlich auf die Klage einlässt, grds. nicht geheilt werden. Verklagt wird der Rechtsträger der Ausgangsbehörde. Diese ist aber nicht „Herrin des Vorverfahrens". Eine Ausnahme ist nur denkbar, wenn Ausgangs- und Widerspruchsbehörde identisch sind.

Bsp.: § 73 I 2 Nr. 1 VwGO i.V.m. § 111 S. 1 JustG NRW (Regelfall in NRW, wenn denn ein Vorverfahren überhaupt durchzuführen ist).

5. Klagegegner, § 78 I Nr. 1 VwGO
Alternativbegriff: passive Prozessführungsbegfugnis.
Rechtsträger der Ausgangsbehörde wird verklagt (Rechtsträgerprinzip). Das ist immer die juristische Person des öff. Rechts (Körperschaft, Anstalt oder Stiftung), die hinter der handelnden Behörde steht. Wer juristische Person des öff. Rechts ist, ist ausdrücklich im Gesetz normiert, z.B. § 1 II GO NRW.

Problem: Organleihe
= Land leiht sich den Landrat, so dass diese Behörde nicht - wie üblich - für den Landkreis, sondern für das Land handelt.
Klagegegner ist das Land und nicht der Landkreis. Organleihe liegt insbes. vor, wenn sie ausdrücklich im Gesetz angeordnet wird. Das ist der Fall, wenn der Landrat „als untere staatliche Verwaltungsbehörde" handelt, §§ 58 I, 59 I KrO NRW, § 9 II LOG NRW i.V.m. z.B. § 120 I GO NRW, § 7 I OBG. Darüber hinaus wird auch der BM im Wege der Organleihe als Organ des Landes tätig in den Fällen des § 122 I 1 GO NRW, § 9 IV OBG.

6. Beteiligungs- und Prozessfähigkeit, §§ 61, 62 VwGO
§ 61 Nr. 3 VwGO ist nicht umgesetzt.

/. Klagefrist, § 74 I VwGO

Fristauslösendes Ereignis ist gem. § 74 I 1 VwGO die Zustellung des Widerspruchsbescheids bzw. - wenn ein Vorverfahren nicht stattfindet (insbes. gem. § 110 I JustG NRW) - die Bekanntgabe des Ausgangsbescheids, § 74 I 2 VwGO.

Zur Bekanntgabe s.o. die Ausführungen zum VA. Legaldefinition der Zustellung in § 2 I VwZG (Beachte: Wegen des Verweises in § 73 III 2 VwGO gilt das VwZG des Bundes). Ist eine besonders formalisierte Form der Bekanntgabe. Zur Fristwahrung mittels eines elektronischen Dokuments siehe § 55a VwGO.

Beachte:	Die Zustellung per Einschreiben ist nur möglich durch Einschreiben mit Rückschein und Übergabeeinschreiben, nicht hingegen durch Einwurfeinschreiben, § 4 I VwZG. Auch eine Ersatzzustellung ist nicht möglich, weil § 4 VwZG im Gegensatz zu § 3 II 1 VwZG nicht auf §§ 177 ff. ZPO verweist.

Die **Drei Tages- Fiktion** des § 4 II 2 VwZG gilt nur für das Übergabeeinschreiben; ein tatsächlich früherer Zugang ist unschädlich, weil § 4 II 2 VwZG nur für den späteren Zugang eine Regelung trifft. Beim Einschreiben mit Rückschein gilt der Tag, der auf dem Rückschein steht, § 4 II 1 VwZG.

Ist ein Bevollmächtigter bestellt und die Vollmacht schriftlich vorgelegt, muss die Zustellung zwingend an den Bevollmächtigten erfolgen, § 7 I 2 VwZG. Anderenfalls entfaltet der VA keinerlei Rechtswirkungen. Allerdings ist eine Heilung von Zustellungsmängeln gem. § 8 VwZG möglich.

Prüfungsablauf bei Fristproblemen:	Genaue Berechnung der Frist, §§ 187 ff. BGB, insbes. §§ 188 III, 193 BGB.
	Problem: Analoge Anwendung des § 193 BGB auf den Fristbeginn (-), weil § 193 BGB dem Umstand Rechnung trägt, dass an Samstagen, Sonntagen und staatlichen Feiertagen Rechtshandlungen gegenüber Behörden und Gerichten nicht möglich sind. Das gilt jedoch nicht für Rechtshandlungen gegenüber dem Bürger.
	• Fehlerhafte Rechtsbehelfsbelehrung, § 58 VwGO. Nur gegeben, wenn Rechtsbehelfsbelehrung im Sachverhalt abgedruckt ist. Fehler im obligatorischen Teil (= § 58 I VwGO) führen stets zur Jahresfrist des § 58 II VwGO. Fehler im fakultativen Teil (= der Teil der Belehrung, der über § 58 I VwGO hinausgeht) führen nur zur Jahresfrist des § 58 II VwGO, wenn sie geeignet sind, die Einlegung des Rechtsbehelfs nennenswert zu erschweren.
	• Wiedereinsetzung in den vorigen Stand, § 60 VwGO. Versäumte Rechtshandlung muss innerhalb der Antragsfrist nachgeholt werden, § 60 II 1, 3 VwGO. Entscheidend ist, dass Fristversäumnis unverschuldet ist. Verschulden meint Vorsatz und Fahrlässigkeit.
	Fahrlässigkeit = Außerachtlassung der im Verkehr erforderlichen Sorgfalt. Sorgfaltsmaßstab: Aufmerksamer Prozessbeteiligter.
	Beachte: Verschulden eines Bevollmächtigten wird zugerechnet gem. § 173 S. 1 VwGO i.V.m. § 85 II ZPO (im Widerspruchsverfahren, das ein Verwaltungsverfahren ist, gilt § 32 I 2 VwVfG NRW). Ein Verschulden ist denkbar in Form des Überwachungs-, Auswahl- und Organisationsverschuldens.

Problem: Beginn der Klagefrist bei Verkehrszeichen

Verkehrszeichen werden mit ihrer Aufstellung gegenüber allen Verkehrsteilnehmern bekannt gegeben (s.o. die Ausführungen zum VA). Angesichts fehlender Rechtsbehelfsbelehrung läuft eine Jahresfrist (§ 58 II VwGO). Diese beginnt nach h.M. erst, wenn der Verkehrsteilnehmer erstmals in den Einwirkungsbereich des Verkehrszeichens gerät. Spätere Kontakte mit dem Verkehrszeichen haben hingegen nur eine „Erinnerungsfunktion", lassen die Frist also nicht immer wieder neu beginnen.

<u>Arg.:</u> Würde auf das Aufstellen des Verkehrszeichens abgestellt, könnte der Verkehrsteilnehmer aufgrund fehlender tatsächlicher Kenntnis vom Verkehrszeichen die Jahresfrist versäumen, ohne zu wissen, dass diese läuft. Das widerspräche Art. 19 IV 1 GG.

<u>Kritik:</u> Widerspricht dem Wortlaut des § 70 I 1 bzw. § 74 I 2 VwGO, wonach die Frist mit der Bekanntgabe beginnt. Zudem sind Verkehrszeichen unter Zugrundelegung der h.M. faktisch ohne zeitliche Begrenzung anfechtbar, weil der Betreffende immer behaupten kann, vor kurzem erstmals in den Einwirkungsbereich des Verkehrszeichens geraten zu sein. Die Behörde wird ihm das Gegenteil kaum beweisen können. Ein Verstoß gegen Art. 19 IV 1 GG kann zudem dadurch vermieden werden, dass demjenigen, der die Frist versäumt hat, Wiedereinsetzung in den vorigen Stand gewährt wird. Hat auch den Vorteil, dass es dann an ihm liegt, die schuldlose Fristversäumung glaubhaft zu machen, also nachzuweisen, wann er erstmals in den Einwirkungsbereich des Verkehrszeichens geraten ist. Das ist praxisgerechter als der Behörde die Beweispflicht aufzuerlegen.

II. Objektive Klagehäufung, § 44 VwGO

= mehrere Klagebegehren (häufig in Klausuren).

Prüfung zwischen Zulässigkeit und Begründetheit wegen § 83 S. 1 VwGO i.V.m. § 17a II 1 GVG und § 93 S. 2 VwGO.

„Zusammenhang" = einheitlicher Lebenssachverhalt (weite Auslegung).

Relevant sind die kumulative Klagehäufung (= mehrere Begehren werden nebeneinander verfolgt) sowie die Eventualklagehäufung (= Haupt- und Hilfsantrag). Bei der Eventualklagehäufung wird erst der Hauptantrag vollständig geprüft (Zulässigkeit und Begründetheit) und dann der Hilfsantrag (Zulässigkeit und Begründetheit). Dabei ist weiter zu <u>differenzieren</u>: Bei der eigentlichen Eventualklagehäufung wird der Hilfsantrag für den Fall gestellt und geprüft, dass der Hauptantrag keinen Erfolg hat (<u>Bsp.:</u> Kläger begehrt mit Hauptantrag die Befreiung von der Hundesteuer und mit dem Hilfsantrag deren Ermäßigung). Bei der uneigentlichen Eventualklagehäufung wird der Hilfsantrag demgegenüber für den Fall des Erfolgs des Hauptantrags gestellt. Ihr wichtigstes Anwendungsbeispiel ist die Stufenklage (<u>Bsp.:</u> Gem. § 113 I 2 VwGO wird für den Fall einer erfolgreichen Anfechtungsklage eine Rückgängigmachung der Vollzugsfolgen begehrt, sog. **Vollzugs-FBA** [siehe zum FBA unten die Ausführungen i.R.d. Staatshaftungsrechts].).

Der Hilfsantrag ist auflösend bedingt, d.h. er wird gleichzeitig mit dem Hauptantrag bei Gericht rechtshängig, fällt aber rückwirkend weg, wenn der Hauptantrag in vollem Umfang erfolgreich bzw. erfolglos ist. Daher ist die objektive Klagehäufung i.R.d. Hilfsantrags zwischen Zulässigkeit und Begründetheit anzusprechen.

<u>Beachte:</u> § 44 VwGO verlangt nicht, dass für alle Begehren die gleiche Klageart statthaft ist oder dass alle Begehren zulässig sind.

In einem Bescheid können unendlich viele VA enthalten sein, es ist also stets genau zu prüfen, was die Behörde an Einzelmaßnahmen erlassen hat und was der Kläger angreift.

III. Subjektive Klagehäufung bzw. Streitgenossenschaft, § 64 VwGO i.V.m. §§ 59 ff. ZPO

= mehrere Kläger und/oder mehrere Beklagte (selten in Klausuren).

Prüfung zwischen Zulässigkeit und Begründetheit wegen § 93 S. 2 VwGO.

IV. Beiladung, § 65 VwGO

Prüfung zwischen Zulässigkeit und Begründetheit, weil Beiladung durch das Gericht erfolgt und Fehler des Gerichts nicht dem Kläger angelastet werden können.

Sinn und Zweck:
- Schutz der Verfahrensrechte des Beigeladenen, § 66 VwGO.
- Rechtskrafterstreckung bzgl. des Beigeladenen, § 121 Nr. 1 i.V.m. § 63 Nr. 3 VwGO. Damit auch Verhinderung von Folgeprozessen seitens des Beigeladenen (Prozessökonomie).

Notwendige Beiladung gem. § 65 II VwGO liegt i.d.R. bei VA mit Drittwirkung vor (Bsp.: Nachbar greift Baugenehmigung an, Bauherr ist notwendig beizuladen).

Beachte: Beiladungsfähig ist nur, wer gem. § 61 VwGO beteiligungsfähig ist, weil der Beigeladene am Verfahren teilnehmen soll. Daher sind nicht Behörden, sondern ihre Rechtsträger beizuladen, weil § 61 Nr. 3 VwGO nicht umgesetzt wurde (zu den Ausnahmen s.o. Beteiligungsfähigkeit).

V. Begründetheit der Klage

Obersatz: Die Klage ist begründet, soweit (sie sich gegen den richtigen Passivlegitimierten richtet,) der VA rechtswidrig und der Kläger dadurch in seinen Rechten verletzt ist, § 113 I 1 VwGO.

Problem: Maßgeblicher Zeitpunkt für die Beurteilung der Sach- und Rechtslage (wird bei dem jeweiligen Tatbestandsmerkmal geprüft, bei dem sich nachträglich die Sach- oder Rechtslage verändert)

H.M.: Grds. gilt der Zeitpunkt der letzten Behördenentscheidung, also i.d.R. der Zeitpunkt des Erlasses des Widerspruchsbescheids.

Arg.:
- Bei der Anfechtungsklage geht es um die Kontrolle der Rechtmäßigkeit des behördlichen Handelns. Also ist auch auf den Zeitpunkt abzustellen, zu dem die Behörde gehandelt hat
- Es ist Sache der Verwaltung und nicht des Gerichts, auf nachträgliche Änderungen der Sach- und Rechtslage zu reagieren, z.B. durch Aufhebung des VA gem. §§ 48, 49 VwVfG NRW.

M.M.: Maßgeblicher Zeitpunkt ist der Zeitpunkt der letzten mündlichen Verhandlung (in der letzten Gerichtsinstanz).

Arg.: Wortlaut des § 113 I 1 VwGO („ist"). Danach kommt es auf den Zeitpunkt der gerichtlichen Entscheidung und nicht auf den in der Vergangenheit liegenden Zeitpunkt der letzten Behördenentscheidung an.

Ausn.: In folgenden Konstellationen kommt es unstreitig auf den Zeitpunkt der letzten mündlichen Verhandlung an:
- Dauer-VA
  = VA, die ein auf Dauer angelegtes Rechtsverhältnis erzeugen und sich fortdauernd aktualisieren, z.B. Verkehrszeichen, Fahrtenbuch.
- VA, die noch nicht vollzogen sind.

  Bsp.: Beseitigungsverfügung für ein Gebäude, das im Laufe des Gerichtsverfahrens baurechtlich legal wird.

Ausnahmen von der Ausnahme:

Obwohl es sich um Dauer-VA handelt, kommt es dennoch auf den Zeitpunkt der letzten Behördenentscheidung an:

- Gewerbeuntersagung wegen der gesetzgeberischen Wertung des § 35 VI GewO. Danach können nachträgliche Änderungen der Sach- und Rechtslage nur im Wiedergestattungsverfahren geltend gemacht werden.

- Entziehung der Fahrerlaubnis. Auch hier ist dem Gesetz die Wertung zu entnehmen, dass neu eingetretene Umstände nur in einem neu durchzuführenden Genehmigungsverfahren berücksichtigt werden dürfen.

1. Ggf. Passivlegitimation

Passivlegitimierter und Klagegegner sind in Nordrhein-Westfalen identisch. Daher ist die Passivlegitimation nicht zu prüfen, wenn in der Zulässigkeit bereits der Klagegegner bestimmt wurde.

2. EGL für den VA

Hintergrund: Lehre vom Vorbehalt des Gesetzes und Wesentlichkeitstheorie.

Beachte: Eine EGL zeichnet sich dadurch aus, dass sie eine Behörde zu einem Handeln ermächtigt, d.h. sie muss eine Rechtsfolge haben. Nicht ausreichend sind deshalb bloße Gebote oder Verbote.

Probleme:

a) Verfassungsmäßigkeit der reformatio in peius

Wird z.T. wegen Verstoßes gegen Art. 19 IV 1 GG angenommen. Durch die Verböserung würde der Widerspruchsführer für die Zukunft davon abgehalten, Rechtsbehelfe einzulegen. Die h.M. verweist hingegen auf Art. 20 III GG. Danach könne die Widerspruchsbehörde nicht sehenden Auges einen rechtswidrigen VA unangetastet lassen. Zudem sei die Funktion des Vorverfahrens nicht nur, dem Bürger Rechtsschutz zu gewähren, sondern auch die Selbstkontrolle der Verwaltung. Das unterscheide das Vorverfahren gerade vom Klageverfahren, das ein reines Rechtsschutzverfahren ist, so dass dort folglich eine Verböserung unzulässig ist.

b) EGL für die reformatio in peius

Nach einer M.M. sind §§ 48, 49 VwVfG NRW anzuwenden, weil sich der verbösernde Widerspruchsbescheid gleichsam wie die Aufhebung des „günstigeren" Ausgangs-VA darstelle. Nur so könne auch das Vertrauen des Betroffenen in den Bestand des Ausgangs-VA geschützt werden. Die h.M. plädiert für § 68 I 1 VwGO i.V.m. der EGL für den Ausgangs-VA (die auch sonst die EGL für den Widerspruchsbescheid sind). Sie meint, der Widerspruchsführer habe sich mit der Einlegung des Widerspruchs seines Vertrauens in den Bestand des Ausgangs-VA begeben. Er erhalte letztlich genau das, was er wolle, nämlich eine nochmalige Anwendung der EGL des Ausgangs-VA. Schließlich könne er spätestens ab der Anhörung gem. § 71 VwGO, mit der ihm die Verböserung in Aussicht gestellt wird, nicht mehr auf den Bestand des Ausgangs-VA vertrauen.

Beachte nochmals: Eine reformatio in peius ist nur möglich, wenn das Vorverfahren nicht ausgeschlossen ist. Wegen des weiten Anwendungsbereichs des § 110 I JustG NRW ist dies selten der Fall, sodass die reformatio in peius in Nordrhein-Westfalen eine geringere Prüfungsrelevanz hat als in anderen Bundesländern.

c) EGL für die Vergabe von Subventionen

Nur erforderlich, wenn mit der Subvention ein Eingriff in ein Grundrecht verbunden ist. Das ist i.d.R. nicht der Fall, so dass dann eine sehr „grobe" Regelung in einem Parlamentsgesetz genügt und die Details für die Vergabe der Subvention von der Verwaltung geregelt werden dürfen.

Subvention =   finanzielle Zuwendung des Staates an eine Privatperson zur Erfüllung eines öffentlichen Zwecks ohne marktgerechte Gegenleistung.

3. Formelle Rechtmäßigkeit des VA

a) Zuständigkeit

Sachlich = grenzt die Behörden voneinander ab.

Örtlich = legt fest, in welchem räumlichen Bereich eine Behörde tätig wird.

Instanziell = bestimmt die zuständige Behördenebene (grds. ist die untere Ebene zuständig).

Problem: Zuständigkeit der Widerspruchsbehörde für die reformatio in peius (soweit das Vorverfahren nicht ausgeschlossen ist)
Fraglich, evtl. darf nur die Ausgangsbehörde eine Verböserung vornehmen. Eine Zuständigkeit der Widerspruchsbehörde wird nur unter folgenden **Voraussetzungen** bejaht:

- Es muss die zuständige Widerspruchsbehörde gehandelt haben. Eine für den Erlass des Widerspruchsbescheids unzuständige Behörde ist erst recht nicht für die reformatio in peius zuständig.

- Die Widerspruchsbehörde darf nur die durch die Ausgangsbehörde verursachte Beschwer intensivieren, nicht aber eine gänzlich neue Beschwer schaffen.
  Arg.: Anderenfalls könnte dem Widerspruchsführer ein Rechtsbehelf entzogen werden, da er gem. § 68 I 2 Nr. 2 VwGO gegen den Widerspruchsbescheid nicht nochmals Widerspruch einlegen kann, auch wenn er eine Verböserung beinhaltet. Zudem begrenzt der Widerspruchsführer mit seinem Begehren die Entscheidungskompetenz der Widerspruchsbehörde. Sie muss sich i.R.d. Entscheidung der Ausgangsbehörde halten, weil nur diese vom Widerspruchsführer angegriffen wurde.

- Widerspruchsbehörde ist mit der Ausgangsbehörde identisch oder ihr gegenüber unbeschränkt weisungsbefugt.
  Arg.: Bei einer Behördenidentität ist es unerheblich, ob die Behörde die Verböserung in ihrer Funktion als Ausgangs- oder als Widerspruchsbehörde vornimmt. Bei einer unbeschränkten Weisungsbefugnis spielt es keine Rolle, ob die Widerspruchsbehörde die Ausgangsbehörde zu einer Verböserung anweist oder diese selbst vornimmt.

b) Verfahren
§ 28 VwVfG NRW, insbes. die Ausnahmen gem. § 28 II Nr. 4, 5 VwVfG NRW ("Maßnahmen in der Verwaltungsvollstreckung" sind die Androhung, Festsetzung und Anwendung des Zwangsmittels).
Lex specialis zu § 28 VwVfG NRW ist § 71 VwGO, der auch für die reformatio in peius gilt.
Zu § 31 GO s.u. die Ausführungen im Kommunalrecht.

c) Form
§§ 37 II, 39 VwVfG NRW, insbes. § 39 II Nr. 5 VwVfG NRW bzgl. Verkehrszeichen.

Beachte: Bei einem formellen Fehler ist stets an die Heilungsvorschrift des § 45 VwVfG NRW zu denken. Die dort in Bezug genommene Nichtigkeitsvorschrift des § 44 VwVfG NRW ist wie folgt zu prüfen: § 44 III ➔ § 44 II ➔ § 44 I VwVfG NRW.
"Offensichtlich" i.S.d. § 44 I VwVfG NRW
= Fehlerhaftigkeit muss dem VA aus der Sicht eines juristisch nicht vorgebildeten Durchschnittsbeobachters "auf die Stirn geschrieben sein".

Problem: Heilung einer fehlenden Anhörung mit Durchführung des Vorverfahrens (soweit das Vorverfahren nicht ausgeschlossen ist)
(+), weil der Betroffene weiß, dass er mit Erhebung des Widerspruchs die Möglichkeit hat, sich zur Sache zu äußern. Einer besonderen Belehrung, dass mit dem Vorverfahren auch die versäumte Anhörung nachgeholt wird, bedarf es deshalb nicht.

4. Materielle Rechtmäßigkeit des VA
= Prüfung von Tatbestand und Rechtsfolge („wenn-dann-Prinzip").

a) Tatbestand

Probleme:

aa) Unbestimmter Rechtsbegriff und Beurteilungsspielraum

Unbestimmter Rechtsbegriff = Tatbestandsmerkmal, das in besonderem Maße auslegungsbedürftig ist, z.B. öff. Sicherheit.

Grds.: Unbestimmte Rechtsbegriffe sind wegen des Gewaltenteilungsprinzips in vollem Umfang gerichtlich überprüfbar.

Ausn.: In folgenden Konstellationen wird ein nur begrenzt überprüfbarer Beurteilungsspielraum anerkannt, weil eine vollständige gerichtliche Kontrolle nicht möglich ist:

- Prüfungsentscheidungen, insbes. juristische Prüfungsentscheidungen. Allerdings **Differenzierung**:

  Prüfungsspezifische Bewertungen, z.B. Festlegung der konkreten Note
  → Beurteilungsspielraum (+)

  Fachspezifische Bewertungen, z.B. Vertretbarkeit einer Rechtsansicht
  → Beurteilungsspielraum (-)

- Beamtenrechtliche Beurteilungen.

- Wirtschaftliche oder politische Prognoseentscheidungen.

Die gerichtliche Kontrolle ist dann begrenzt auf:

- Wurde der Entscheidung der richtige Sachverhalt zugrunde gelegt?

- Einhaltung der Verfahrensvorschriften?

- Sachfremde Erwägungen/Willkür.

Examenstipp:
BVerwG, Urteil vom 30.10.2019, Az.: 6 C 18.18, RA 2020, 141 ff.
Weisungsfreie Ausschüsse, die mit Sachverständigen besetzt sind (z.B. Bundesprüfstelle für jugendgefährdende Medien), haben bei ihren Entscheidungen keinen Beurteilungsspielraum (Änderung der Rechtsprechung).

bb) Norminterpretierende und normkonkretisierende Verwaltungsvorschriften (VV)

VV = abstrakt-generelle verbindliche Vorgaben für die Gesetzesanwendung innerhalb der Verwaltung.

Grds.: VV haben keine Außenwirkung und damit auch keine Bindungswirkung für das Gericht, weil die verbindliche Auslegung der Tatbestandsmerkmale wegen des Gewaltenteilungsprinzips letztlich Sache des Richters ist. Das sind die norminterpretierenden VV.

Ausn.: Normkonkretisierende VV, d.h. VV haben Außenwirkung und binden das Gericht. Gibt es hauptsächlich im Umwelt- und Technikrecht, z.B. TA Lärm/Luft. Dort sind die Gerichte mangels eigener Kenntnisse auf verbindliche Grenzwerte angewiesen, die von der fachkundigeren Verwaltung durch Gremien festgelegt werden, die mit Sachverständigen besetzt sind.

b) Rechtsfolge

Es gibt nur 3 Arten von Rechtsfolgen:

- **Gebundene Entscheidung**
  = Behörde hat bei Vorliegen der Tatbestandsvoraussetzungen keinen Entscheidungsspielraum („hat, ist, muss").

- **„Regel"- oder „Soll"-Entscheidung**
  = grds. gebundene Entscheidung, nur in atypischen Ausnahmefällen besteht Ermessen.

- **Ermessen**
  = Behörde hat einen Entscheidungsspielraum („kann, darf").
  Die Gerichte haben diesen Entscheidungsspielraum zu respektieren und dürfen nur Ermessensfehler prüfen, § 114 S. 1 VwGO (Ermessensnichtgebrauch, Ermessensfehlgebrauch, Ermessensüberschreitung). Hier kann insbes. auch das Verhältnismäßigkeitsprinzip geprüft werden, weil es die behördlichen Entscheidungsbefugnisse begrenzt.

Probleme:

aa) Ermessensreduzierung auf null
  = Ermessen hat sich so „verdichtet", dass nur noch eine Entscheidung richtig ist. Hängt vom konkreten Einzelfall ab.

bb) Nachschieben von Ermessenserwägungen, § 114 S. 2 VwGO
  = es sollen Ermessenserwägungen in das gerichtliche Verfahren eingebracht werden, die schon bei Erlass des VA vorlagen und von der Behörde hätten geltend gemacht werden können.
  Da es um die Frage geht, ob ein VA materiell rechtmäßig ist, kann die prozessuale Bestimmung des § 114 S. 2 VwGO das Problem nicht alleine lösen. Um zu verhindern, dass nach seiner Aufhebung ein VA mit dem gleichen Inhalt nochmals vor Gericht angegriffen wird (Prozessökonomie), ist das Nachschieben unter folgenden Voraussetzungen zulässig:

  - Die nachgeschobenen Gründe müssen bereits bei Erlass des VA vorgelegen haben.

  - Das Nachschieben darf nicht zu einer unzumutbaren Beeinträchtigung der prozessualen Stellung des Betroffenen führen, d.h. der Kläger muss auf das neue Vorbringen des Beklagten reagieren können, z.B. durch Klagerücknahme.

  - Keine Wesensänderung des VA, insbes. keine Veränderung seines Tenors. Auch darf eine gebundene Entscheidung nicht zu einer Ermessensentscheidung werden, da dann eine Ermessensebene in Gestalt der Ausgangsbehörde übersprungen würde.

  - Gem. § 114 S. 2 VwGO dürfen Ermessenserwägungen nur ergänzt werden. Also kein gänzlicher Austausch und auch keine erstmaligen Ermessenserwägungen.

cc) Ermessens-VV bzw. Ermessensrichtlinien
  = sollen für eine einheitliche Ausübung des Ermessens sorgen.
  Mittelbare Außenwirkung möglich gem. Art. 3 I GG i.V.m. Selbstbindung der Verwaltung. Beim sog. ersten Fall (= erstmalige Anwendung der VV) gilt dies auch, weil davon auszugehen ist, dass sich der Beamte auch in Zukunft an die VV halten wird (sog. **antizipierte Verwaltungspraxis**).

5. Rechtsverletzung

Beim Adressaten eines rechtswidrigen VA grds. (+), weil er automatisch in Art. 2 I GG verletzt ist.

Beachte: § 46 VwVfG NRW

„Entscheidung in der Sache nicht beeinflusst"
= es darf nicht einmal die Möglichkeit bestehen, dass der VA ohne den formellen Fehler anders erlassen worden wäre.

Differenzierung: Gebundener VA → formeller Fehler stets unbeachtlich.

Ermessens-VA → Formfehler sind i.d.R. unbeachtlich, Verstöße gegen Verfahren und förmliche Zuständigkeit sind i.d.R. beachtlich.

„offensichtlich"
= fehlender Einfluss des formellen Fehlers auf den Inhalt des VA muss sich aus Akten oder Protokollen ergeben.

§ 46 VwVfG NRW ändert an der Rechtswidrigkeit des VA nichts, es handelt sich um keine Heilungsvorschrift. Beseitigt wird „lediglich" der Aufhebungsanspruch des Betroffenen, d.h. er muss es ausnahmsweise hinnehmen, Adressat eines rechtswidrigen VA zu sein, weil er diesen VA auch ohne den Fehler erhalten hätte. § 79 II 2 VwGO ist eine Spezialvorschrift gegenüber § 46 VwVfG NRW, wenn der Widerspruchsbescheid auf einem formellen Fehler beruht (Bsp.: Entscheidung durch unzuständige Behörde). Es gelten die gleichen Anforderungen wie bei § 46 VwVfG NRW, nur muss der Widerspruchsbescheid hier auf dem formellen Rechtsverstoß beruhen.

B. Verpflichtungsklage, § 42 I 2. Fall VwGO

I. Zulässigkeit der Klage

1. Eröffnung des Verwaltungsrechtswegs

2. Statthafte Klageart, § 42 I 2. Fall VwGO = Verurteilung zum Erlass eines VA i.S.d. § 35 VwVfG.

3. Klagebefugnis, § 42 II VwGO

4. Erfolgloses, ordnungsgemäß durchgeführtes Vorverfahren, §§ 68 ff. VwGO

5. Klagegegner, § 78 I Nr. 1 VwGO

6. Beteiligungs- und Prozessfähigkeit, §§ 61, 62 VwGO

7. Klagefrist, § 74 II VwGO

II. Objektive Klagehäufung, subjektive Klagehäufung und Beiladung

III. Begründetheit der Klage

1. Anspruchsgrundlage

2. Formelle Anspruchsvoraussetzungen
   a) Zuständige Behörde
   b) Verfahren
   c) Formgerechter Antrag

3. Materielle Anspruchsvoraussetzungen
   a) Tatbestand
   b) Rechtsfolge

I. Zulässigkeit der Klage

Beachte: Maßgeblicher Zeitpunkt für die Beurteilung der Zulässigkeit der Klage ist der Zeitpunkt der letzten mündlichen Verhandlung (in der letzten Gerichtsinstanz).

1. Eröffnung des Verwaltungsrechtswegs
   Siehe oben die Ausführungen zur Anfechtungsklage. Der Sachzusammenhang kann vor allem eine Rolle spielen, wenn Ansprüche aus einem Vertrag geltend gemacht werden. Dann muss an dieser Stelle bereits eine Abgrenzung des zivilrechtlichen vom öff.-rechtlichen Vertrag erfolgen (siehe dazu oben allg. Verwaltungsrecht).

   Zusätzlich kann bedeutsam sein die **2 Stufen-Theorie**.

   Anwendungsfälle: • Zugang zu öff. Einrichtungen (= Gegenstand, der einem öff. Zweck gewidmet ist).
   • Vergabe von Subventionen.

   Differenzierung: „OB" des Zugangs bzw. der Vergabe → stets öff.-rechtlich.
   „WIE" des Zugangs bzw. der Vergabe → kann öff.-rechtlich oder privatrechtlich sein.

   Beachte: Anzusprechen ist die 2 Stufen-Theorie nur, wenn das „WIE" privatrechtlich geregelt ist, d.h. durch private Nutzungs- bzw. Vergabeverträge. Ist das „WIE" hingegen öff.-rechtlich geregelt (VA, öff.-rechtlicher Vertrag), dann liegt ein eindeutig hoheitliches Handeln vor, so dass auf die Subordinationstheorie zurückgegriffen werden kann.

2. Statthafte Klageart

Verpflichtungsklage, § 42 I 2. Fall VwGO = Verurteilung zum Erlass eines VA i.S.d. § 35 VwVfG.

Zu den VA-Merkmalen s.o. allg. Verwaltungsrecht.

Es gibt 2 Arten der Verpflichtungsklage: **Versagungsgegenklage**

= Erlass des begehrten VA wird abgelehnt.

Untätigkeitsklage

= Verwaltung reagiert auf den Antrag auf Erlass eines VA gar nicht.

<u>Beachte:</u>   Wegen des Gewaltenteilungsprinzips erlässt das Gericht den begehrten VA nicht selbst, sondern verpflichtet die Verwaltung zu seinem Erlass.

Probleme:

a) Bürgerbegehren

Fraglich sind die VA-Merkmale „Behörde" und „Außenwirkung". Siehe dazu unten die Ausführungen im Kommunalrecht.

b) Konkurrentenklage

Problematisch ist nur die verdrängende Konkurrentenklage/Mitbewerberklage, bei der ein Konkurrent eine Leistung begehrt, die er nur erhalten kann, wenn sie einem anderen genommen wird. Strittig, ob in dieser Situation neben der Verpflichtungsklage auch eine Anfechtungsklage zu erheben ist.

<u>Grds.:</u>   Nicht erforderlich, wenn nicht absehbar ist, welcher VA anzufechten ist.

<u>Arg.:</u>   Dem Kläger wird ansonsten ein unzumutbares Prozessrisiko auferlegt. Von ihm kann nicht verlangt werden, „ins Blaue hinein" eine ihm unbekannte Anzahl an VA anzugreifen.

Es ist Sache der Verwaltung, auf eine erfolgreiche Verpflichtungsklage zu reagieren und dem Kläger die begehrte Leistung zu verschaffen, z.B. indem sie den einem anderen erteilten VA gem. §§ 48, 49 VwVfG NRW aufhebt.

<u>Ausn.:</u>   Verwaltung gibt dem Konkurrenten den anzufechtenden VA bekannt. Dann muss er hiergegen Anfechtungsklage erheben, um den Eintritt der Bestandskraft zu verhindern.

<u>Sonderfall:</u>   Beamtenrechtliche Konkurrentenklage

= Streit um die Besetzung eines Dienstpostens im öff. Dienst.

<u>Grds.:</u>   Rechtsschutz per Klage ist wegen des Grundsatzes der Ämterstabilität nicht möglich.

<u>Arg.:</u>   Ein langjähriges Klageverfahren würde die Stellenbesetzung in der Verwaltung lähmen und auch dem Interesse des Klägers, zeitnah eine Entscheidung über sein Stellengesuch zu erhalten, nicht gerecht wird. Stattdessen wird der Rechtsschutz vollständig in den vorläufigen Rechtsschutz verlagert. D.h. den unterlegenen Bewerbern ist (ca. 14 Tage) vor der geplanten Ernennung des ausgewählten Bewerbers die Auswahlentscheidung mitzuteilen, damit sie die Möglichkeit haben, die Stellenbesetzung mit einem Eilantrag nach § 123 I 1 VwGO zu verhindern. Dieser Eilantrag ist erfolgreich, wenn die Auswahlentscheidung rechtswidrig ist und der Antragsteller eine ernsthafte Chance hat, selbst ernannt zu werden (= seine Auswahl ist möglich).

<u>Ausn.:</u>   Die Verwaltung vereitelt den Eilrechtsschutz, indem sie den unterlegenen Bewerbern die Auswahlentscheidung vor der Ernennung nicht mitteilt, ihnen eine Erschöpfung des Rechtsweges im Eilrechtsschutz nicht ermöglicht oder sogar die Ernennung entgegen einer gerichtlichen Unterlassungsanordnung nach § 123 I 1 VwGO vollzieht. In diesem Fall kann Anfechtungsklage gegen die Ernennung erhoben werden, verbunden mit einer Verpflichtungsklage auf Ernennung des Klägers (selten) oder auf eine erneute, fehlerfreie Auswahlentscheidung (Regelfall, weil sich der Auswahlspielraum der Behörde kaum einmal dergestalt auf null reduziert, dass der Kläger zu ernennen ist).

Anfechtungsklage ist - im Gegensatz zur „normalen" Mitbewerberklage (s.o.) - zwingend geboten. Eine bloße Verpflichtungsklage würde die Behörde im Falle ihres Erfolgs nämlich zu etwas verpflichten (Ernennung des Klägers), was sie nicht leisten kann, da die Planstelle bereits an den Konkurrenten vergeben ist und ihm aufgrund der engen Regelungen des Beamtenrechts auch nicht wieder entzogen werden kann. Auch die Schaffung einer weiteren Planstelle ist nicht möglich, da sich die Verwaltung wegen des sog. Budgetrechts des Parlaments nicht einfach selbst neue Planstellen verschaffen kann. Folglich muss in diesem Fall die an den Konkurrenten vergebene Planstelle erst per Anfechtungsklage „freigeräumt" werden, damit sie danach mit dem Kläger besetzt werden kann.

3. Klagebefugnis, § 42 II VwGO
   Da ein Handeln der Verwaltung begehrt wird, muss ein möglicher Anspruch des Klägers bestehen. Auch hier greift, wie bei der Anfechtungsklage, die Schutznormtheorie. Ansprüche können sich ergeben aus Einzelakten der Verwaltung (z.B. Subventionsbescheid) oder aus einfachen Gesetzen (z.B. § 48 III 1 VwVfG NRW). Aus den Grundrechten können i.d.R. keine Ansprüche hergeleitet werden. Wegen des großen Kreises der Anspruchsberechtigten und der damit verbundenen Belastungen für den Staat handelt es sich um eine so wesentliche Angelegenheit, dass Ansprüche nur existieren, wenn sie vom Parlamentsgesetzgeber selbst normiert wurden.

4. Erfolgloses, ordnungsgemäß durchgeführtes Vorverfahren, §§ 68 ff. VwGO
   Siehe oben Anfechtungsklage.

5. Klagegegner, § 78 I Nr. 1 VwGO
   Siehe oben Anfechtungsklage.

6. Beteiligungs- und Prozessfähigkeit, §§ 61, 62 VwGO
   Siehe oben Anfechtungsklage.

7. Klagefrist, § 74 II VwGO
   Siehe oben Anfechtungsklage.
   Probleme können nur bei einer Versagungsgegenklage auftreten. Bleibt die Verwaltung hingegen untätig, läuft keine Frist, da es an einem fristauslösenden Ereignis fehlt. Es greift stattdessen § 75 VwGO.

II. Objektive Klagehäufung, subjektive Klagehäufung und Beiladung
Siehe oben Anfechtungsklage.

III. Begründetheit der Klage

Obersatz: Die Klage ist begründet, soweit die Ablehnung/Unterlassung des VA rechtswidrig, der Kläger dadurch in seinen Rechten verletzt und die Sache spruchreif ist, § 113 V 1 VwGO. Das ist der Fall, soweit der behauptete Anspruch tatsächlich besteht.
Zur Passivlegitimation s.o. die Ausführungen zur Anfechtungsklage.

Problem: Maßgeblicher Zeitpunkt für die Beurteilung der Sach- und Rechtslage (wird bei dem jeweiligen Tatbestandsmerkmal geprüft, bei dem sich nachträglich die Sach- oder Rechtslage verändert).

Grds.: Zeitpunkt der letzten mündlichen Verhandlung (in der letzten Gerichtsinstanz).

Arg.: Im Gegensatz zur Anfechtungsklage geht es hier primär nicht um die Kontrolle der Rechtmäßigkeit des behördlichen Handelns, sondern um das Bestehen eines Anspruchs. Es gibt für das Gericht keinen Grund, diesen abzulehnen, wenn er inzwischen existiert.

Ausn.: Gesetzliche Stichtagregelungen. Dann kommt es darauf an, dass die Anspruchsvoraussetzungen bis zu dem im Gesetz genannten Termin erfüllt sind.

1. Anspruchsgrundlage
Das ist die Vorschrift, die bereits in der Klagebefugnis genannt wurde.

2. Formelle Anspruchsvoraussetzungen

a) Zuständige Behörde
= die Behörde, die für die Erfüllung des Anspruchs zuständig ist.

b) Verfahren
Verfahrensvorschriften gibt es i.d.R. nicht, insbes. greift § 28 VwVfG NRW nur bei belastenden VA. Eine Ausnahme gilt bei § 36 BauGB (s. dazu im BauR).

c) Formgerechter Antrag
Auch hier gibt es i.d.R. keine gesetzlichen Vorgaben.

3. Materielle Anspruchsvoraussetzungen

a) Tatbestand
Siehe oben Anfechtungsklage.

b) Rechtsfolge
Siehe oben Anfechtungsklage.

<u>Beachte:</u> Sieht die Anspruchsgrundlage als Rechtsfolge ein behördliches Ermessen vor, dann ist der Anspruch auf eine ermessensfehlerfreie Entscheidung gerichtet. In diesem Fall sind folgende Konstellationen denkbar:

- Ermessensreduzierung auf null. Ist insbes. im Gefahrenabwehrrecht möglich, wenn ein besonders wichtiges Rechtsgut (Leben, körperliche Unversehrtheit, Freiheit der Person) bedroht ist. Dann hat der Kläger einen gebundenen Anspruch, seine Klage ist in vollem Umfang erfolgreich.

- Ermessen ist nicht auf null reduziert. Der Kläger hat nur einen Anspruch auf ermessensfehlerfreie Entscheidung. Es ergeht ein Bescheidungsurteil, § 113 V 2 VwGO. Hat der Kläger behauptet, ihm stünde ein gebundener Anspruch zu, ist seine Klage teilweise unbegründet.

- Ermessen ist nicht auf null reduziert und wurde von der Behörde bereits fehlerfrei ausgeübt. Dann ist der Anspruch auf ermessensfehlerfreie Entscheidung quasi durch Erfüllung erloschen. Die Klage ist also erfolglos. Stellt sich hingegen heraus, dass die Ermessenserwägungen fehlerhaft sind, muss das Ermessen von der Behörde nochmals ausgeübt werden, es ergeht also ein Bescheidungsurteil gem. § 113 V 2 VwGO.

Mit dieser Prüfung ist automatisch auch die Spruchreife geklärt. Spruchreife bedeutet, dass das Gericht abschließend über den Erlass des VA entscheiden kann. Fehlt sie, weil der Behörde noch Ermessen zusteht, kann nur ein Bescheidungsurteil gem. § 113 V 2 VwGO ergehen.

C. Fortsetzungsfeststellungsklage (FFK), § 113 I 4 VwGO

I. Zulässigkeit der Klage

1. Eröffnung des Verwaltungsrechtswegs

2. Statthafte Klageart = VA muss sich vorher durch Zurücknahme oder anders erledigt haben
   a) VA
   b) Erledigung
   c) Zeitpunkt der Erledigung
   d) Anfechtungssituation

3. Fortsetzungsfeststellungsinteresse, § 113 I 4 VwGO

4. Klagebefugnis, § 42 II VwGO analog

5. Erfolgloses, ordnungsgemäß durchgeführtes Vorverfahren

6. Klagegegner, § 78 I Nr. 1 VwGO analog

7. Beteiligungs- und Prozessfähigkeit, §§ 61, 62 VwGO

8. Klagefrist

II. Objektive Klagehäufung, subjektive Klagehäufung und Beiladung

III. Begründetheit der Klage

I. Zulässigkeit der Klage

Beachte: Maßgeblicher Zeitpunkt für die Beurteilung der Zulässigkeit der Klage ist der Zeitpunkt der letzten mündlichen Verhandlung (in der letzten Gerichtsinstanz).

1. Eröffnung des Verwaltungsrechtswegs
   Siehe oben Anfechtungsklage und Verpflichtungsklage.

2. Statthafte Klageart
   VA muss sich vorher durch Zurücknahme oder anders erledigt haben, § 113 I 4 VwGO.

   a) VA
      Siehe oben Anfechtungsklage und Verpflichtungsklage.

   b) Erledigung
      = VA entfaltet keinerlei Rechtswirkungen mehr, so dass seine Aufhebung sinnlos ist. Beispiele für eine Erledigung: § 43 II VwVfG NRW. Der Vollzug eines VA führt i.d.R. nicht zu seiner Erledigung, da der sog. **Vollzugs-FBA** ansonsten nicht hinter der Anfechtungsklage in § 113 I 2 VwGO, sondern hinter der FFK normiert sein müsste.

   c) Zeitpunkt der Erledigung

      „**Vorher**" = Erledigung <u>nach</u> Klageerhebung und <u>vor</u> Erlass des Urteils. Das folgt aus der systematischen Stellung des § 113 I 4 VwGO im 10. Abschnitt der VwGO. „Urteile und andere Entscheidungen" können erst ergehen, nachdem eine Klage erhoben wurde.

Problem: Erledigung vor Klageerhebung

Analoge Anwendung des § 113 I 4 VwGO. Strittig ist die Regelungslücke. Sie fehlt, wenn eine der vorhandenen Klagearten in dieser Situation einschlägig ist. In Betracht kommt allein die Feststellungsklage (FK) gem. § 43 I VwGO. Die Norm passt jedoch bereits vom Wortlaut her nicht zum Begehren des Klägers. Dieser will nicht das Bestehen oder Nichtbestehen des VA bzw. seine Nichtigkeit geklärt haben, sondern nur dessen Rechtswidrigkeit feststellen lassen. Zudem wäre § 113 I 4 VwGO insgesamt überflüssig, wenn über § 43 I VwGO auch die Feststellung der Rechtswidrigkeit eines VA erfolgen könnte. Daher bejaht die h.M. das Bestehen einer Regelungslücke. Diese ist auch planwidrig, da anderenfalls gegen VA, die sich vor Klageerhebung erledigen, kein Rechtsschutz möglich wäre. Das würde gegen Art. 19 IV 1 GG verstoßen. Schließlich ist auch die Interessenlage bei einer Erledigung vor und nach Klageerhebung vergleichbar.

d) Anfechtungssituation

Die Normierung der FFK im § 113 I VwGO zeigt, dass sich eine Anfechtungssituation erledigt haben muss, d.h. ohne die Erledigung müsste die Anfechtungsklage statthaft sein.

Problem: Erledigte Verpflichtungssituation

Auch in diesem Fall wird § 113 I 4 VwGO analog angewandt. Die planwidrige Regelungslücke folgt aus den o.g. Gründen. Zudem könnten die besonderen Zulässigkeitsvoraussetzungen der §§ 68 ff. VwGO unterlaufen werden, wenn in dieser Situation § 43 I VwGO zur Anwendung gelangen würde. Für eine vergleichbare Interessenlage spricht, dass es für den Betroffenen im Ergebnis häufig keinen Unterschied macht, ob er Adressat eines belastenden VA ist oder ob ihm ein begünstigender VA verwehrt wird.

<u>Beachte:</u> Bei einer Erledigung der Verpflichtungssituation vor Klageerhebung wird § 113 I 4 VwGO doppelt analog angewandt.

Erledigen sich behördliche Handlungen, die nicht VA sind (z.B. Realakte), ist § 113 I 4 VwGO nicht analog anzuwenden, da die Norm auf VA bezogen ist. Die Feststellung der Rechtswidrigkeit eines solchen Handelns kann gem. § 43 I VwGO erreicht werden.

3. Fortsetzungsfeststellungsinteresse, § 113 I 4 VwGO

<u>Hintergrund:</u> Es muss einen Grund geben, warum sich das Gericht mit einer Angelegenheit befassen muss, die in der Vergangenheit liegt und damit eigentlich abgeschlossen ist.

„**Berechtigtes Interesse**" = jedes schutzwürdige Interesse rechtlicher, wirtschaftlicher oder ideeller Art.

Konkretisierung durch die Bildung von **Fallgruppen**:

- **Wiederholungsgefahr**
  = hinreichende Wahrscheinlichkeit, dass sich der Sachverhalt und das behördliche Verhalten in absehbarer Zeit wiederholen werden.

- **Rehabilitationsinteresse**
  = Wiederherstellung des guten Rufs (Art. 2 I i.V.m. Art. 1 I 1 GG).

- **Erheblicher Grundrechtseingriff**, der sich typischerweise kurzfristig erledigt.
  Diese Fallgruppe wird teilweise mit zum Rehabilitationsinteresse gezählt. Es soll ein effektiver Grundrechtsschutz gewährleistet werden.

- **Präjudizinteresse**
  = Vorbereitung eines späteren Staatshaftungsprozesses.
  Der Kläger will also zunächst vom VG feststellen lassen, dass ein VA rechtswidrig war, um sodann, beruhend auf dieser Feststellung, bei den Zivilgerichten einen Staatshaftungsanspruch durzusetzen.

<u>Einschränkungen:</u> • Späterer Zivilprozess muss wahrscheinlich sein und darf nicht evident aussichtslos sein.

• Erledigung muss <u>nach</u> Klageerhebung eingetreten sein. Ist sie bereits vor Klageerhebung eingetreten, muss sich der Kläger direkt an die Zivilgerichte wenden, welche die Rechtswidrigkeit des VA gem. § 17 II 1 GVG selbständig als Vorfrage zu klären haben. Bei einer Erledigung nach Klageerhebung sollen dem Kläger hingegen die „Früchte des Verwaltungsprozesses" nicht genommen werden, so dass er ihn weiterführen darf.

> **Examenstipp:**
> **VGH München, Urteil vom 7.3.2018, Az.: 3 BV 16.2040, RA 2018, 319 ff.**
> Ein berechtigtes Interesse i.S.v. § 113 Abs. 1 S. 4 VwGO in Gestalt des Rehabilitationsinteresses kann nur angenommen werden, wenn eine öffentlich wahrnehmbare, andauernde Stigmatisierung des Betroffenen vorliegt.
> Ein Grundrechtseingriff kann ein Fortsetzungsfeststellungsinteresse nur begründen, wenn er <u>tiefgreifend</u> ist und sich <u>typischerweise</u> kurzfristig erledigt.

4. Klagebefugnis, § 42 II VwGO analog
Das Bedürfnis, Popularklagen auszuschließen, besteht auch bei der FFK.
Inhaltlich wird die Klagebefugnis wie bei einer Anfechtungs- oder Verpflichtungsklage geprüft.

5. Erfolgloses, ordnungsgemäß durchgeführtes Vorverfahren
Grds. fraglich, da §§ 68 ff. VwGO nach ihrer amtlichen Überschrift nur für Anfechtungs- und Verpflichtungsklagen gelten. Anwendung jedoch eigentlich unstrittig, wenn sich der VA erst nach Klageerhebung erledigt, da er anderenfalls im Zeitpunkt der Erledigung bereits bestandskräftig wäre. Dann kommt aber jeder Rechtsschutz zu spät.

<u>Rechtslage in **NRW**:</u> Diese Ausführungen und das nachfolgend geschilderte Problem spielen in Nordrhein-Westfalen regelmäßig keine Rolle, weil das Vorverfahren durch § 110 I JustG NRW sowie § 54 II 1, 3 BeamtStG i.V.m. § 103 I LBG NRW weitgehend abgeschafft wurde. Relevanz haben sie z.B. noch im Fall des § 126 II 1 BBG sowie in den Fällen des § 110 II, III JustG NRW.

Problem: Erledigung innerhalb der Widerspruchsfrist oder während des Vorverfahrens
Eine M.M. verlangt auch in diesen Situationen die Durchführung eines Vorverfahrens, weil immer noch eine Selbstkontrolle der Verwaltung möglich sei. Jedoch werden die beiden anderen Ziele des Vorverfahrens nicht mehr erreicht. Es ist keine zusätzliche, billigere Rechtsschutzinstanz für den Bürger, weil das von ihm verfolgte Ziel, die Aufhebung bzw. der Erlass des VA, nicht mehr zu erreichen ist. Ferner werden die Gerichte nicht entlastet, da der Betroffene gerade eine gerichtliche Feststellung der Rechtswidrigkeit des VA benötigt, um ein behördliches Handeln zukünftig verhindern zu können. Daher ist mit der h.M. davon auszugehen, dass bei einer Erledigung innerhalb der Widerspruchsfrist der Widerspruch unzulässig ist und bei einer Erledigung während des Widerspruchsverfahrens das Verfahren eingestellt wird.

6. Klagegegner, § 78 I Nr. 1 VwGO analog
Siehe oben Anfechtungsklage.

7. Beteiligungs- und Prozessfähigkeit, §§ 61, 62 VwGO
Siehe oben Anfechtungsklage.

8. Klagefrist

Fraglich, da § 74 VwGO im 8. Abschnitt der VwGO steht. Anwendung unstrittig, wenn dies spezialgesetzlich gefordert wird; wichtigste Spezialregelungen sind § 54 II 1 BeamtStG und § 126 II 1 BBG, die trotz ihres missverständlichen Wortlauts („Vorverfahren") nach dem Willen des Gesetzgebers auf den gesamten 8. Abschnitt verweisen. Weiterhin muss die Klagefrist beachtet worden sein, wenn sich der VA erst nach Klageerhebung erledigt, da er anderenfalls im Zeitpunkt der Erledigung bereits bestandskräftig wäre. Dann kommt aber jeder Rechtsschutz zu spät.

Problem: Erledigung innerhalb der Widerspruchsfrist, während des Vorverfahrens oder innerhalb der Klagefrist

Nach einer M.M. gilt § 74 I 2 VwGO analog. Da allerdings die Verwaltung zurzeit des Erlasses des VA regelmäßig nicht absehen kann, wann sich dieser erledigt, wird die Rechtsbehelfsbelehrung falsch sein. Sie wird den Betroffenen auf den Widerspruch als Rechtsbehelf verweisen, der aber unstatthaft ist (s.o.). Daher läuft die Jahresfrist des § 58 II VwGO.

Nach h.M. läuft in diesen Fällen gar keine Frist, es kommt nur eine Verwirkung in Betracht (s. dazu unten die Ausführungen bei der Leistungsklage). Der Sinn und Zweck der Klagefrist, Rechtssicherheit durch Eintritt der Bestandskraft zu erzeugen, sei nicht mehr erreichbar, da der VA infolge seiner Erledigung nicht mehr bestandskräftig werden könne. Zudem schützten das Fortsetzungsfeststellungsinteresse und der Grundsatz der Verwirkung vor verspäteten Klagen.

II. Objektive Klagehäufung, subjektive Klagehäufung und Beiladung

Siehe oben Anfechtungsklage.

III. Begründetheit der Klage

Obersatz: Anfechtungssituation:

Die Klage ist begründet, soweit der VA rechtswidrig war und der Kläger dadurch in seinen Rechten verletzt wurde.

Verpflichtungssituation:

Die Klage ist begründet, soweit die Ablehnung/Unterlassung des VA rechtswidrig war, der Kläger dadurch in seinen Rechten verletzt wurde und die Sache spruchreif war. Das ist der Fall, soweit dem Kläger der behauptete Anspruch tatsächlich zustand. Zur Passivlegitimation s.o. die Ausführungen zur Anfechtungsklage.

Problem: Maßgeblicher Zeitpunkt für die Beurteilung der Sach- und Rechtslage (wird bei dem jeweiligen Tatbestandsmerkmal geprüft, bei dem sich nachträglich die Sach- oder Rechtslage verändert)

Primär ist der Zeitpunkt maßgeblich, der im Klageantrag benannt wird. Fehlt eine genaue Angabe, kommt es nach h.M. auf den Zeitpunkt der Erledigung an. Die M.M. will differenzieren. Es komme auf die Klageart an, die sich erledigt hat: Bei Anfechtungssituationen sei auf den Zeitpunkt der letzten Behördenentscheidung abzustellen, bei Verpflichtungssituationen auf den Zeitpunkt der Erledigung.

Inhaltlich ist die Begründetheitsprüfung identisch mit derjenigen bei der Anfechtungs- oder Verpflichtungsklage (s.o.).

D. Leistungsklage

I. Zulässigkeit der Klage

1. Eröffnung des Verwaltungsrechtswegs

2. Statthafte Klageart = Es wird eine Leistung begehrt, die nicht im Erlass eines VA besteht
   Die Leistung kann auch in einem Unterlassen bestehen
   (sog. negative Leistungsklage bzw. Unterlassungsklage).

3. Klagebefugnis, § 42 II VwGO analog

4. Erfolgloses, ordnungsgemäß durchgeführtes Vorverfahren, §§ 68 ff. VwGO

5. Klagegegner

6. Beteiligungs- und Prozessfähigkeit, §§ 61, 62 VwGO

7. Klagefrist

8. Allgemeines Rechtsschutzbedürfnis

II. Objektive Klagehäufung, subjektive Klagehäufung und Beiladung

III. Begründetheit der Klage

I. Zulässigkeit der Klage

Beachte: Maßgeblicher Zeitpunkt für die Beurteilung der Zulässigkeit der Klage ist der Zeitpunkt der letzten mündlichen Verhandlung (in der letzten Gerichtsinstanz).

1. Eröffnung des Verwaltungsrechtswegs
   Siehe oben Anfechtungsklage und Verpflichtungsklage.

   Probleme:
   a) Hausrecht in öffentlichen Gebäuden
      Einordnung ist strittig, es kommt auf den Sachzusammenhang an (s.u. Kommunalrecht).
   b) Warnungen von Hoheitsträgern
      Entscheidend ist, ob der Amtswalter die Äußerung in seiner hoheitlichen Funktion oder als Privatperson tätigt.
   c) Staatliche Immissionen
      Sachzusammenhang ist entscheidend. Werden die Immissionen durch die Erfüllung des öff. Zwecks verursacht, liegt eine öff.-rechtliche Streitigkeit vor (Bsp.: Feuerwehrsirene, Geruchsbelastung durch städtische Kläranlage).
      Handelt es sich hingegen um „normale" Immissionen in einem Nachbarschaftsverhältnis, ist der Zivilrechtsweg eröffnet (Bsp.: Überwuchernde Sträucher von einem Behördengrundstück, Lärm durch defekte Heizung).

      Besonders strittig ist die Einordnung des kirchlichen Glockengeläuts, wenn es sich bei der Religionsgesellschaft um eine Körperschaft des öff. Rechts handelt (ist die Religionsgesellschaft privatrechtlich organisiert, ist immer der Zivilrechtsweg eröffnet).

      Nach h.M. ist zu differenzieren:
      • Liturgisches/sakrales Glockengeläut → öff.-rechtliche Streitigkeit.
      • Weltliches/profanes Stundengeläut → Zivilrechtsweg.

Autor: Dr. Dirk Kues

2. Statthafte Klageart

Leistungsklage ist nicht ausdrücklich normiert, jedoch allgemein anerkannt und vom Gesetz-geber als gegeben vorausgesetzt, vgl. § 43 II 1 VwGO.

Voraussetzung: Es wird eine Leistung begehrt, die nicht im Erlass eines VA besteht. Die Leistung kann auch in einem Unterlassen bestehen (sog. **negative Leistungsklage** bzw. **Unterlassungsklage**).

Damit ist die Verpflichtungsklage lediglich eine spezielle Ausprägung der Leistungsklage.

Probleme:

a) Kommunalverfassungsstreit (KVS)

= Streit zwischen Organen oder Organteilen einer kommunalen Selbstverwaltungseinrich-tung um die ihnen zustehenden Kompetenzen.
Beim KVS fehlt nach h.M. i.d.R. die Außenwirkung (s.o. die Ausführungen im allg. Verwaltungsrecht zum VA). Daher scheiden die VA-bezogenen Klagearten aus. Für eine Klageart sui generis spricht zwar, dass die VwGO auf Außenrechtsstreitigkeiten zugeschnitten ist. Jedoch kann die Leistungsklage (und daneben die subsidiäre Feststellungsklage) so modifiziert werden, dass sie auch Innenrechtsstreitigkeiten erfasst.

b) Vorbeugende Unterlassungsklage

Beim vorbeugenden Rechtsschutz will der Kläger der Verwaltung eine Handlung untersagen lassen, die sie noch gar nicht vorgenommen hat. Anfechtungsklage und Verpflichtungsklage passen nicht, selbst wenn die Handlung in einem VA bestehen sollte, weil diese Klagearten immer einen existierenden VA bzw. die Ablehnung eines VA voraussetzen (vgl. §§ 68 ff. VwGO). Daher kommt nur die Unterlassungsklage bzw. in seltenen Ausnahmefällen die subsidiäre Feststellungsklage in Betracht.

c) Normerlassklage

= Klage auf Erlass oder Ergänzung einer Rechtsnorm.
Ist bzgl. formeller Gesetze unstatthaft. Wegen des Gewaltenteilungsprinzips kann das VG nicht den Parlamentsgesetzgeber zum Erlass eines Gesetzes zwingen.
Bzgl. materieller Gesetze greift dieses Argument nicht, da sie von der Exekutive stammen. Die Judikative ist aber gerade zur Kontrolle der Exekutive berufen. Zudem hängt es oftmals nur vom Zufall ab, ob eine Regelung als Allgemeinverfügung i.S.d. § 35 S. 2 VwVfG oder als materielles Gesetz ergeht. Die h.M. will in diesen Fällen die Feststel-lungsklage anwenden, damit der Eingriff in die Gestaltungsfreiheit des Gesetzgebers möglichst gering ist. Die M.M. verweist auf die Subsidiarität der Feststellungsklage gem. § 43 II 1 VwGO sowie darauf, dass sich die gesetzgeberische Gestaltungsfreiheit aus-reichend durch ein Bescheidungsurteil schützen lässt.

3. Klagebefugnis, § 42 II VwGO analog

Das Bedürfnis, Popularklagen auszuschließen, besteht auch bei der Leistungsklage.
Inhaltlich wird die Klagebefugnis wie bei einer Verpflichtungsklage geprüft.

Probleme:

a) Kommunalverfassungsstreit (KVS)

Da der Kläger nicht als natürliche Person, sondern in seiner hoheitlichen Funktion auftritt, kann er sich nicht auf seine Grundrechte, sondern nur auf seine Organrechte berufen. Diese gewähren ihm auch einen ausreichenden Schutz, so dass er des Grundrechtsschutzes nicht bedarf. Im Zweifel ist durch Auslegung der jeweiligen Norm zu ermitteln, ob sie ein Organrecht beinhaltet, also den Kläger in seiner hoheitlichen Funktion schützen will. Die wichtigsten Organrechte eines Mitgliedes des Rates folgen aus § 43 I GO NRW.

b) Normerlassklage

Der erforderliche Anspruch fehlt in aller Regel, weil Gesetze im Interesse der Allgemeinheit und nicht des Einzelnen erlassen werden. Ausnahmsweise kann sich ein Anspruch insbes. aus einem öff.-rechtlichen Vertrag ergeben. Dann ist aber genau zu untersuchen, ob der Vertrag wirksam ist. Beachte in diesem Zusammenhang insbes. § 1 III 2 BauGB.

4. Erfolgloses, ordnungsgemäß durchgeführtes Vorverfahren, §§ 68 ff. VwGO

Grds.: Unstatthaft, da §§ 68 ff. VwGO nur für Anfechtungs- und Verpflichtungsklage gelten.

Ausn.: § 126 II 1 BBG.

5. Klagegegner

Grds.: Rechtsträgerprinzip. Siehe oben die Ausführungen i.R.d. Anfechtungsklage.

Ausn.: § 54 II 1 BeamtStG bzw. § 126 II 1 BBG i.V.m. § 78 I Nr. 1 VwGO (zum Umfang des Verweises s.o. Klagefrist bei der FFK).

Problem: Kommunalverfassungsstreit (KVS)
Da es sich um einen Innenrechtsstreit handelt, gilt das Rechtsträgerprinzip nicht. Verklagt wird das Organ bzw. der Organteil, dessen Verhalten umstritten ist.

6. Beteiligungs- und Prozessfähigkeit, §§ 61, 62 VwGO
Siehe oben Anfechtungsklage.

Problem: Kommunalverfassungsstreit (KVS)
Dogmatische Herleitung der Beteiligungs- und Prozessfähigkeit strittig, im Ergebnis aber allgemein anerkannt, weil auch der KVS als besondere prozessuale Situation anerkannt ist. Richtigerweise handelt es sich bei der Anerkennung der Beteiligungs- und Prozessfähigkeit um eine richterliche Rechtsfortbildung.

7. Klagefrist

Grds.: Keine Klagefrist, da §§ 68 ff. VwGO nur für Anfechtungs- und Verpflichtungsklage gelten. Es gilt nur der Grundsatz der Verwirkung. Dafür muss ein längerer Zeitraum verstrichen sein, in dem der Anspruch nicht geltend gemacht wurde (sog. **Zeitmoment**). Zudem muss beim Klagegegner das berechtigte Vertrauen erweckt werden, der Kläger werde sein subjektives Recht nicht mehr geltend machen (sog. **Umstandsmoment**). Wegen der Wertung des § 58 II VwGO kommt eine Verwirkung i.d.R. nicht vor Ablauf eines Jahres in Betracht, nachdem der Kläger von seinem Anspruch Kenntnis erhalten hat.

Ausn.: § 54 II 1 BeamtStG bzw. § 126 II 1 BBG i.V.m. § 74 II VwGO (zum Umfang des Verweises s.o. Klagefrist bei der FFK).

8. Allgemeines Rechtsschutzbedürfnis
= es darf keinen einfacheren, schnelleren, billigeren Weg geben, um das verfolgte Rechtsschutzziel zu erreichen.
Daher schließt die Möglichkeit, einen VA zu erlassen, grds. das Rechtsschutzbedürfnis für eine Leistungsklage aus, weil die Verwaltung ihre Ansprüche per VA leichter durchsetzen kann als mit einer Klage. Nach h.M. gilt jedoch eine Ausnahme, wenn der Adressat den VA ohnehin angreifen wird, da es dann in jedem Fall zu einem Gerichtsverfahren kommt, entweder aufgrund einer Anfechtungsklage des Adressaten des VA oder aufgrund einer Leistungsklage der Verwaltung. Die Behörde soll in dieser Situation eine Wahlfreiheit zwischen dem Erlass des VA und der Erhebung der Leistungsklage haben.

Probleme:

a) Vorheriger Antrag an die Behörde
Da kein Vorverfahren durchzuführen ist, könnte das Rechtsschutzbedürfnis fehlen, wenn der Kläger nicht vor Klageerhebung versucht hat, seinen Anspruch direkt bei der Verwaltung geltend zu machen. Letzteres ist jedoch nicht erforderlich, wenn die Verwaltung bereits signalisiert hat, dass sie den Anspruch nicht anerkennt. Ferner bedarf es keines vorherigen Antrags, wenn die Angelegenheit eilig ist.

b) Qualifiziertes Rechtsschutzbedürfnis beim vorbeugenden Rechtsschutz
Die VwGO ist grds. auf repressiven Rechtsschutz ausgerichtet, d.h. erst handelt die Verwaltung, dann reagiert der Betroffene. Zudem greift der vorbeugende Rechtsschutz massiv in die Handlungsbefugnisse der Verwaltung ein, weil ihr etwas untersagt wird, bevor sie überhaupt gehandelt hat. Deshalb bedarf es eines qualifizierten Rechtsschutzbedürfnisses, d.h. es müssen dem Kläger irreparable Schäden drohen, so dass ihm ein weiteres Abwarten nicht zuzumuten ist (<u>Bsp.</u>: Drohende staatliche Warnung vor einem Produkt).

II. Objektive Klagehäufung, subjektive Klagehäufung und Beiladung
Siehe oben Anfechtungsklage.

III. Begründetheit der Klage

<u>Obersatz:</u>   Die Klage ist begründet, soweit der behauptete Anspruch tatsächlich besteht. Zur Passivlegitimation s.o. die Ausführungen zur Anfechtungsklage.

Probleme:

1. Maßgeblicher Zeitpunkt für die Beurteilung der Sach- und Rechtslage (wird bei dem jeweiligen Tatbestandsmerkmal geprüft, bei dem sich nachträglich die Sach- oder Rechtslage verändert)

<u>Grds.:</u>   Zeitpunkt der letzten mündlichen Verhandlung (in der letzten Gerichtsinstanz).

<u>Arg.:</u>   Im Gegensatz zur Anfechtungsklage geht es hier primär nicht um die Kontrolle der Rechtmäßigkeit des behördlichen Handelns, sondern um das Bestehen eines Anspruchs. Es gibt für das Gericht keinen Grund, diesen abzulehnen, wenn er inzwischen existiert.

<u>Ausn.:</u>   Gesetzliche Stichtagregelungen. Dann kommt es darauf an, dass die Anspruchsvoraussetzungen bis zu dem im Gesetz genannten Termin erfüllt sind.

2. Kommunalverfassungsstreit (KVS)
Beim KVS werden nur die in der Klagebefugnis ermittelten Organrechte geprüft, es findet keine objektive Rechtskontrolle statt. Anderenfalls könnte sich der Kläger zum Hüter des Allgemeinwohls aufschwingen.

Inhaltlich ist der Prüfungsaufbau im Übrigen identisch mit demjenigen der Verpflichtungsklage (s.o.).

E. Feststellungsklage, § 43 VwGO

I. Zulässigkeit der Klage

1. Eröffnung des Verwaltungsrechtswegs

2. Statthafte Klageart
   a) Bestehen oder Nichtbestehen eines Rechtsverhältnisses oder Nichtigkeit eines VA, § 43 I VwGO
   b) Subsidiarität, § 43 II VwGO

3. Feststellungsinteresse

4. Klagebefugnis

5. Erfolgloses, ordnungsgemäß durchgeführtes Vorverfahren, §§ 68 ff. VwGO

6. Klagegegner

7. Beteiligungs- und Prozessfähigkeit, §§ 61, 62 VwGO

8. Klagefrist

9. Allgemeines Rechtsschutzbedürfnis

II. Objektive Klagehäufung, subjektive Klagehäufung und Beiladung

III. Begründetheit der Klage

I. Zulässigkeit der Klage

Beachte: Maßgeblicher Zeitpunkt für die Beurteilung der Zulässigkeit der Klage ist der Zeitpunkt der letzten mündlichen Verhandlung (in der letzten Gerichtsinstanz).

1. Eröffnung des Verwaltungsrechtswegs
   Siehe oben Leistungsklage.

2. Statthafte Klageart

   a) Bestehen oder Nichtbestehen eines Rechtsverhältnisses oder Nichtigkeit eines VA, § 43 I VwGO.

Rechtsverhältnis	= die sich aus einem konkreten Sachverhalt aufgrund öff.-rechtlicher Normen ergebenden Rechtsbeziehungen zwischen Personen oder zwischen einer Person und einer Sache. Es können daher mit der Feststellungsklage nicht abstrakte Rechtsfragen geklärt werden.
Nichtigkeit eines VA	= § 44 VwVfG.

   Probleme:

   aa) Erledigtes Rechtsverhältnis
   Liegt ein Rechtsverhältnis in der Vergangenheit, gibt es an sich kein Bedürfnis mehr nach einer gerichtlichen Kontrolle. Eine Ausnahme gilt, wenn der Kläger ein berechtigtes Interesse daran hat. Hier sind die Fallgruppen des Fortsetzungsfeststellungsinteresses bei der FFK heranzuziehen (s.o.).

   bb) Vorbeugender Rechtsschutz
   Siehe dazu die Ausführungen bei der Leistungsklage.

    Autor: Dr. Dirk Kues

cc) Kommunalverfassungsstreit (KVS)
Siehe dazu die Ausführungen bei der Leistungsklage.

dd) Verhältnis zu § 47 VwGO
Nach h.M. kann per Feststellungsklage inzident die Recht- bzw. Verfassungs-mäßigkeit einer Norm überprüft werden (sog. „**heimliche Normenkontrolle**"). Das unterläuft nicht § 47 VwGO, da es dort um eine abstrakte Überprüfung der Norm mit einer Verwerfung erga omnes geht. Bei der Feststellungsklage kommt es hingegen nur zu einer inzidenten Normenkontrolle, die lediglich zu einer Unanwendbarkeit der Vorschrift inter partes führen kann.

b) Subsidiarität, § 43 II VwGO

Sinn und Zweck: • Wahl der effektivsten Rechtsschutzform, da Feststellungsurteile nicht vollstreckbar sind.

• §§ 68 ff. VwGO sollen nicht unterlaufen werden.

Ausnahmen von der Subsidiarität:

• § 43 II 2 VwGO.

• Feststellungsklage ist rechtsschutzintensiver als die anderen Klage-arten und §§ 68 ff. VwGO werden nicht unterlaufen (Bsp.: Muslim will festgestellt haben, dass er in Zukunft keine Genehmigung mehr für das Schächten von Tieren benötigt; das ist rechtsschutzintensiver als eine jährliche Verpflichtungsklage auf Erteilung einer Ausnahme-genehmigung und unterläuft auch nicht §§ 68 ff. VwGO.).

Probleme:

aa) Weitere ungeschriebene Ausnahme von der Subsidiarität?

H.M.: Im Verhältnis zur Leistungsklage gilt die Subsidiarität nicht, wenn sich die Klage gegen einen Hoheitsträger richtet.

Arg.: §§ 68 ff. VwGO können nicht unterlaufen werden, weil sie auch bei der Leis-tungsklage nicht greifen. Die fehlende Vollstreckbarkeit des Feststellungs-urteils ist unschädlich, weil sich ein Hoheitsträger wegen Art. 20 III GG auch an solche Urteile hält (sog. „**Ehrenmanntheorie**").

Kritik: Klagen richten sich im öff. Recht immer gegen Hoheitsträger, die h.M. unter-läuft also den klaren Wortlaut des § 43 II 1 VwGO. Selbst der Gesetzgeber geht nicht davon aus, dass sich ein Hoheitsträger immer an gerichtliche Entscheidungen hält, wie § 172 VwGO beweist.

bb) Normerlassklage
Siehe dazu die Ausführungen bei der Leistungsklage.

cc) Allgemeine Gestaltungsklage

Gestaltungsklage = Klage, bei der das Urteil unmittelbar die Rechtslage gestaltet, z.B. Anfechtungsklage.

Verpflichtungsklage ist keine Gestaltungsklage, weil sich die Rechtslage erst ändert, wenn die Verwaltung dem Verpflich-tungsurteil Folge leistet und den begehrten VA erlässt. Ver-pflichtungsklage fällt bei § 43 II 1 VwGO unter den Oberbegriff „Leistungsklage".

Da § 43 II 1 VwGO den Begriff „Gestaltungsklage" verwendet, wird teilweise vertreten, es müsse neben der Anfechtungsklage noch eine weitere Gestaltungsklage, die allg. Gestaltungsklage geben. Anwendungsbereich sei der KVS, wenn sich dort eine Klage gegen einen Beschluss des Rates richte. Dieser könne mangels VA-Qualität nicht per Anfechtungsklage aufgehoben werden.

Dagegen spricht jedoch, dass fehlerhafte Beschlüsse des Rates sofort unwirksam sind. Es gibt also nichts, was aufzuheben wäre. Stattdessen genügt die Feststellungsklage, mit der die Unwirksamkeit des Beschlusses festgestellt wird. Zudem stellt eine Gestaltungsklage eine derart weitgehende Maßnahme der Judikative gegenüber der Exekutive dar, dass sie ausdrücklich in einem Parlamentsgesetz geregelt werden muss. Schließlich ist der Begriff „Gestaltungsklage" auch nicht falsch, da es mit § 167 I VwGO i.V.m. §§ 767, 771 ZPO neben der Anfechtungsklage weitere Gestaltungsklagen gibt.

3. Feststellungsinteresse

„**Berechtigtes Interesse**" = jedes schutzwürdige Interesse rechtlicher, wirtschaftlicher oder ideeller Art.

4. Klagebefugnis

Probleme:

a) Analoge Anwendung des § 42 II VwGO
Strittig. Wird von der h.M. bejaht, weil § 42 II VwGO nur gesetzlicher Ausdruck eines allgemeinen Prinzips im Verwaltungsprozessrecht ist, nämlich Ausschluss der Popularklage. Dagegen spricht, dass der Gesetzgeber in § 43 I VwGO im Gegensatz zu § 42 II VwGO gerade keine mögliche Rechtsverletzung fordert, sondern ein berechtigtes Interesse genügen lässt. Das spricht gegen eine planwidrige Regelungslücke.
In einer Klausur kommt es auf diesen Streit i.d.R. nicht an, weil der Kläger klagebefugt sein dürfte.

b) Kommunalverfassungsstreit (KVS)
Siehe dazu die Ausführungen bei der Leistungsklage.

c) Normerlassklage
Siehe dazu die Ausführungen bei der Leistungsklage.

5. Erfolgloses, ordnungsgemäß durchgeführtes Vorverfahren, §§ 68 ff. VwGO
Grds.: Unstatthaft, da §§ 68 ff. VwGO nur für Anfechtungs- und Verpflichtungsklage gelten.
Ausn.: § 126 II 1 BBG.

6. Klagegegner
Grds.: Rechtsträgerprinzip. Siehe oben die Ausführungen i.R.d. Anfechtungsklage.
Ausn.: § 54 II 1 BeamtStG bzw. § 126 II 1 BBG i.V.m. § 78 I Nr. 1 VwGO (zum Umfang des Verweises s.o. Klagefrist bei der FFK).

Problem: Kommunalverfassungsstreit (KVS)
Siehe dazu die Ausführungen bei der Leistungsklage.

7. Beteiligungs- und Prozessfähigkeit, §§ 61, 62 VwGO
Siehe oben Anfechtungsklage.

Problem: Kommunalverfassungsstreit (KVS)
Siehe dazu die Ausführungen bei der Leistungsklage.

8. Klagefrist
Siehe oben Leistungsklage.

9. Allgemeines Rechtsschutzbedürfnis

Problem: Qualifiziertes Rechtsschutzbedürfnis beim vorbeugenden Rechtsschutz
Siehe dazu die Ausführungen bei der Leistungsklage.

II. Objektive Klagehäufung, subjektive Klagehäufung und Beiladung
Siehe oben Anfechtungsklage.

III. Begründetheit der Klage

<u>Obersatz:</u> Die Klage ist begründet, soweit das umstrittene Rechtsverhältnis besteht (sog. **positive Feststellungsklage**) bzw. nicht besteht (sog. **negative Feststellungsklage**). Zur Passivlegitimation s.o. die Ausführungen zur Anfechtungsklage.

Probleme:

1. Maßgeblicher Zeitpunkt für die Beurteilung der Sach- und Rechtslage (wird bei dem jeweiligen Tatbestandsmerkmal geprüft, bei dem sich nachträglich die Sach- oder Rechtslage verändert) Der Zeitpunkt oder Zeitraum, der im Klageantrag genannt wird.

2. Kommunalverfassungsstreit (KVS) Beim KVS werden nur die in der Klagebefugnis ermittelten Organrechte geprüft, es findet keine objektive Rechtskontrolle statt. Anderenfalls könnte sich der Kläger zum Hüter des Allgemeinwohls aufschwingen.

Der Prüfungsaufbau ist im Übrigen identisch mit demjenigen der Anfechtungsklage, wenn es um die Rechtmäßigkeit einer behördlichen Maßnahme geht. Nur der Prüfungspunkt „Rechtsverletzung" entfällt. Geht es ausnahmsweise um die Feststellung des Bestehens eines Anspruchs, ist der Prüfungsaufbau identisch mit demjenigen der Leistungsklage.

F. (Prinzipale) Normenkontrolle, § 47 VwGO

I. Zulässigkeit des Antrags

    1. Eröffnung des Verwaltungsrechtswegs

    2. Statthaftigkeit des Antrags, § 47 I VwGO
       a) § 47 I Nr. 1 VwGO i.V.m. § 10 I BauGB
       b) § 47 I Nr. 2 VwGO i.V.m. § 109a JustG NRW

    3. Antragsbefugnis, § 47 II 1 VwGO

    4. Antragsgegner, § 47 II 2 VwGO

    5. Beteiligungs- und Prozessfähigkeit, §§ 61, 62 VwGO

    6. Antragsfrist, § 47 II 1 VwGO

II. Objektive Antragshäufung, § 44 VwGO analog

III. Subjektive Antragshäufung, bzw. Streitgenossenschaft, § 64 VwGO i.V.m. §§ 59 ff. VwGO

IV. Beiladung, § 47 II 4 i.V.m. § 65 VwGO

V. Begründetheit des Antrags

I. Zulässigkeit des Antrags

<u>Beachte:</u> Maßgeblicher Zeitpunkt für die Beurteilung der Zulässigkeit der Klage ist der Zeitpunkt der letzten mündlichen Verhandlung (in der letzten Gerichtsinstanz).

1. Eröffnung des Verwaltungsrechtswegs
Siehe oben Anfechtungsklage.

„Im Rahmen seiner Gerichtsbarkeit", § 47 I VwGO
= auch für den Vollzug des angegriffenen Rechtsaktes muss der Verwaltungsrechtsweg eröffnet sein.

Damit soll verhindert werden, dass das OVG abstrakt eine Norm überprüft, für dessen konkrete Anwendung die Verwaltungsgerichte nicht zuständig sind.

2. Statthaftigkeit des Antrags, § 47 I VwGO

    a) § 47 I Nr. 1 VwGO i.V.m. § 10 I BauGB

       Problem: Analoge Anwendung auf Flächennutzungsplan (F-Plan)
       Soweit einzelne Darstellungen eines F-Plans kraft Gesetzes Außenwirkung haben (insbes. § 35 III 3 BauGB), sind sie nach h.M. analog § 47 I Nr. 1 VwGO direkt angreifbar. Der Gesetzgeber habe mit § 47 I Nr. 1 VwGO eine bundesweit einheitliche Rechtsschutzmöglichkeit gegen Bauleitpläne schaffen wollen. Zu dem Zeitpunkt, als die Norm erlassen wurde, waren F-Pläne durchweg nur Innenrecht und somit nicht direkt angreifbar. Erst durch nachträgliche Gesetzesänderungen wie § 35 III 3 BauGB haben Teile der F-Pläne Außenwirkung erlangt. Daher liege eine planwidrige Regelungslücke bei vergleichbarer Interessenlage vor. Die Anwendung des § 47 I Nr. 2 VwGO würde zu einem bundesweit uneinheitlichen Rechtsschutz führen.

b) § 47 I Nr. 2 VwGO i.V.m. § 109a JustG NRW

„Im Rang unter dem Landesgesetz"

= Gesetze, die im Rang unter dem formellen Landesrecht stehen, also insbes. Rechtsverordnungen und Satzungen der Städte und Gemeinden.

3. Antragsbefugnis, § 47 II 1 VwGO

Möglichkeit einer Rechtsverletzung erforderlich (wie bei der Anfechtungsklage). Das gilt jedoch nicht für Behörden, da sie nicht selbst Träger von Rechten und Pflichten sind und daher auch keine Rechtsverletzung rügen können (sog. **Behördenprivileg**). Jedoch dürfen sie ein Gesetz nur angreifen, wenn sie mit dessen Vollzug beschäftigt sind. Damit soll eine übermäßige Ausweitung der Antragsberechtigung vermieden werden.

> **Examenstipp:**
> **BVerwG, Urteil vom 27.6.2018, Az.: 10 CN 1/17, RA 2018, 541 ff.**
> Bei verwaltungsgerichtlichen Normenkontrollen betreffend kommunalverfassungsrechtliche Vorschriften sind kommunale Organe und Organteile entsprechend § 47 II 1 VwGO antragsbefugt, wenn die angegriffene Vorschrift ein ihnen selbst zugewiesenes organschaftliches Recht zum Gegenstand hat und dies durch die Geltung der Norm oder deren Vollzug verkürzt wird. Eine nachteilige Betroffenheit durch faktische Auswirkungen normativer Eingriffe in die Rechte anderer Organe oder Organteile begründet keine Antragsbefugnis.
> Kommunale Fraktionen, die aus Vertretern verfassungsfeindlicher Parteien oder Vereinigungen bestehen, durften gemäß Art. 3 I i.V.m. Art. 21 II GG a.F. und Art. 9 II GG nicht deswegen von Zuwendungen zur Fraktionsgeschäftsführung ausgeschlossen werden. Auch nach derzeitigem Verfassungsrecht (Art. 3 I i.V.m. Art. 21 II-V GG) ist eine an dieses Kriterium anknüpfende Benachteiligung bei der Verteilung kommunaler Fraktionszuwendungen nicht zulässig.

4. Antragsgegner, § 47 II 2 VwGO

Rechtsträgerprinzip.

5. Beteiligungs- und Prozessfähigkeit, §§ 61, 62 VwGO

Siehe oben Anfechtungsklage.

Kann eine Behörde den Antrag stellen, ist sie auch beteiligungs- und prozessfähig. § 47 II 1 VwGO ist gegenüber § 61 Nr. 3 VwGO lex specialis.

6. Antragsfrist, § 47 II 1 VwGO

II. Objektive Antragshäufung, § 44 VwGO analog

Siehe oben Anfechtungsklage.

III. Subjektive Antragshäufung bzw. Streitgenossenschaft, § 64 VwGO i.V.m. §§ 59 ff. VwGO

Siehe oben Anfechtungsklage.

IV. Beiladung, § 47 II 4 i.V.m. § 65 VwGO

Siehe oben Anfechtungsklage.

V. Begründetheit des Antrags

Obersatz: Der Antrag ist begründet, soweit das angegriffene Gesetz an einem Fehler leidet, der zu seiner Unwirksamkeit führt.
Zur Passivlegitimation s.o. die Ausführungen zur Anfechtungsklage.

Problem: Maßgeblicher Zeitpunkt für die Beurteilung der Sach- und Rechtslage (wird bei dem jeweiligen Tatbestandsmerkmal geprüft, bei dem sich nachträglich die Sach- oder Rechtslage verändert)
Zeitpunkt der letzten mündlichen Verhandlung (in der letzten Gerichtsinstanz), weil die angegriffenen Gesetze - wie Dauer-VA - Dauerwirkung haben und sich daher ständig aktualisieren.

Beachte: Objektives Beanstandungsverfahren, d.h. es wird alles überprüft, nicht nur ein Verstoß gegen die subjektiven Rechte des Antragstellers. Letztlich Aufbau wie bei der Anfechtungsklage ohne den Prüfungspunkt „Rechtsverletzung".

2. Teil: Vorläufiger Rechtsschutz

A. Antrag gem. §§ 80 V, 80a VwGO

I. Zulässigkeit des Antrags

1. Eröffnung des Verwaltungsrechtswegs

2. Statthafte Antragsart

3. Antragsbefugnis, § 42 II VwGO analog

4. Antragsgegner, § 78 I Nr. 1 VwGO analog

5. Beteiligungs- und Prozessfähigkeit, §§ 61, 62 VwGO

6. Allgemeines Rechtsschutzbedürfnis

   a) Widerspruch/Anfechtungsklage erhoben, der/die nicht evident unzulässig ist

   b) Keine aufschiebende Wirkung (a.W.), § 80 II VwGO

   c) Vorheriger Antrag an die Behörde

II. Objektive Antragshäufung, § 44 VwGO analog

III. Subjektive Antragshäufung, bzw. Streitgenossenschaft, § 64 VwGO i.V.m. §§ 59 ff. VwGO

IV. Beiladung, § 65 VwGO

V. Begründetheit des Antrags

1. Formelle Rechtmäßigkeit der Anordnung der sofortigen Vollziehbarkeit

   a) Zuständigkeit, § 80 II 1 Nr. 4 VwGO

   b) Verfahren

   c) Form, § 80 III VwGO

2. Interessenabwägung = Aussetzungs- bzw. Suspensivinteresse ←→ Vollzugsinteresse.

I. Zulässigkeit des Antrags

Beachte: Maßgeblicher Zeitpunkt für die Beurteilung der Zulässigkeit des Antrags ist der Zeitpunkt der letzten mündlichen Verhandlung (in der letzten Gerichtsinstanz).

1. Eröffnung des Verwaltungsrechtswegs
   Siehe oben Anfechtungsklage.
   Grenzt ab vom vorläufigen Rechtsschutz im Zivilprozess, §§ 916 ff. ZPO.

2. Statthafte Antragsart
   Richtet sich nach dem Begehren des Antragstellers (Ast.), §§ 88, 122 I+II 2 VwGO. Wird Eilrechtsschutz begehrt, kommen §§ 80 V, 80a VwGO einerseits sowie § 123 I VwGO andererseits in Betracht. Abgrenzung der Verfahren gem. § 123 V VwGO. Danach sind § 80 V, 80a VwGO spezieller als § 123 I VwGO. §§ 80 V, 80a VwGO sind einschlägig, wenn im Hauptsacheverfahren eine Anfechtungssituation vorliegt (vgl. § 80 I VwGO). § 80 V VwGO erfasst Zweipersonenverhältnisse, § 80a VwGO erfasst Rechtsstreitigkeiten mit Drittbeteiligung.

Beachte: Ist § 80a VwGO einschlägig, wird zunächst geprüft, ob der angegriffene VA für den Adressaten begünstigend und für den Dritten belastend ist (➜ § 80a I VwGO, z.B. Anfechtung einer Baugenehmigung durch den Nachbarn) oder ob der umgekehrte Fall vorliegt (➜ § 80a II VwGO, z.B. Nachbar hat Erlass einer Beseitigungsverfügung gegenüber dem Bauherrn erwirkt).

Dann wird festgelegt, was der Ast. gem. § 80a I oder II VwGO ursprünglich von der Verwaltung begehrt hat (z.B. Anordnung der sofortigen Vollziehung, Aussetzung der Vollziehung). Schließlich ist zu klären, was der Ast. vom Gericht begehrt, § 80a III VwGO (z.B. Aussetzung der Vollziehung, Aufhebung einer behördlichen Aussetzungsentscheidung).

Probleme:

a) Auswirkungen des vereinfachten Baugenehmigungsverfahrens

Im einfachen Baugenehmigungsverfahren wird gem. § 64 I 1 Nr. 3 BauO NRW das Bauordnungsrecht nur begrenzt geprüft. Zu den Vorschriften, welche die Verwaltung nicht geprüft hat, kann sie aber keine Entscheidung treffen, d.h. keinen VA erlassen. Folglich erlässt die Verwaltung im einfachen Baugenehmigungsverfahren nur bzgl. des Bauplanungsrechts, der sonstigen öff.-rechtlichen Vorschriften (z.B. Straßenrecht) sowie der in § 64 I 1 Nr. 3 BauO NRW genannten bauordnungsrechtlichen Normen einen VA. Für den vorläufigen Rechtsschutz bedeutet dies, dass § 80a VwGO statthaft ist, wenn der Ast. rügt, das Bauvorhaben verstoße gegen Bauplanungsrecht, sonstige öff.-rechtliche Vorschriften und die in § 64 I 1 Nr. 3 BauO NRW genannten bauordnungsrechtlichen Normen. Hingegen muss er einen Antrag nach § 123 I VwGO stellen, gerichtet auf ein Einschreiten der Verwaltung, wenn er einen Verstoß gegen die in § 64 I 1 Nr. 3 BauO NRW nicht genannten Bestimmungen des Bauordnungsrechts rügt.

b) Faktischer Vollzug

= Vollstreckung ohne Vorliegen der Vollstreckungsvoraussetzungen, d.h. die Behörde will eine VA zwangsweise durchsetzen, obwohl a.W. gem. § 80 I VwGO besteht.

Statthaft ist ein Antrag auf Feststellung der a.W. analog § 80 V 1 VwGO. Kein Rückgriff auf § 123 I VwGO, weil die Entscheidung über die Vollstreckbarkeit eines VA systematisch zu § 80 V VwGO gehört. Ferner ist § 123 I VwGO wegen der Glaubhaftmachung das für den Ast. ungünstigere Verfahren. Es wäre widersprüchlich, ihn in dieses Verfahren zu zwingen, wenn die Verwaltung einen Fehler macht, indem sie vollstrecken will, obwohl sie dies gar nicht darf.

3. Antragsbefugnis, § 42 II VwGO analog

Das Bedürfnis, Popularanträge auszuschließen, besteht auch im vorläufigen Rechtsschutz. Zum Inhalt der Prüfung s.o. die Ausführungen bei der Anfechtungsklage zur Klagebefugnis.

Problem: Drittanfechtung/drittschützende Normen

Siehe dazu die Ausführungen im BauR, weil Drittanfechtungsfälle dort besonders examensrelevant sind.

4. Antragsgegner, § 78 I Nr. 1 VwGO analog

Siehe oben Anfechtungsklage.

Erfolgt eine Anordnung der sofortigen Vollziehung durch die Widerspruchsbehörde, soll Antragsgegner nach h.M. gleichwohl der Rechtsträger der Ausgangsbehörde sein, weil der vorläufige Rechtsschutz akzessorisch zum Hauptsacheverfahren ist.

5. Beteiligungs- und Prozessfähigkeit, §§ 61, 62 VwGO

Siehe oben Anfechtungsklage.

6. Allgemeines Rechtsschutzbedürfnis

a) Widerspruch/Anfechtungsklage erhoben, der/die nicht evident unzulässig ist
Nach h.M. muss zumindest zeitgleich mit der Antragstellung bei Gericht auch ein Widerspruch erhoben werden, weil ansonsten der Gegenstand fehlt, dessen aufschiebende Wirkung angeordnet bzw. wiederhergestellt werden kann. Die Gegenauffassung sieht darin eine unzulässige Verkürzung der Widerspruchsfrist des § 70 I VwGO.

Beachte: Aufgrund der Bestimmungen in § 110 I JustG NRW und § 54 II 1, 3 BeamtStG i.V.m. § 103 I LBG NRW ist der Widerspruch in Nordrhein-Westfalen weitgehend unstatthaft. Dann muss der Betroffene natürlich keinen Widerspruch erheben, wenn er den Eilantrag stellt.
Anderenfalls wäre er gezwungen, einen evident aussichtslosen Widerspruch einzulegen, nur um für den Antrag gem. §§ 80 V, 80a VwGO das erforderliche Rechtsschutzbedürfnis zu erzeugen.
Eine Anfechtungsklage muss er in dieser Situation gem. § 80 V 2 VwGO ebenfalls nicht erheben.

Ist Widerspruch doch einmal geboten (z.B. § 126 II 1 BBG, § 110 II, III JustG NRW) oder hat der Betroffene ausnahmsweise sogar schon die Anfechtungsklage erhoben, darf er/sie nach h.M. nicht evident unzulässig sein. In diesem Fall entwickeln Widerspruch und Anfechtungsklage nämlich per se keine aufschiebende Wirkung gem. § 80 I VwGO, so dass es nichts gibt, das vom Gericht angeordnet bzw. wiederhergestellt werden kann. Relevant ist in diesem Zusammenhang nur die evidente Verfristung des Widerspruchs/der Anfechtungsklage.

Beachte: Fehlt es an der Bekanntgabe des VA, läuft keine Frist. Eine Besonderheit gilt jedoch im BauR. Wegen des nachbarschaftlichen Gemeinschaftsverhältnisses muss sich der Nachbar so behandeln lassen, als sei ihm die Baugenehmigung bekannt gegeben worden, wenn er von der Baugenehmigung oder den Bauarbeiten weiß oder hätte wissen müssen. Ab diesem Zeitpunkt läuft zwar keine Widerspruchs-/Klagefrist, es kommt aber Verwirkung in Betracht. Wegen der Wertung des § 58 II VwGO tritt sie jedoch regelmäßig nicht vor Ablauf eines Jahres ein (siehe die Ausführungen in der Leistungsklage).

b) Keine aufschiebende Wirkung (a.W.), § 80 II VwGO
Der Antrag auf Anordnung bzw. Wiederherstellung der a.W. ist sinnlos, wenn sie bereits besteht.

Die einzelnen **Fälle des § 80 II VwGO**:

§ 80 II 1 Nr. 1 VwGO: Soll den regelmäßigen Geldzufluss vom Bürger zum Staat sicherstellen. Ist daher nicht auf Sondersituationen anwendbar wie Kosten einer Ersatzvornahme.

§ 80 II 1 Nr. 2 VwGO: Erfasst nur den Polizeivollzugsdienst, also nicht die Ordnungsbehörden.

§ 80 II 1 Nr. 3 VwGO: Wegfall der a.W. aufgrund besonderer gesetzlicher Bestimmungen außerhalb der VwGO: § 212a I BauGB, § 112 S. 1 JustG NRW.

Problem: Erfasst § 212a I BauGB auch Bauvorbescheide?
Nach h.M. (-), weil der Bauvorbescheid zwar ein wichtiger Schritt Richtung Baugenehmigung ist, jedoch nichts „zulässt" i.S.d. § 212a I BauGB, da mit dem Bauvorbescheid noch nicht gebaut werden darf.

§ 80 II 1 Nr. 4 VwGO: Die Anordnung der sofortigen Vollziehung (AsV) muss stets ausdrücklich erfolgen („besonders angeordnet").

§ 80 II 2 VwGO: Ganz selten. Es muss der Sonderfall vorliegen, dass eine Landesbehörde nach Bundesrecht vollstreckt (z.B. bundesrechtlich angeordnete Androhung im Ausländerrecht nach § 59 I AufenthG). Dann darf der Landesgesetzgeber die a.W. ausschließen (§ 112 S. 1 JustG NRW).

In den Fällen des § 80 II 1 Nr. 1-3, S. 2 VwGO ist der Antrag auf Anordnung der a.W. gerichtet, da sie kraft Gesetzes nicht besteht und daher erstmals vom Gericht angeordnet werden muss. Im Fall des § 80 II 1 Nr. 4 VwGO besteht kraft Gesetzes a.W., sie wurde jedoch von der Behörde durch eine AsV beseitigt. Dann muss das Gericht die an sich bestehende a.W. wiederherstellen.

c) Vorheriger Antrag an die Behörde
Es kann bei der Ausgangs- und Widerspruchsbehörde jederzeit ein Antrag auf Aussetzung der Vollziehung gestellt werden, § 80 IV 1 VwGO bzw. § 80a I Nr. 2 VwGO. Zwingend erfolgen muss dies vor der Antragstellung bei Gericht jedoch nur im Fall des § 80 VI 1 VwGO.

Problem: Verweis des § 80a III 2 VwGO auf § 80 VI VwGO
Läuft bei wörtlichem Verständnis weitgehend ins Leere, weil er den Fall beschreibt, dass ein Dritter sich gegen einen Abgaben- oder Kostenbescheid wehrt. Das kommt in der Praxis kaum vor. Daher wird der Verweis teilweise als Rechtsfolgenverweis begriffen, d.h. der Dritte muss grds. immer erst einen Antrag bei der Verwaltung stellen, bevor er sich an das Gericht wenden darf. Dagegen spricht jedoch, dass die Verweise in § 80a III 2 VwGO auf § 80 V, VII, VIII VwGO unstreitig Rechtsgrundverweise sind und der Gesetzgeber nicht zu erkennen gibt, dass dies bei dem Verweis auf § 80 VI VwGO anders sein soll. Zudem ist kein Grund ersichtlich, vom Dritten stets einen vorherigen Antrag bei der Behörde zu verlangen, während dies vom Adressaten des VA nur im Fall des § 80 II 1 Nr. 1 VwGO verlangt wird. Daher handelt es sich bei dem Verweis des § 80a III 2 VwGO auf § 80 VI VwGO richtigerweise um einen (weitgehend ins Leere gehenden) Rechtsgrundverweis.
Zu beachten ist § 80 VI 2 VwGO. In den dort genannten Fällen muss kein vorheriger Antrag bei der Behörde gestellt werden, so dass es dann auf den Meinungsstreit nicht ankommt.

II. Objektive Antragshäufung, § 44 VwGO analog
Siehe oben Anfechtungsklage.

III. Subjektive Antragshäufung bzw. Streitgenossenschaft, § 64 VwGO i.V.m. §§ 59 ff. VwGO
Siehe oben Anfechtungsklage.

IV. Beiladung, § 65 VwGO
Siehe oben Anfechtungsklage.

V. Begründetheit des Antrags
Inhaltlich findet stets eine Abwägung des Aussetzungs- bzw. Suspensivinteresses mit dem Vollzugsinteresse statt. Dabei sind die Erfolgsaussichten in der Hauptsache von maßgeblicher Bedeutung. Im Fall des § 80 II 1 Nr. 4 VwGO muss zusätzlich noch die formelle Rechtmäßigkeit der AsV geprüft werden.

Daraus ergibt sich folgender <u>Obersatz</u>:

Der Antrag nach § 80 V 1 VwGO (§ 80a VwGO) ist begründet, soweit (die Anordnung der sofortigen Vollziehung formell rechtswidrig ist und/oder) nach einer vom Gericht selbständig durchzuführenden Interessenabwägung das Suspensivinteresse des Antragstellers das Vollzugsinteresse der Antragsgegnerin überwiegt.

Problem: Maßgeblicher Zeitpunkt für die Beurteilung der Sach- und Rechtslage (wird bei dem jeweiligen Tatbestandsmerkmal geprüft, bei dem sich nachträglich die Sach- oder Rechtslage verändert)
Ist der Zeitpunkt der gerichtlichen Entscheidung.
Arg.: Wortlaut des § 80 VII VwGO.

Zur Passivlegitimation s.o. die Ausführungen zur Anfechtungsklage.

1. Formelle Rechtmäßigkeit der AsV

   a) Zuständigkeit, § 80 II 1 Nr. 4 VwGO

   b) Verfahren
   § 28 VwVfG NRW ist nicht direkt anwendbar, weil die AsV kein VA. Sie ist nur ein Annex zu einem VA und hat deshalb keine eigenständige Regelungswirkung. Zudem kann sie nicht mangels Rechtsbehelfsfristen nicht bestandskräftig werden, was für einen VA typisch ist.

   Problem: § 28 VwVfG NRW analog?
   (-), da keine planwidrige Regelungslücke besteht. Der Gesetzgeber hat die formellen Anforderungen an eine AsV in § 80 II, III VwGO abschließend normiert. Weiterhin passt eine Anhörung nicht zu der regelmäßig eiligen AsV. Schließlich wird der Betroffene bereits vor Erlass des VA angehört.

   c) Form, § 80 III VwGO
   Sinn und Zweck: • Verwaltung soll sich bewusst werden, dass sie von der Regel des § 80 I VwGO abweicht (Warnfunktion).

   • Adressat soll die Erfolgsaussichten eines Rechtsbehelfs abschätzen können (Rechtsschutzfunktion).

   • Gericht kann überprüfen, warum die Verwaltung die Angelegenheit für so eilig hält, dass sie eine AsV erlässt (Kontrollfunktion).

   Daher muss die Begründung einen konkreten Einzelfallbezug aufweisen; es muss deutlich werden, warum die Behörde von der Regel des § 80 I VwGO abweicht. Eine Wiederholung der Begründung für den VA genügt deshalb grds. nicht, weil sie nur den Erlass des VA rechtfertigt, nicht aber die zusätzliche AsV. Eine Ausnahme gilt, wenn die Eilbedürftigkeit evident ist.
   Andererseits wird die Begründung nicht inhaltlich überprüft. Das geschieht erst i.R.d. Interessenabwägung.

   Problem: Nachholen der Begründung
   Strittig, ob die Verwaltung im gerichtlichen Verfahren noch eine Begründung nachschieben bzw. verbessern darf. Dagegen spricht der Sinn und Zweck des § 80 III VwGO. Dafür spricht die Prozessökonomie. Die Verwaltung kann jederzeit eine gänzlich neue AsV erlassen. Dann sollte es ihr auch möglich sein, eine schon erfolgte AsV nachträglich zu begründen bzw. die Begründung zu verbessern.

2. Interessenabwägung
   Aussetzungs- bzw. Suspensivinteresse ←→ Vollzugsinteresse.
   Von maßgeblicher Bedeutung sind die Erfolgsaussichten in der Hauptsache, also Zulässigkeit und Begründetheit der späteren Anfechtungsklage. Die Zulässigkeit der Anfechtungsklage ist weitgehend identisch mit der oben geprüften Zulässigkeit des Antrags und deshalb i.d.R. nicht zu prüfen, sondern nur die Begründetheit.
   Zum Inhalt der Begründetheitsprüfung siehe oben die Ausführungen i.R.d. Anfechtungsklage.

Probleme:

a) Prüfungsumfang in Fällen der Drittanfechtung

Da sich der Ast. im Fall einer Drittanfechtung nur auf drittschützende Normen berufen kann, ist es an sich geboten, nur diese drittschützenden Normen i.R.d. Begründetheit zu prüfen. Etwas anderes gilt jedoch, wenn der Bearbeitervermerk ein umfassendes Gutachten fordert. Dann ist der „normale" Prüfungsaufbau der Anfechtungsklage zu wählen. Sollte der VA rechtswidrig sein, muss im Prüfungspunkt „Rechtsverletzung" geklärt werden, ob der Ast. in einer drittschützenden Norm verletzt ist.

b) Zusätzliche Interessenabwägung

Liegt eine AsV nach § 80 II 1 Nr. 4 VwGO vor, begründet die Rechtmäßigkeit des VA allein nach h.M. noch nicht das Überwiegen des Vollzugsinteresses. Anderenfalls könnte jeder rechtmäßige VA für sofort vollziehbar erklärt werden. Zudem würde ansonsten die Begründung nach § 80 III VwGO nicht auf ihre inhaltliche Richtigkeit überprüft werden. Deshalb ist eine von den Erfolgsaussichten in der Hauptsache unabhängige Interessenabwägung durchzuführen. Maßstab ist für diese Abwägung ist die sog. **Doppelhypothese**, d.h. es ist zu prüfen, wer härter betroffen ist: der Ast., wenn sein Antrag abgelehnt wird, oder der Antragsgegner, wenn der Antrag Erfolg hat.

<u>Beachte:</u> Liegt ein Fall des § 80 II 1 Nr. 1-3, S. 2 VwGO vor, überwiegt wegen des gesetzlichen Ausschlusses der a.W. automatisch das Vollzugsinteresse, wenn der VA rechtmäßig ist. Das Gleiche gilt bei § 80a VwGO, da wegen der Rechtsposition des Dritten das Aussetzungs- und Vollzugsinteresse von vornherein gleichberechtigt sind. Deshalb kommt es allein auf die Rechtmäßigkeit des VA an um zu klären, wessen Interesse der Vorrang einzuräumen ist.

B. Antrag gem. § 123 I VwGO

I. Zulässigkeit des Antrags

1. Eröffnung des Verwaltungsrechtswegs

2. Statthafte Antragsart
   (Sicherungsanordnung, § 123 I 1 VwGO ←→ Regelungsanordnung, § 123 I 2 VwGO)

3. Antragsbefugnis, § 42 II VwGO analog

4. Antragsgegner

5. Beteiligungs- und Prozessfähigkeit, §§ 61, 62 VwGO

6. Allgemeines Rechtsschutzbedürfnis

II. Objektive Antragshäufung, subjektive Antragshäufung, Beiladung

III. Begründetheit des Antrags

1. Anordnungsanspruch

2. Anordnungsgrund, § 123 I VwGO

3. Gerichtliche Entscheidung, § 123 III VwGO i.V.m. § 938 ZPO
   a) Entschließungsermessen („OB")
   b) Auswahlermessen („WIE")

I. Zulässigkeit des Antrags

Beachte: Maßgeblicher Zeitpunkt für die Beurteilung der Zulässigkeit des Antrags ist der Zeitpunkt der letzten mündlichen Verhandlung (in der letzten Gerichtsinstanz).

1. Eröffnung des Verwaltungsrechtswegs
   Siehe oben Verpflichtungs-, Leistungs- und Feststellungsklage.
   Grenzt ab vom vorläufigen Rechtsschutz im Zivilprozess, §§ 916 ff. ZPO.

2. Statthafte Antragsart
   Siehe oben die Ausführungen bei §§ 80 V, 80a VwGO. Die statthafte Klageart in der Hauptsache ist positiv zu bestimmen, weil davon weitere Zulässigkeitsvoraussetzungen im vorläufigen Rechtsschutz abhängen (Bsp.: Ist in der Hauptsache die Feststellungsklage statthaft, muss im vorläufigen Rechtsschutz auch das berechtigte Interesse i.S.d. § 43 I VwGO geprüft werden).

   Im Rahmen des § 123 I VwGO ist zu **differenzieren**:

   • **Sicherungsanordnung**, § 123 I 1 VwGO
     = Sicherung des status quo.

   • **Regelungsanordnung**, § 123 I 2 VwGO
     = Erweiterung des bestehenden Rechtskreises.

3. Antragsbefugnis, § 42 II VwGO analog
   Das Bedürfnis, Popularanträge auszuschließen, besteht auch im vorläufigen Rechtsschutz. Zum Inhalt der Prüfung s.o. die Ausführungen bei der Verpflichtungs-, Leistungs- und Feststellungsklage zur Klagebefugnis.
   Weiterhin ist der mögliche Anordnungsgrund, d.h. die Eilbedürftigkeit des Rechtsschutzes darzulegen.

4. Antragsgegner
   Richtet sich nach dem Klagegegner in der Hauptsache. Ist in der Hauptsache die Verpflichtungsklage statthaft, bestimmt sich der Klagegegner analog § 78 I Nr. 1 VwGO, bei allen anderen Klagearten gilt das Rechtsträgerprinzip.
   Zum Inhalt der Prüfung s.o. die Ausführungen bei der Verpflichtungs-, Leistungs- und Feststellungsklage zum Klagegegner.

5. Beteiligungs- und Prozessfähigkeit, §§ 61, 62 VwGO
   Siehe oben die Ausführungen bei der Verpflichtungs-, Leistungs- und Feststellungsklage.

6. Allgemeines Rechtsschutzbedürfnis

   Problem: Vorheriger Antrag an die Behörde
   Siehe dazu die Ausführungen bei der Leistungsklage.

II. Objektive Antragshäufung, subjektive Antragshäufung, Beiladung
Siehe oben §§ 80 V, 80a VwGO.

III. Begründetheit des Antrags

Obersatz: Der Antrag ist begründet, soweit ein Anordnungsanspruch und ein Anordnungsgrund bestehen und beide glaubhaft gemacht sind, § 123 III VwGO i.V.m. § 920 II ZPO.

Problem: Maßgeblicher Zeitpunkt für die Beurteilung der Sach- und Rechtslage (wird bei dem jeweiligen Tatbestandsmerkmal geprüft, bei dem sich nachträglich die Sach- oder Rechtslage verändert)
Ist wegen der Akzessorietät des vorläufigen Rechtsschutzes abhängig vom Hauptsacheverfahren. Es gelten also die Ausführungen i.R.d. Verpflichtungs-, Leistungs- und Feststellungsklage.
Zur Passivlegitimation s.o. die Ausführungen zur Anfechtungsklage.

1. Anordnungsanspruch
   = der materiell-rechtliche Anspruch, der auch im Hauptsacheverfahren geprüft wird.

   Prüfungsaufbau ist daher identisch mit der Begründetheitsprüfung der Verpflichtungs-, Leistungs- und Feststellungsklage.
   Der Anspruch muss gem. § 123 III VwGO i.V.m. §§ 920 II, 294 ZPO glaubhaft gemacht werden. Da die Klausursachverhalte unstreitig sind, ist dies unproblematisch, es muss also nichts mehr bewiesen werden.

2. Anordnungsgrund, § 123 I VwGO
   = Eilbedürftigkeit.

   Der Anordnungsgrund muss ebenfalls gem. § 123 III VwGO i.V.m. §§ 920 II, 294 ZPO glaubhaft gemacht werden. Da die Klausursachverhalte unstreitig sind, ist dies unproblematisch, es muss also nichts mehr bewiesen werden.

3. Gerichtliche Entscheidung, § 123 III VwGO i.V.m. § 938 ZPO

a) Entschließungsermessen („OB")
In der Klausur stets auf null reduziert, d.h. die einstweilige Anordnung muss ergehen, da vorher bereits nachgewiesen wurde, dass Anordnungsanspruch und Anordnungsgrund bestehen. Es gibt folglich keinen Grund mehr, dem Ast. den Erlass der Anordnung zu verwehren.

b) Auswahlermessen („WIE")

aa) Inhalt der einstweiligen Anordnung
Nur zu prüfen, wenn der Ast. keinen ganz genauen Antrag gestellt hat und daher nicht ganz klar ist, wie das Gericht genau entscheiden soll (Bsp.: Es wird der Erlass eines Versammlungsverbots beantragt, ohne dessen Radius genau anzugeben).

bb) Keine Vorwegnahme der Hauptsache
Grds. darf im vorläufigen Rechtsschutz nicht etwas begehrt werden, was Gegenstand des Hauptsacheverfahrens ist. Es ist somit genau abzugleichen, was der Ast. im vorläufigen Rechtsschutz und in der Hauptsache begehrt.

Ausn.: Drohende unzumutbare Nachteile und eindeutig überwiegende Erfolgsaussichten in der Hauptsache (letzteres folgt bereits aus dem Bestehen des Anordnungsanspruchs).
Bsp.: Erlass eines Verbots für eine in Kürze vor einem Privathaus stattfindende Versammlung.

Kommunalrecht

A. Verfassungsrechtliche Grundlage des Kommunalrechts: Selbstverwaltungsgarantie

„Angelegenheiten der örtlichen Gemeinschaft", Art. 28 II 1 GG, Art. 78 I, II Verf NRW
= alle Angelegenheiten, die in der örtlichen Gemeinschaft wurzeln oder einen spezifischen Bezug zu ihr haben.

Konkretisierung durch die Gemeindehoheiten:

1. Organisationshoheit
   = Gemeinde kann selbständig über ihre innere Verwaltungsorganisation bestimmen (Einrichtung von Ämtern, Referaten etc.).

2. Personalhoheit
   = Gemeinde kann in eigener Verantwortung ihre Bediensteten anstellen, befördern und entlassen.

3. Planungshoheit
   = Recht der Gemeinde, das Gemeindegebiet selbständig zu beplanen, insbes. durch Erlass von Bebauungsplänen.

4. Finanzhoheit
   = eigenverantwortliche Einnahmen- und Ausgabenwirtschaft, z.B. Festlegung von Benutzungsgebühren.

5. Satzungshoheit
   = Recht der Gemeinde, zur Regelung eigener Angelegenheiten abstrakt-generelle Normen zu erlassen.

   <u>Beachte:</u>   Gemeinde gehört stets zur Exekutive, auch wenn sie Gesetze erlässt. Deshalb ist der Begriff „Gemeindeparlament" irreführend, weil es sich beim Rat nicht um ein Legislativorgan handelt.
   Im Unterschied zu den Satzungen geht es bei Rechtsverordnungen nicht um gemeindliche Aufgaben, sondern um staatliche Aufgaben.

6. Gebietshoheit
   = jede Person/Sache, die sich im Gemeindegebiet befindet, ist der Rechtsmacht der Gemeinde unterworfen, hat also insbes. die von der Gemeinde erlassenen Gesetze zu beachten.

7. Kulturhoheit
   = Befugnis der Gemeinde, Kulturgüter im Gemeindegebiet zu schaffen, zu pflegen und zu fördern, z.B. Unterhaltung von Museen.

8. Daseinsvorsorge
   Auffangtatbestand, erfasst also alles, was nicht von den anderen Gemeindehoheiten erfasst wird, z.B. Bau von Parkplätzen, Benennung von Straßen.

Prozessualer Schutz der Selbstverwaltungsgarantie durch die Kommunalverfassungsbeschwerde, Art. 93 I Nr. 4b GG, §§ 13 Nr. 8a, 91ff. BVerfGG:
Beschwerdeführer können nur Gemeinden und Gemeindeverbände (insbes. Landkreise) sein, tauglicher Beschwerdegegenstand sind formelle und materielle Bundes- oder Landesgesetze. Die Beschwerdebefugnis verlangt eine mögliche Verletzung der Selbstverwaltungsgarantie aus Art. 28 II 1 GG.

<u>Beachte:</u>   Kann Beschwerde beim Landesverfassungsgericht erhoben werden, ist eine Beschwerde beim BVerfG gem. Art. 93 I Nr. 4b GG nicht mehr möglich (Subsidiarität).

In der Begründetheit Prüfungsaufbau wie bei den Freiheitsgrundrechten (Schutzbereich der Selbstverwaltungsgarantie s.o., Eingriff, Rechtfertigung). Einfacher Gesetzesvorbehalt in Art. 28 II 1 GG („im Rahmen der Gesetze"). Als Schranken-Schranken greifen das Verhältnismäßigkeitsprinzip und der Kernbereich der Selbstverwaltungsgarantie (= keine der Gemeindehoheiten darf faktisch beseitigt werden).

B. Die examensrelevanten Vorschriften der Gemeindeordnung Nordrhein-Westfalen (GO NRW)

I. § 1 II GO NRW
Rechtsträgereigenschaft der Gemeinde.

Examenstipp:
VG Düsseldorf, Urteil vom 15.12.2017, Az.: 1 K 12019/17
Wird das Wappen einer Gemeinde von einem anderen unbefugt gebraucht, kann die Gemeinde nach § 14 II GemO i.V.m. § 12 BGB analog von dem anderen die Beseitigung der Beeinträchtigung und Unterlassung verlangen.
Hinsichtlich der Nutzung des Wappens muss die Gemeinde die Ratsmitglieder, Fraktionen und Gruppen im Rat gleich behandeln. Die Gemeinde handelt rechtsmissbräuchlich, wenn sie ein Ratsmitglied auf Unterlassung der Nutzung des Wappens in Anspruch nimmt, während sie gegen die ungenehmigte Nutzung des Wappens durch eine Fraktion nicht vorgeht.

II. §§ 2, 3 I, II GO NRW
Gemeindliche Aufgaben:

1. Selbstverwaltungsaufgaben, § 2 GO NRW
   = alle Aufgaben, die nicht Pflichtaufgaben zur Erfüllung nach Weisung (PzEnW) sind.
   Die Unterscheidung zwischen freiwilligen und pflichtigen Selbstverwaltungsaufgaben hat keine weitere Bedeutung.

2. Pflichtaufgaben zur Erfüllung nach Weisung (PzEnW), § 3 I, II GO NRW
   = an sich staatliche Aufgaben, die den Gemeinden übertragen wurden.
   Liegen nur vor, wenn dies ausdrücklich im Gesetz angeordnet ist, z.B. § 3 I OBG, oder - wegen des Anwendungsbefehls in § 12 I, II OBG - im Gesetz „Gefahrenabwehr" (z.B. § 58 I 1 BauO NRW) oder „Sonderordnungsbehörde" (z.B. § 115 LWG NRW, § 20 III DSchG) steht.

   Beachte: Die Einordnung der Aufgaben der Gemeinde ist wichtig für die Frage, welche Art der Aufsicht besteht, Rechts- oder Sonderaufsicht (s.u. §§ 119 ff. GO NRW).

   Anm.:   Die früheren Auftragsangelegenheiten (vgl. §132 GO NRW, § 16 I LOG NRW) spielen keine Rolle mehr.

III. § 4 GO NRW
Große und mittlere kreisangehörige Städte verfügen über eine so große Stadtverwaltung, dass sie viele Aufgaben selbst erledigen können, die sonst die Kreisverwaltung für die kleinen kreisangehörigen Städte und Gemeinden wahrnimmt. Sie stehen daher vielfach den Kreisverwaltungen gleich, z.B. § 57 I 1 Nr. 3a) BauO NRW.
Kreisfreie Städte sind so groß, dass sie alle Verwaltungsaufgaben allein bewältigen können und daher keinem Landkreis angehören.

IV. § 7 GO NRW
Ausfluss der Satzungshoheit der Gemeinde (s.o.).
Zuständig ist die Gemeinde nur für die Regelung „ihrer Angelegenheiten" = Selbstverwaltungsaufgaben.

Problem: Städtepartnerschaften
Überschreiten wortwörtlich den Bereich der Angelegenheiten der örtlichen Gemeinschaft. Allerdings soll mit dem Merkmal „örtlich" auch nur verhindert werden, dass sich eine Gemeinde einseitig in den Hoheitsbereich einer anderen Gemeinde drängt. Das ist bei einer Städtepartnerschaft gerade nicht der Fall. Zudem kann es einer Gemeinde nicht verwehrt sein, Aufgaben, die sie alleine wahrnehmen dürfte, in Kooperation mit anderen Gemeinden zu erfüllen.

Materiell-rechtlich muss die Satzung die Gesetze beachten („soweit Gesetze nichts anderes bestimmen"), d.h. sie muss das höherrangige Recht beachten, insbes. die Wesentlichkeitstheorie. Daher können erhebliche Grundrechtseingriffe nicht auf § 7 I 1 GO NRW gestützt werden, weil die Norm nicht detailliert genug ist. Dafür bedarf es einer speziellen Regelung, z.B. § 9 GO NRW (s.u.).

V. § 8 GO NRW

Zugangsanspruch zu öffentlichen Einrichtungen der Gemeinde, § 8 II-IV GO NRW:

Einwohner legaldefiniert in § 21 I GO NRW. Sein gebundener Zugangsanspruch resultiert daraus, dass er die Gemeindelasten mitträgt und damit auch die öffentliche Einrichtung finanziert. Aus diesem Grund sind gem. § 8 III GO NRW auch Grundbesitzer und Gewerbetreibende anspruchsberechtigt, tragen sie doch ebenfalls mit ihren Abgaben zur Finanzierung der öffentlichen Einrichtung bei. Deshalb können auch nur solche jur. Personen und Personenvereinigungen i.S.v. § 8 IV GO NRW den Zugangsanspruch geltend machen, die in der Gemeinde ansässig sind, überwiegend aus Einwohnern bestehen und ihre Tätigkeit primär in der Gemeinde entfalten. Anderenfalls fehlt die notwendige Parallelität zu den in § 8 II, III GO NRW NKomVG genannten Personengruppen.

„öff. Einrichtung" = jede Anlage oder Veranstaltung der Gemeinde, die durch einen Widmungsakt der allgemeinen Benutzung durch die Einwohner zugänglich gemacht und von der Gemeinde im öff. Interesse betrieben wird.

> **Problem:** Privatisierung der Einrichtung
> Trotz Privatisierung liegt solange eine öff. Einrichtung vor, wie sich die private Betreibergesellschaft mehrheitlich im Eigentum der Gemeinde befindet. Der Zugangsanspruch gegen die Gemeinde wandelt sich in einen Einwirkungsanspruch, d.h. die Gemeinde muss auf die rechtlich selbständige Betreibergesellschaft einwirken, damit diese dem Bürger den begehrten Zugang gewährt.

„im Rahmen des geltenden Rechts"= Benutzung darf nicht gegen die Gesetze (insbes. StrafR und POR) sowie den Widmungszweck verstoßen.

Probleme:

1. Änderung des Widmungszwecks
   Um willkürliche Benachteiligungen bestimmter Anspruchsteller zu verhindern, wirkt eine Änderung des Widmungszwecks nur ex nunc. Anträge, die bis zur Änderung des Widmungszwecks eingegangen sind, müssen somit noch nach der alten Rechtslage, also nach dem bisherigen Widmungszweck beschieden werden.

2. Kapazitätsgrenzen
   Wenn die Kapazitätsgrenzen der öff. Einrichtung erreicht sind, wandelt sich der gebundene Zugangsanspruch um in einen Anspruch auf ermessensfehlerfreie Auswahlentscheidung. Bei dieser Auswahlentscheidung sind insbes. Art. 3 I, 12 I GG zu berücksichtigen. Typische Auswahlkriterien sind: Attraktivität und Aktualität, bekannt und bewährt, Prioritätsprinzip, rollierendes System, Losentscheid. Str. ist die Ortsansässigkeit als Auswahlkriterium, wenn die Einrichtung fortdauernd auch Ortsfremden offen steht. Eine Ansicht hält dieses Kriterium für zulässig, weil § 8 II GO NRW ersichtlich nur Ortsansässige berechtigen wolle. Die Gegenauffassung verweist darauf, dass derjenige, der eine Überregionalität seiner Einrichtung anstrebt, nicht gleichzeitig exklusive Zugangsrechte für Einheimische vorsehen könne. Zudem kommen die Ortsfremden in den Genuss des Anspruchs aus Art. 3 I GG i.V.m. Selbstbindung der Verwaltung, wenn die Einrichtung bisher permanent Ortsfremden geöffnet wurde (s.u.). Dieser bundesrechtliche Anspruch beeinflusst die Auslegung des § 8 II GO NRW.
   Für die Festlegung der Auswahlkriterien ist nach h.M. der Rat zuständig und nicht der BM zuständig, weil es wegen der Grundrechtsrelevanz kein Geschäft der laufenden Verwaltung ist. Wird hiergegen verstoßen, ist die Auswahlentscheidung nach h.M. schon aus diesem formellen Grund rechtswidrig und angreifbar, auch wenn sie inhaltlich korrekt ist.
   Eine Übertragung der Auswahlentscheidung auf Privatpersonen ist unzulässig. Ihnen darf nicht einmal ein Mitentscheidungsrecht eingeräumt werden.

 Autor: Dr. Dirk Kues

3. Verhältnis zu § 70 I GewO
§ 70 I GewO ist als bundesrechtliche Vorschrift spezieller und verdrängt § 8 II GO NRW. Für die Auswahlentscheidung bei Erreichen der Kapazitätsgrenzen gelten die gleichen Kriterien wie i.R.d. § 8 II GO NRW, nur dass die Ortsansässigkeit unstreitig kein zulässiges Kriterium ist.

4. Zugangsanspruch für Ortsfremde
Nach dem eindeutigen Wortlaut des § 8 II GO NRW können sich Ortsfremde nicht auf den kommunalen Zugangsanspruch berufen. Für sie kommt jedoch ein Anspruch aus Art. 3 I GG i.V.m. Selbstbindung der Verwaltung in Betracht, wenn Ortsfremden in der Vergangenheit stets Zugang gewährt wurde (Vor.: Ständige rm. Verwaltungspraxis, vergleichbarer Sachverhalt, Abweichung von der bisherigen Verwaltungspraxis ohne sachlichen Grund).

Examenstipp:
OVG Münster, Urteil vom 19.9.2019, Az.: 4 A 2177/18
Eine Auswahl unter mehreren Bewerbern für einen Standplatz auf einer Kirmes muss auch dann nach transparenten und nachvollziehbaren Kriterien erfolgen und den Grundsatz der Marktfreiheit beachten, wenn sie einem Ausschuss vorbehalten ist.
Werden im Interesse einer transparenten und rechtssicheren Auswahl Ausschreibungsbedingungen öffentlich bekannt gemacht, führt dies über Art. 3 I GG zu einer Selbstbindung der Verwaltung und vermittelt den einzelnen Bewerbern einen Anspruch auf Gleichbehandlung und Einhaltung der verlautbarten Bedingungen.
Das Auswahlkriterium der größeren Attraktivität eines Betriebs stellt einen sachgerechten Gesichtspunkt für die Vergabe von Standplätzen auf einer Kirmes dar, wobei die Bewertung der Attraktivität nicht zwingend anhand einer Bewertungsmatrix erfolgen muss.
Eine Bewertung, die zumindest auch durch eine unzulässige negative Bewertung für die Auswahl unerheblichen Verhaltens eines Bewerbers beeinflusst worden ist, ist schon deshalb rechtswidrig (hier: Ablehnung wegen gleichzeitiger Bewerbung für eine andere Kirmes).
Eine nach den Zulassungsrichtlinien nicht ausdrücklich ausgeschlossene Berücksichtigung nachträglicher Veränderungen oder Erkenntnisse muss transparent erfolgen und jedem Mitbewerber eine faire Chance belassen, nach Maßgabe der mitgeteilten wesentlichen Kriterien und des vorgesehenen Verfahrens berücksichtigt zu werden.

VI. § 9 GO NRW
Das Merkmal „Einrichtung" hat dieselbe Bedeutung wie i.R.d. § 8 II GO NRW (s.o.). Ein öff. Bedürfnis i.S.d. § 9 GO NRW besteht, wenn die Einrichtung tatsächlich die Lebensqualität der Einwohner fördert. Es dürfen nicht nur wirtschaftliche Interessen verfolgt werden.
Um unverhältnismäßige Belastungen und damit Grundrechtsverletzungen zu vermeiden, lässt § 9 GO NRW Ausnahmen vom Anschluss- und Benutzungszwang zu.

VII. § 26 GO NRW
Trenne zwischen Bürgerbegehren (= Antrag der Bürger, über eine Gemeindeangelegenheit zu entscheiden) und Bürgerentscheid (= Sachentscheidung der Bürger anstelle des Rates).
Bürgerentscheid kann von den Bürgern gem. § 26 I 1 GO NRW durch ein Bürgerbegehren erzwungen werden oder gem. § 26 I 2 GO NRW direkt vom Rat beschlossen werden (Ratsbürgerentscheid).
Ferner können (nicht müssen) die Vertretungsberechtigten gem. § 26 II 7 GO NRW vor der zumeist zeitaufwendigen Unterschriftensammlung (§ 26 IV GO NRW) klären lassen, ob das Bürgerbegehren zulässig ist (sog. Vorprüfung).

Probleme:
1. Statthafte Klageart, wenn Vorprüfungsantrag oder Bürgerbegehren vom Rat abgelehnt wird
Str., ob Entscheidung des Rates gem. § 26 II 9, 10 bzw. § 26 VI 1 GO NRW ein VA ist.
Fraglich ist zum einen die Außenwirkung. Wird z.T. verneint, weil die Bürger anstelle des Rates entscheiden wollen und daher ein Kompetenzkonflikt vorliegt, wie er für einen Kommunalverfassungsstreit (KVS) typisch ist. Das Bürgerbegehren sei als „Quasi-Organ" der Gemeinde anzusehen. Die Gegenauffassung kritisiert, dass damit der plebiszitäre Charakter des § 26 GO NRW missachtet werde. Zudem komme das Bürgerbegehren aus dem gesellschaftlichen Bereich, sei also gerade nicht in die staatliche Verwaltung einzuordnen.

Weiterhin ist fraglich, ob der Rat eine Behörde ist. Das ist bei einer Gemeinde grds. der BM gem. § 63 I 1 GO NRW, weil er unmittelbar nach außen für die Gemeinde handelt, wohingegen die Beschlüsse des Rates intern wirken. Hier liegt aber eine Ausnahme vor, weil mit der Entscheidung des Rates endgültig auch nach außen geklärt ist, ob der Vorprüfungsantrag erfolgreich bzw. das Bürgerbegehren insgesamt zulässig ist.

Examenstipps:
BVerfG, Beschluss vom 22.2.2019, Az.: 2 BvR 2203/18
Vertrauensleute eines Bürgerbegehrens können sich als in einer Art organschaftlichem Verhältnis zur betreffenden Gemeinde stehende „Amtswalter" nicht auf Art. 19 IV GG berufen. Sie machen nicht Rechte als natürliche Personen geltend, sondern die Verletzung der mit dem Bürgerbegehren verbundenen Kompetenzen. Insoweit handelt es sich um eine kommunalverfassungsrechtliche Streitigkeit.

OVG Münster, Beschluss vom 20.8.2020, 15 B 760/20
Bei der Feststellung über die (Un-)Zulässigkeit eines Bürgerbegehrens nach § 26 VI 1 GO NRW handelt es sich um einen Verwaltungsakt.

VG Gelsenkirchen, Urteil vom 9.10.2019, Az.: 15 K 1732/19, RA 2020, 145 ff.
Die GO NRW weist dem Konstrukt Bürgerbegehren durch einfachgesetzliche Regelungen in § 26 I 1 GO NRW i.V.m. § 40 I, II 1 GO NRW die kommunalverfassungsrechtliche Stellung des Bürgerbegehrens "als Teil des institutionellen Gefüges der Gemeinde, mit dem die Bürgerschaft an der politischen Willensbildung in der Gemeinde teilhat" im Sinne der Ausführungen des Bundesverfassungsgerichts zu.
Die Vertreter eines Bürgerbegehrens können die ihnen in organschaftlicher Funktion durch § 26 VI 3 GO NRW zugewiesene Rechtsschutzmöglichkeit im Wege der allgemeinen Leistungsklage geltend machen. In ihrer organschaftlichen Funktion stehen sie dem Rat, gegen dessen Entscheidung § 26 VI 3 GO NRW ihnen das Klagerecht einräumt, während der vorübergehenden rechtlichen Relevanz des Bürgerbegehrens im organschaftlichen Streitverhältnis, einem Organstreitverfahren, gegenüber.

2. Inhaber des Anspruchs aus § 26 GO NRW
   Gegen eine ablehnende Entscheidung des Rates können gem. § 26 II 10 bzw. § 26 VI 3 GO NRW nur die Vertretungsberechtigten klagen, nur sie sind Inhaber des Anspruchs aus § 26 GO NRW.

3. Verfassungsmäßigkeit des § 26 IV 1 i.V.m. § 21 II GO NRW i.V.m. § 7 KommWahlG NRW
   Nach h.M. (+). Art. 28 I 3 GG sieht zwar zwingend nur die Teilnahme der Unionsbürger an Kommunalwahlen vor, schließt damit aber nicht im Umkehrschluss die Teilnahme an Kommunalabstimmungen aus. Vielmehr steht diese Entscheidung den Bundesländern zu.

4. Unterlassungsanspruch aus § 26 GO NRW gegenüber der Gemeindeverwaltung
   Ist die Zulässigkeit des Bürgerbegehrens festgestellt, haben die Vertretungsberechtigten gem. § 26 VI 6 GO NRW grds. einen Anspruch darauf, dass die Gemeindeverwaltung Maßnahmen unterlässt, die dem Bürgerbegehren zuwiderlaufen (Sperrwirkung des zulässigen Bürgerbegehrens).

   Beachte: Ein positiver Vorprüfungsbescheid nach § 26 II 9, 10 GO NRW löst noch keine Sperrwirkung aus. Das ist gem. § 26 VI 7 GO NRW erst der Fall, wenn das Bürgerbegehren insgesamt vom Rat für zulässig erklärt wurde.

Examenstipps:
OVG Münster, Urteil vom 27.6.2019, 15 A 2503/18
Die Vertretungsberechtigten eines Bürgerbegehrens haben einen Anspruch auf die gesetzliche Durchführung des Bürgerentscheids.
Bei ihren Stellungnahmen im Zusammenhang mit der Durchführung eines Bürgerentscheids unterliegen gemeindliche Organe dem Sachlichkeitsgebot. Der wirtschaftliche Wert der (Werbe-)Kampagne eines Oberbürgermeisters ist insoweit unerheblich, solange die Abstimmungsberechtigten in ihrem Abstimmungsverhalten nicht unzulässig beeinflusst werden.

OVG Münster, Beschluss vom 24.4.2017, Az.: 15 B 479/17, und Beschluss vom 13.6.2017, Az.: 15 A 1561/15, RA-Telegramm 9/2017, S. 68
Die Vertreter eines Bürgerbegehrens sind echte notwendige Streitgenossen nach § 64 VwGO i.V.m. § 62 I Alt. 2 ZPO, die nur gemeinschaftlich prozessual vorgehen können.
Die Feststellung der Zulässigkeit eines Bürgerbegehrens im Wege der einstweiligen Anordnung ist nur zu treffen, wenn die Zulässigkeit des Bürgerbegehrens überwiegend wahrscheinlich und eine gegenteilige Entscheidung im Hauptsacheverfahren praktisch ausgeschlossen ist.
Weder für den Rat noch für andere Organe oder Behörden besteht allgemein eine „Entscheidungssperre", wenn parallel ein denselben Sachverhalt betreffendes Verfahren zur Herbeiführung eines Bürgerbegehrens bzw. Bürgerentscheids betrieben wird.

OVG Münster, Beschluss vom 7.10.2016, Az.: 15 B 948/16
Ein Bürgerbegehren entfaltet nach § 26 VI 7 GO NRW keine Sperrwirkung mehr, wenn der entsprechende Bürgerentscheid erfolglos stattgefunden und der Rat der Gemeinde dessen Ergebnis festgestellt hat. Dies gilt auch für den Fall, dass die ordnungsgemäße Durchführung des Bürgerentscheids bestritten wird und Gegenstand eines gerichtlichen Verfahrens ist. Die gemeindlichen Organe unterliegen im Zusammenhang mit der Durchführung eines Bürgerbegehrens bzw. eines Bürgerentscheids keiner Neutralitätspflicht wie bei Wahlen. Einschränkungen ihrer Äußerungsbefugnis in amtlicher Funktion ergeben sich erst durch Kompetenznormen, den Grundsatz der Teilnahmefreiheit und das Sachlichkeitsgebot.

VIII. § 31 GO NRW
Die Vorschrift verfolgt den Zweck, die Unparteilichkeit der Verwaltung zu wahren. Ferner soll dem Betroffenen ein Interessenkonflikt erspart werden.
Die Norm erfasst nicht nur die abschließende Entscheidung, sondern auch die vorangehenden Beratungen, § 31 I 1 GO NRW, um bereits dort eine Beeinflussung der anderen Entscheidungsträger zu verhindern.
„Unmittelbar" tritt ein Vor- oder Nachteil gem. § 31 I 2 GO NRW ein, wenn eine direkte Kausalbeziehung besteht.
Wird gegen § 31 GO NRW verstoßen, sind Verwaltungsakte grds. rechtswidrig und Satzungen grds. unwirksam. Jedoch sind die Präklusionsvorschriften des § 7 VI GO NRW (für Satzungen) und § 54 IV GO NRW (für alle sonstigen Maßnahmen) zu beachten.
Zudem ordnet § 31 VI GO NRW die Abstimmungsrelevanz der Mitwirkung eines befangenen Ratsmitglieds an, seine Mitwirkung muss folglich für das Abstimmungsergebnis kausal gewesen sein.

IX. § 32 GO NRW
Ein Ehrenamt haben vor allem die Ratsmitglieder inne, vgl. § 43 II GO NRW. § 32 I 2 GO NRW normiert das sog. kommunale Vertretungsverbot. Verstoß führt nicht zur Unzulässigkeit einer gerichtlichen Klage oder eines Antrags, sondern zum Ausschluss des Ratsmitglieds aus den betreffenden Sitzungen des Rates gem. § 31 I 1 Nr. 3 GO NRW. Beachte die Sonderregel des § 43 II Nr. 6 GO NRW.

X. § 40 GO NRW
Auflistung der gemeindlichen Organe mit ihrer Bezeichnung, § 40 II GO NRW. BM ist kraft Gesetzes Ratsmitglied und Vorsitzender des Rates, hat dort Stimmrecht.

XI. § 41 GO NRW
Der Rat ist das Hauptorgan der Gemeinde. Er entscheidet gem. § 41 I, II GO NRW grds. über alle gemeindlichen Angelegenheiten, soweit er sie nicht dem BM oder einem Ausschuss übertragen hat oder der BM kraft Gesetzes zuständig ist (<u>Bsp.:</u> § 62 I 3 GO NRW).
§ 41 I 2 GO NRW normiert die Angelegenheiten, die der Rat nicht delegieren darf (insbes. § 41 2 lit. f), g) GO NRW).

XII. § 42 GO NRW
Ratsmitglieder werden gem. § 42 I 1 GO NRW direkt von den Bürgern für 5 Jahre gewählt.

Autor: Dr. Dirk Kues

XIII. § 43 GO NRW

§ 43 I GO NRW normiert das sog. freie Mandat. Beinhaltet die wesentlichen Rechtspositionen der Ratsmitglieder, und zwar:

- Anwesenheit in den Sitzungen des Rates

- Rederecht im Rat

- Abstimmungsrecht

- Fragerecht, insbes. gegenüber dem BM (§ 56 I 2 GO NRW)

- Ausschussmitgliedschaft, weil dort die wesentlichen Entscheidungen fallen (§ 58 I 11 GO NRW)

- Antragsrecht im Rat (unter den Voraussetzungen von § 48 I 2, 5 GO NRW)

Innerorganisatorischer Störungsbeseitigungsanspruch gegenüber dem BM. Das Ratsmitglied kann seine Rechte aus § 43 I GO NRW im Kommunalverfassungsstreit verteidigen.

Examenstipps:

OVG Münster, Urteil vom 13.5.2019, Az.: 2057/17
Bei der Entscheidung einer Gemeinde, eine bestimmte Art der Sondernutzung - wie die Aufstellung von Altkleidersammelcontainern - in ihrem Gemeindegebiet generell nicht zuzulassen, handelt es sich nicht um ein Geschäft der laufenden Verwaltung i. S. d. § 41 III GO NRW; sie ist daher dem Rat vorbehalten.
Das Fehlen des erforderlichen Ratsbeschlusses führt zur Rechtswidrigkeit des die Erteilung einer Sondernutzungserlaubnis ablehnenden Bescheids.

OVG Münster, Beschluss vom 15.3.2018, Az.: 15 A 1211/16, RA 2018, 264f.
Nicht jeder Dissens stellt einen die Ausschließung eines Fraktionsmitglieds rechtfertigenden Grund dar, sondern nur solche Umstände, die das Vertrauensverhältnis nachhaltig und derart stören, dass eine weitere Zusammenarbeit den übrigen Fraktionsmitgliedern nicht zugemutet werden kann.
Ob dies der Fall ist, beurteilt das Verwaltungsgericht unter Heranziehung der Gründe, die die Fraktionsmehrheit dem Ausschluss zu Grunde gelegt hat und zu denen das betreffende Mitglied zuvor angehört worden ist. Nicht entscheidend ist, ob die Gründe bereits bei Einleitung des Ausschlussverfahrens vorgelegen haben.

OVG Münster, Urteil vom 14.9.2017, Az.: 15 A 2785/15
Bei der Ausübung der Ordnungsgewalt des Ratsvorsitzenden gem. § 51 I GO NRW ist der Bedeutung des Rederechts eines Ratsmitglieds für die Demokratie und die Funktionsfähigkeit des Rats angemessen Rechnung zu tragen.
Die Ordnungsgewalt des Ratsvorsitzenden ist kein Instrument zur Ausschließung bestimmter inhaltlicher Positionen aus der Debatte.
Wenn ein Redebeitrag verschiedene Deutungsmöglichkeiten eröffnet, ist nicht von vornherein die Deutung zugrunde zu legen, die eine Ordnungsmaßnahme rechtfertigt.
Die Grenze zur Verletzung der Ordnung im Rat ist dort erreicht, wo es sich bei einem Redebeitrag nicht mehr um eine inhaltliche Auseinandersetzung handelt, sondern eine bloße Provokation im Vordergrund steht oder wo es um die schiere Herabwürdigung anderer oder die Verletzung von Rechtsgütern Dritter geht.

OVG Münster, Beschluss vom 17.5.2017, Az.: 15 A 1008/16, RA-Telegramm 9/2017, S. 69
Der Grundsatz der Organtreue begründet die Obliegenheit von Ratsmitgliedern, rechtliche Bedenken gegen (anstehende) Beschlussfassungen in der verfahrensrechtlich gebotenen Form rechtzeitig geltend zu machen. Er verlangt insbesondere die rechtzeitige Rüge der beanstandeten Maßnahme gegenüber dem Organ selbst. Unterbleibt die rechtzeitige Rüge, kann die vermeintliche Rechtswidrigkeit der fraglichen Verfahrensweise später nicht mehr im Rahmen einer Feststellungsklage mit Erfolg geltend gemacht werden. Durch die unterlassene Rüge ist dem Organ die Möglichkeit genommen, die Einwände zu prüfen und ggf. für Abhilfe zu sorgen.

XIV. § 48 GO NRW

Der Ausschluss der Öffentlichkeit ist zulässig, wenn das Geheimhaltungsinteresse das Interesse an der Unterrichtung der Öffentlichkeit überwiegt. <u>Bsp.</u>: Vergabe von Baugrundstücken, um Grundstücksspekulationen zu verhindern; Beratung des Rates über ein laufendes Gerichtsverfahren, damit die Gegenseite nichts von den prozesstaktischen Überlegungen des Rates erfährt.

Problem: Gewährt § 48 II GO NRW dem einzelnen Ratsmitglied ein Organrecht?
Der Wortlaut gibt dafür nichts her. Der Sinn und Zweck der Norm besteht darin, eine ausreichende öffentliche Kontrolle der Arbeit im Rat zu gewährleisten. Unter systematischen Gesichtspunkten ist jedoch zu berücksichtigen, dass der Ausschluss der Öffentlichkeit dazu führt, dass die Ratsmitglieder über den Inhalt der Sitzung gem. §§ 30 I, 43 II GO NRW schweigen müssen. Ein Verstoß kann gem. § 30 VI GO NRW sanktioniert werden. Damit beeinträchtigt der Ausschluss der Sitzungsöffentlichkeit mittelbar das freie Mandat aus § 43 I GO NRW, zu dem es auch gehört, die Wähler über das eigene Verhalten in den Ratssitzungen zu informieren, um so für sich zu werben. Daher qualifiziert die h.M. in Nordrhein-Westfalen § 48 II GO NRW als Organrecht.

Examenstipp:
VGH Mannheim, Urteil vom 2.8.2017, Az.: 1 S 542/17, RA 2017, 533 ff.
Zur Passivlegitimation bei Klagen eines Ratsmitglieds im Zusammenhang mit Auseinandersetzungen um seine Rechte oder Pflichten.
Wird gegen ein Ratsmitglied wegen des Vorwurfs einer Verschwiegenheitspflichtverletzung ein kommunalrechtliches Sanktionsverfahren eingeleitet, ist weder dieses Verfahren noch der zugrundeliegende Streit um die Verschwiegenheitspflichtverletzung ein Streit über Bestand und Reichweite zwischenorganschaftlicher Rechte und Pflichten (Kommunalverfassungsstreit).
Beauftragt das Ratsmitglied in einem solchen Verfahren einen Rechtsanwalt zur Verteidigung gegen die angedrohte Sanktion, ist die Gemeinde unabhängig vom Verfahrensausgang nicht zur Erstattung der Rechtsanwaltskosten verpflichtet. Ein Kostenerstattungsanspruch ergibt sich weder aus der Organstellung des Ratsmitglieds noch aus anderen Rechtsgrundlagen.

VG Gelsenkirchen, Urteil vom 12.7.2018, 15 K 5404/15
Ratsfraktionen sind in Bezug auf die Sitzungsöffentlichkeit mit eigenen wehrfähigen Organrechten ausgestattet.
Ein Verstoß gegen Grundsatz der Sitzungsöffentlichkeit liegt in der Weise vor, dass vorab ca. 2/3 der Eintrittskarten an die einzelnen Fraktionen im Verhältnis zu ihrer Fraktionsstärke (25 der Eintrittskarten) und an ausgewählte Personen des Öffentlichen Lebens (16 der Eintrittskarten) überlassen worden sind. Diese Vergabepraxis lässt eine an sachgerechten Kriterien regulierte Zulassung der Öffentlichkeit nicht mehr erkennen.

XV. § 51 GO NRW

Das Hausrecht nach § 51 I GO NRW übt der BM gegenüber den Besuchern der Ratssitzung aus. Gegenüber Ratsmitgliedern gilt die Sonderregel des § 51 II GO NRW. Inhaltlich setzt das Hausrecht eine Störung der Funktionsfähigkeit der Verwaltung voraus, d.h. eine Beeinträchtigung des Widmungszwecks. Die Rechtsfolge ist Ermessen.

Probleme:

1. Einordnung des Hausrechts, wenn ausdrückliche Regelung wie § 51 I GO NRW fehlt und auch nicht eindeutig per VA gehandelt wurde
   Str. Nach einer Ansicht kommt es auf den Zweck des Aufenthalts im Gebäude an. Wird ein öff. Zweck verfolgt, ist das Hausrecht öff.-rechtlich, wird ein privater Zweck verfolgt, ist das Hausrecht privatrechtlich.
   Diese Auffassung verursacht Abgrenzungsschwierigkeiten, wenn der Betreffende mehrere Zwecke verfolgt. Zudem ist nicht das Motiv des Störers maßgeblich, sondern sein Handeln. Deshalb stellt die Gegenauffassung auf den Zweck des Hausrechts ab. Dieser besteht in der Wahrung der Funktionsfähigkeit des öff. Gebäudes. Daher ist das Hausrecht stets öff.-rechtlich, es sei denn, mit seiner Ausübung werden eindeutig privatrechtliche Zwecke verfolgt (z.B. Bürger B wird der Verkauf von Getränken in den Rathausgängen untersagt, weil die Stadt eine Exklusivvereinbarung mit einer anderen Person hat).

Beachte: Das Problem tritt nur bei öff. Gebäuden auf (= Gebäude, die nach ihrer Widmung einem öff. Zweck dienen). Bei privaten Gebäuden (z.B. Wohnhaus des BM) ist das Hausrecht natürlich auch privatrechtlich.

2. Hausrecht nicht ausdrücklich geregelt und es liegt eine Maßnahme der Eingriffsverwaltung vor (Bsp.: Rauswurf aus dem städtischen Schwimmbad) Str., was die einschlägige EGL ist. Teilweise wird auf das ungeschriebene Hausrecht als vorkonstitutionelles Gewohnheitsrecht verwiesen. Diese dogmatische Herleitung der EGL widerspricht jedoch Art. 123 I i.V.m. Art. 20 III GG (Gesetzesvorbehalt). Nach a.A. folgt die Befugnis, das Hausrecht ausüben zu dürfen, als Annex aus der Aufgabe, ordnungsgemäß die Verwaltungsgeschäfte zu führen. Dagegen ist einzuwenden, dass aus dem bloßen Bestehen einer Aufgabe nicht zwingend die Existenz einer entsprechenden Befugnis gefolgert werden kann. Eine dritte Ansicht will § 8 II GO NRW als EGL heranziehen. Wenn gegen den Widmungszweck der öff. Einrichtung verstoßen werde, legitimiere § 8 II GO NRW auch ein Einschreiten gegen den Störer. Dieser Überlegung steht jedoch entgegen, dass § 8 II GO NRW eine Anspruchsgrundlage ist. Zudem kann auf diesem Weg nicht umfassend eine EGL für die Ausübung des Hausrechts gefunden werden, weil § 8 II GO NRW nur für öff. Einrichtungen der Gemeinde gilt, die widmungsgemäß der Nutzung durch die Einwohner offenstehen. Folglich erfasst die Vorschrift nicht Sachen im Verwaltungsgebrauch wie z.B. das Rathaus, kann dort also auch keine EGL liefern. Daher zieht eine letzte Ansicht als EGL eine Gesamtanalogie der geschriebenen Normen des Hausrechts heran (§ 51 I GO NRW, Art. 40 II 1 GG, §§ 176 f. GVG).

Examenstipps:
VGH Mannheim, Beschluss vom 17.5.2017, Az.: 1 S 893/17, RA 2017, 365 ff.
Ein Hausverbot zum Schutz des allgemeinen Persönlichkeitsrechts von Gerichtsbesuchern und Gerichtsbediensteten kann auch gegenüber einem Vertreter der Presse gerechtfertigt sein.

OVG Münster, Urteil vom 5.5.2017, Az.: 15 A 3048/15, RA 2017, 426 ff.
Nutzt eine Stadt die Räumlichkeiten einer Kirchengemeinde für amtliche Zwecke und übt im Einvernehmen mit der Kirchengemeinde dort das Hausrecht aus, ist das Hausrecht öffentlich-rechtlicher Natur.
Allein der Umstand, dass jemand eine rechtsextreme Gesinnung hat oder in der Vergangenheit durch rassistische, nationalistische, antisemitische oder sonstige menschenverachtende Äußerungen in Erscheinung getreten ist, rechtfertigt es nicht, ihm Beteiligungsmöglichkeiten in kommunalen Angelegenheiten und Fragestellungen zu verwehren, die eine Stadt allen anderen Bewohnerinnen oder Bewohnern der Stadt oder eines Stadtteils einschränkungslos eröffnet.
Das nachvollziehbare Interesse des Oberbürgermeisters, das Thema „Rechtsextremismus" in Abwesenheit von Angehörigen der rechtsextremen Szene mit den Bewohnerinnen und Bewohnern des Stadtteils erörtern zu können, kann allenfalls einen Ausschluss des besagten Personenkreises bei der Erörterung dieses Themenschwerpunktes, nicht aber von der gesamten Veranstaltung rechtfertigen.

XVI. § 54 GO NRW

Gemeindeinterne Kontrolle des Rates durch den BM. Es ist zwischen § 54 I GO NRW (Beschluss gefährdet das Wohl der Gemeinde) und § 54 II GO NRW (Beschluss ist rechtswidrig) zu differenzieren. Ist das Wohl der Gemeinde gefährdet, steht der Widerspruch im Ermessen des BM. Er kann mit diesem Vorgehen lediglich einen zweiten Beschluss des Rates erzwingen. Mit diesem ist das Verfahren dann abgeschlossen, d.h. was dem Wohl der Gemeinde dient entscheidet letztlich der Rat. Daher ist das Merkmal „Wohl der Gemeinde" auch nicht justiziabel. Im Fall des § 54 II GO NRW handelt es sich hingegen um eine gebundene Entscheidung, der BM muss widersprechen. Bleibt der Rat bei seinem Beschluss, entscheidet die Aufsichtsbehörde (§ 120 GO NRW) den Streit per VA (sog. Schiedsrichterfunktion der Aufsichtsbehörde). Gibt sie dem Rat Recht, hat der BM keine Rechtsschutzmöglichkeit. Entscheidet die Aufsichtsbehörde hingegen zugunsten des BM, kann die Gemeinde, gestützt auf ihre Selbstverwaltungsgarantie, dagegen klagen. Es handelt sich um eine Anfechtungsklage, bei der gem. § 68 I 2 VwGO i.V.m. § 126 GO NRW („unmittelbar") bzw. § 110 I 1 JustG NRW das Vorverfahren entfällt.

XVII. § 55 GO NRW

Regelt die wechselseitigen Informations- und Kontrollrechte in der Beziehung Rat - BM.

XVIII. §§ 57-59 GO NRW

In den Ausschüssen werden regelmäßig die eigentlichen Sachentscheidungen getroffen, so dass jedes Ratsmitglied einen Anspruch darauf hat, zumindest Mitglied in einem Ausschuss zu sein (§ 58 I 11 GO NRW). Die sog. Pflichtausschüsse oder ständigen Ausschüsse sind in § 57 II GO NRW normiert.

Das Verfahren in den Ausschüssen läuft weitgehend genauso ab wie im Rat, § 58 II GO NRW.

XIX. §§ 62-64 GO NRW

BM bereitet die Beschlüsse im Rat vor und führt sie aus, § 62 II 1, 2 GO NRW. Er vertritt die Gemeinde nach außen, § 63 I 1 GO NRW. Da er unmittelbar nach außen handelt, ist er auch die Behörde der Gemeinde und nicht der Rat (Ausn.: Straßenumbenennung und Entscheidung über Zulassung eines Bürgerbegehrens, weil Rat hier selbst unmittelbar nach außen handelt).

Geschäfte der laufenden Verwaltung gelten gem. § 41 III GO NRW als auf den BM übertragen. Es handelt sich hierbei um Geschäfte, die regelmäßig wiederkehren und die Gemeinde weder finanziell noch personell besonders belasten („Alltagsgeschäfte"). Der Rat kann diese Geschäfte jedoch wieder an sich ziehen, ihm steht ein sog. Rückholrecht zu, das allerdings gegenständlich beschränkt ist („bestimmten Kreis von Geschäften oder für einen Einzelfall"). D.h. dem BM kann die Wahrnehmung der Geschäfte der laufenden Verwaltung nicht vollständig entzogen werden.

Beachte: BM benötigt intern grds. Beschluss des Rates, um handeln zu dürfen, es sei denn, der Rat oder ein Ausschuss hat ihm eine Aufgabe übertragen oder er ist kraft Gesetzes zuständig (z.B. § 62 II 3, III GO NRW). Fehlt dieser Beschluss, ändert das jedoch nichts an der nach außen bestehenden Vertretungsmacht des BM gem. § 63 I 1 GO NRW. Sie existiert uneingeschränkt kraft Gesetzes. Wie im zivilen Gesellschaftsrecht ist strikt zwischen Innen- und Außenverhältnis zu trennen.

Problem: Ist § 64 GO NRW eine Formvorschrift oder eine Vertretungsregel?

Das kommt auf die Art der Verpflichtung an. Bei öff.-rechtlichen Verpflichtungen ist die Norm entsprechend ihres Wortlauts eine Formvorschrift. Im zivilrechtlichen Bereich sind die Formerfordernisse jedoch abschließend im Bundesrecht geregelt. Daher kann § 64 GO NRW insoweit schon aus verfassungsrechtlichen Gründen keine Formvorschrift sein. Die h.M. qualifiziert sie deshalb bei zivilrechtlichen Verpflichtungen als Vertretungsregel (sog. Lehre vom Formerfordernis als Vertretungsregel).

XX. §§ 67, 68, 71 GO NRW

Regelung der Vertretung des BM. Im Rat erfolgt dies durch ein gewähltes Ratsmitglied, § 67 I GO NRW. Hinsichtlich der Leitung der Gemeindeverwaltung wird der BM durch einen Beigeordneten vertreten, § 68 GO NRW. Die Beigeordneten werden nicht von den Bürgern, sondern vom Rat gem. § 71 I GO NRW für die Dauer von 8 Jahren gewählt.

Die Beigeordneten vertreten den BM in ihrem Geschäftsbereich.

Die Beigeordneten haben unter der Voraussetzung des § 70 IV 2 GO NRW Rederecht im Hauptausschuss.

XXI. §§ 107, 107a GO NRW

Zulässigkeitsvoraussetzungen des § 107 I GO NRW, die nicht nur bei Aufnahme der wirtschaftlichen Betätigung, sondern durchgehend erfüllt sein müssen (Beachte: Für Strom-, Gas- und Wärmeversorgung modifiziert durch § 107a GO NRW, wonach insbes. die Subsidiaritätsklausel nicht gilt):

1. Wirtschaftliche Betätigung
   Legaldefinition in § 107 I 3 GO NRW.

   Beachte: Ausschlussgründe des § 107 II GO NRW (restriktive Auslegung).

2. Öff. Zweck, § 107 I 1 Nr. 1 GO NRW
= wirtschaftliche Betätigung muss im Interesse der Gemeindeeinwohner liegen.
D.h. die wirtschaftliche Tätigkeit selbst muss den Einwohnern unmittelbar zugunsten kommen. Reines Gewinnstreben genügt daher nicht.

Beachte: Beurteilungsspielraum der Gemeinde.

Problem: Vermittelt § 107 I 1 Nr. 1 GO NRW ein subjektiv-öffentliches Recht?
Die h.M. bejaht dies. Sie verweist einerseits auf den historischen Willen des Gesetzgebers, der einen Ausgleich der unterschiedlichen Interessen anstrebte. Zu diesen Interessen gehören auch diejenigen der örtlichen privaten Wettbewerber. Darüber hinaus lässt sich § 107 V GO NRW entnehmen, dass die Interessen der Privatwirtschaft zu berücksichtigen sind.

3. Leistungsfähigkeit, § 107 I 1 Nr. 2 GO NRW

Leistungsfähigkeit = wirtschaftliche Betätigung darf die Gemeinde finanziell nicht überfordern.

Beachte: Beurteilungsspielraum der Gemeinde.

4. Subsidiaritätsklausel, § 107 I 1 Nr. 3 GO NRW
Liegt nur dann nicht vor, wenn der private Konkurrent dauerhaft besser und wirtschaftlicher ist. Zu beachten sind die Ausnahmen für die Bereiche Wasserversorgung, öffentlicher Verkehr (ÖPNV) sowie Telekommunikationsdienstleistungen.

Beachte: Beurteilungsspielraum der Gemeinde.

XXII. §§ 119 ff. GO NRW
§§ 119 ff. GO NRW regeln die Rechtsaufsicht. Die Sonderaufsicht (= Recht- und eingeschränkte Zweckmäßigkeitskontrolle, vgl. § 3 II 1 2. Hs. GO NRW) richtet sich nach speziellen Gesetzen (z.B. §§ 8, 9 OBG).
Rechtsaufsicht setzt eine Selbstverwaltungsaufgabe der Gemeinde voraus. In diesem Fall ist die Kontrolle auf eine Rechtmäßigkeitsprüfung beschränkt, weil die Gemeinde der Aufsichtsbehörde mit der Selbstverwaltungsgarantie eine eigene Rechtsposition entgegenhalten kann. Diese Rechtsposition hat die Aufsichtsbehörde zu achten und ist daher in ihrem Kontrollumfang beschränkt.

Die Sonderaufsicht greift bei PzEnW, § 119 II GO NRW. Deren rechtliche Einordnung ist strittig. Sie lassen sich möglicherweise als staatliche Auftragsangelegenheiten qualifizieren, wofür § 132 GO NRW sprechen könnte. Dagegen ist einzuwenden, dass diese Norm nur eine Übergangsbestimmung ist und für Auftragsangelegenheiten eine unbegrenzte Fachaufsicht typisch ist, welche bei PzEnW gem. § 3 II 1 2. Hs. GO NRW nicht gegeben ist. Stattdessen sprechen ein Umkehrschluss aus § 1 II 2 GebG NRW sowie die verfassungsrechtliche Verortung in der Vorschrift zur Selbstverwaltungsgarantie (Art. 78 IV 2 Verf NRW) dafür, in den PzEnW eine besondere Form der Selbstverwaltungsangelegenheiten zu sehen. Das hat zur Folge, dass Maßnahmen der Sonderaufsichtsbehörden wie bei den „reinen" Selbstverwaltungsaufgaben Außenwirkung haben und - bei Vorliegen der weiteren Voraussetzungen des § 35 S. 1 VwVfG NRW - VA darstellen. Folglich kann die Gemeinde der Sonderaufsichtsbehörde richtigerweise eine eigene Rechtsposition entgegenhalten und daher auch gegen ihre Maßnahmen klagen.
Zuständig für die Rechtsaufsicht ist grds. der Landrat, § 120 I GO NRW. Nur die kreisfreien Städte werden von der Bezirksregierung beaufsichtigt, § 120 II GO NRW.

Beachte: Organleihe, d.h. der Landrat wird nicht für den Landkreis, sondern für das Land tätig, §§ 58 I, 59 I KrO NRW, § 9 II LOG NRW i.V.m. z.B. § 120 I GO NRW („als untere staatliche Verwaltungsbehörde").

Die zentralen EGL sind §§ 122, 123 GO NRW. Bei § 122 GO NRW geht es um ein pflichtwidriges Handeln der Gemeinde, bei § 123 GO NRW um ein pflichtwidriges Unterlassen. Beanstandet der BM auf Anweisung der Aufsichtsbehörde gem. § 122 I 1 i.V.m. § 54 II, III GO NRW, wird er im Wege der Organleihe für das Land tätig. Die Anweisung ihm gegenüber ist mangels Außenwirkung kein VA; zudem fehlt es an der erforderlichen Regelungswirkung, weil die Anweisung nur vorbereitenden Charakter hat. Hingegen ist die vom BM vorgenommene Beanstandung richtigerweise ein VA. Sie hat Außenwirkung, weil der Selbstverwaltungsbereich der Gemeinde betroffen ist. Die Regelungswirkung folgt daraus, dass sich der Rat mit der Beanstandung befassen muss und die Rechtswidrigkeit seines Handelns durch die Beanstandung festgestellt wird. Gleichfalls VA-Qualität hat die Aufhebung durch die Aufsichtsbehörde gem. § 122 I 2 GO NRW. Eine isolierte Anfechtung der Beanstandung durch den BM ist gleichwohl nicht möglich wegen § 44a VwGO (sog. unselbständige Vorbereitungshandlung). Angegriffen werden kann also nur die Aufhebung durch die Aufsichtsbehörde.

Sollte der BM der Anweisung der Aufsichtsbehörde nicht nachkommen und die Beanstandung unterlassen, kann die Aufsichtsbehörde von sich aus tätig werden (Rechtsgedanke des § 123 II GO NRW).

Bei der Ersatzvornahme nach § 123 II GO NRW handelt es sich um eine abschließende, spezielle Vollstreckungsregelung. Sie ist also nicht mit den allg. Vollstreckungsvorschriften aus dem VwVG NRW zu vergleichen. Zudem hat die Ersatzvornahme eine Doppelnatur. Gegenüber der Gemeinde ist sie nach h.M. ein VA, weil sie die Willensbetätigungsfreiheit der Gemeinde vollständig beseitigt. Zugleich enthält sie den ersatzweise vorgenommenen Akt, z.B. einen VA gegenüber einem Bürger oder einen Vertragsschluss mit einem Unternehmen.

<u>Beachte:</u> Gem. § 68 I 2 VwGO i.V.m. § 126 GO NRW („unmittelbar") bzw. § 110 I 1 JustG NRW entfällt bei der Klage einer Gemeinde gegen eine Maßnahme der Kommunalaufsichtsbehörde das Vorverfahren.

© Jura Intensiv Verlags UG & Co. KG   Autor: Dr. Dirk Kues

Polizei- und Ordnungsrecht

A. Rechtmäßigkeit einer behördlichen Maßnahme

I. EGL für die Maßnahme

1. Spezialgesetze, z.B. § 15 I-III VersG (i.V.m. Art. 125a I GG), § 58 II 2 BauO NRW

2. Standardmaßnahmen, §§ 9 ff. PolG NRW (ggf. i.V.m. § 24 OBG)

3. Generalklausel: § 14 I OBG bzw. § 8 I PolG NRW

II. Formelle Rechtmäßigkeit der Maßnahmen

1. Zuständigkeit

2. Verfahren/Form

III. Materielle Rechtmäßigkeit der Maßnahme (am Beispiel der Generalklausel)

1. Gefahr für die öffentliche Sicherheit oder Ordnung
   a) Öffentliche Sicherheit
   b) Öffentliche Ordnung
   c) Gefahr

2. Verantwortlichkeit/Verursacher, §§ 17-19 OBG bzw. §§ 4-6 PolG NRW
   a) Verhaltens- und Zustandsverantwortlichkeit, §§ 17, 18 OBG bzw. §§ 4, 5 PolG NRW
   b) Notstandspflichtiger, § 19 OBG bzw. § 6 PolG NRW

3. Rechtsfolge
   a) Entschließungsermessen („OB")
   b) Auswahlermessen („WIE")

I. EGL für die Maßnahme

1. Spezialgesetze, z.B. § 15 I-III VersG (i.V.m. Art. 125a I GG), § 58 II 2 BauO NRW. Ggf. Rechtsverordnung, wenn diese eine EGL beinhaltet (dann allerdings wegen der Wesentlichkeitstheorie genaue Prüfung, ob die Rechtsverordnung wirksam ist).

> **Examenstipps:**
> **BVerwG, Urteil vom 29.5.2019, Az.: 6 C 8.18, RA 2019, 477 ff.**
> Die Beschränkung des Geltungsbereichs eines Passes nach § 8 i.V.m. § 7 I Nr. 1 Alt. 3, II 1 PassG ist ein Dauerverwaltungsakt, für dessen Rechtmäßigkeit es auf die Sach- und Rechtslage zum Zeitpunkt der letzten Verwaltungsentscheidung ankommt.
> Die Sicherung der Entscheidungs- und Handlungsfreiheit der für die Außenpolitik verantwortlichen Organe der Bundesrepublik Deutschland ist ein sonstiger erheblicher Belang im Sinne des § 7 I Nr. 1 Alt. 3 PassG.
> Für die Anwendung der Vorschrift des § 7 I Nr. 1 Alt. 3 PassG reicht es aus, wenn zwischen der Ausreise, für die der Passbewerber bzw. Passinhaber den Pass benötigt, und der Gefährdung eines Belangs in einem weiten Sinne ein Kausalzusammenhang besteht; eine unmittelbare Verursachung ist nicht erforderlich.

OVG Münster, Beschluss vom 23.9.2020, Az.: 13 B 1422/20
Bei § 28 Abs. 1 IfSG dürfte es sich um eine - im Verhältnis zum Versammlungsgesetz – spezielle und vorrangige Eingriffsgrundlage handeln.
Rechtswidriges Verhalten einzelner Personen, das nicht sanktioniert werden kann, führt nicht per se zur Ungeeignetheit einer staatlichen Maßnahme. Daher ist die Erfassung personenbezogener Daten zur Bekämpfung der Corona-Pandemie auch dann geeignet, wenn einige Personen falsche Daten angeben.
Bei einem mehrtägigen Protestcamp ist die Verpflichtung des Veranstalters, die vollständigen Kontaktdaten der Teilnehmer/innen zu erheben und mindestens 4 Wochen aufzubewahren, verhältnismäßig.

OVG Münster, Urteil vom 17.9.2019, Az.: 15 A 4753/18, RA 2019, 644 ff.
Die Anfertigung von Übersichtsaufzeichnungen von einer Versammlung durch Polizeibeamte mit Foto- und/oder Videotechnik ist nach dem heutigen Stand der Technik für die Aufgezeichneten immer ein Eingriff in Art. 8 Abs. 1 GG, weil die Einzelpersonen auch in Übersichtsaufzeichnungen in der Regel individualisierbar mit erfasst sind. Dies gilt auch dann, wenn die Fotoaufnahmen zum Zweck der polizeilichen Öffentlichkeitsarbeit gemacht werden.
Für das Anfertigen von Fotoaufnahmen von Versammlungsteilnehmern zum Zweck der polizeilichen Öffentlichkeitsarbeit fehlt es an der erforderlichen versammlungsgesetzlichen Ermächtigungsgrundlage. Insbesondere kann sich die Polizei insoweit nicht auf § 23 Abs. 1 Nr. 3 KunstUrhG stützen.

OVG Münster, Beschluss vom 28.3.2019, Az.: 4 B 1/19
Auch dann, wenn sich die Gewerbeuntersagung auf die wirtschaftlichen Verhältnisse der Familie des Betroffenen auswirkt, ist dem Schutzzweck des § 35 I 1 GewO Vorrang vor dem Interesse des Betroffenen zu geben, seine Existenzgrundlage beibehalten zu können.

OVG Münster, Beschluss vom 19.2.2018, Az.: 4 A 218/16
Dem Verbot aller nicht öffentlichen unterhaltenden Veranstaltungen außerhalb von Wohnungen am Karfreitag bis zum nächsten Tag 6 Uhr nach § 6 Abs. 3 Nr. 2 FeiertagsG NRW liegt ein spezifisch feiertagsrechtlicher Wohnungsbegriff zugrunde, dem grundsätzlich nur Privatwohnungen unterfallen.
Auch soweit sich das Veranstaltungsverbot nach § 6 Abs. 3 Nr. 2 FeiertagsG NRW auf Örtlichkeiten außerhalb von Privatwohnungen erstreckt, die - wie Arbeits-, Betriebs- und Geschäftsräume - in den Schutzbereich des Art. 13 GG fallen, ist es als bloße Nutzungsbeschränkung kein Eingriff in Art. 13 GG.

OVG Lüneburg, Beschluss vom 1.11.2017, 11 ME 518/17
Die versammlungsrechtliche Beschränkung, dass LKW während einer auf der Ladefläche stattfindenden Aufführung nicht schneller als 25 km/h fahren dürfen, sofern die Teilnehmer dabei auf der Ladefläche sitzen, und nicht schneller als 6 km/h, sofern die Teilnehmer dabei auf der Ladefläche stehen, gehen oder sich anderweitig bewegen, ist zum Schutz der Darsteller auch dann gerechtfertigt, wenn es sich neben einer Versammlung gleichzeitig um eine durch Art. 5 III 1 GG geschützte Kunstausübung handelt.

OVG Hamburg, Beschluss vom 22.6.2017, Az.: 4 Bs 125/17, RA-Telegramm 10/2017, S. 78
Der Inhalt und das Motto einer als Protestcamp gegen den G20-Gipfel geplanten Veranstaltung sowie sonstige Mittel wie Lautsprecher, Plakatwände, Schilder, eine Bühne und offene Veranstaltungs- und Workshopzelte, derer sich der Veranstalter zur Meinungskundgabe bedienen will, fallen in den Schutzbereich des Art. 8 GG.
Weitere Infrastruktur wie Zelte, Pavillons und andere Versorgungseinrichtungen ist vom Schutzbereich des Art. 8 GG nur erfasst, wenn ihr eine funktionale oder symbolische Bedeutung für das Versammlungsthema zukommt und diese Art Kundgebungsmittel damit einen erkennbaren inhaltlichen Bezug zur kollektiven Meinungskundgabe aufweist. Daran fehlt es, wenn lediglich Übernachtungs- und Verpflegungsmöglichkeiten für die Teilnehmer bereitgestellt werden.

VG Köln, Urteil vom 17.5.2018, 13 K 5410/15
Die Ordnungsbehörde kann zur Abwehr einer Gefahr eine Person vorübergehend von einem Ort verweisen oder ihr vorübergehend das Betreten eines Ortes verbieten.
Die Ordnungsbehörde kann Maßnahmen gegen andere Personen, als die Verantwortlichen richten, wenn Maßnahmen gegen die Verantwortlichen nicht oder nicht rechtzeitig möglich sind oder keinen Erfolg versprechen.
Gemeinden können durch ordnungsbehördliche Verordnung vorschreiben, dass in Teilen des Gemeindegebiets im Hinblick auf die besondere Schutzbedürftigkeit des Gebiets bestimmte Tätigkeiten nicht oder nur beschränkt ausgeübt werden dürfen, soweit und solange das zur Vermeidung schädlicher Umwelteinwirkungen geboten ist.

2. Standardmaßnahmen, §§ 9 ff. PolG NRW (ggf. i.V.m. § 24 OBG bei ordnungsbehördlichem Handeln)

3. Generalklausel: § 14 I OBG (bei ordnungsbehördlichem Handeln) bzw. § 8 I PolG NRW (bei polizeilichem Handeln)

Examenstipp:
OVG Münster, Urteil vom 6.10.2017, Az.: 11 A 353/17
Im Hinblick auf die Verantwortlichkeit nach § 14 I OBG bezweckt das Abstellen von Altkleider-sammelcontainern - unter Berücksichtigung des jeweiligen Aufstellungsortes - in der Regel die Befüllung des Containers, nicht aber das bei der Befüllung (unter Umständen) auftretende verkehrswidrige Verhalten der Benutzer.
Ein Austausch der Rechtsgrundlage ohne Wesensänderung scheidet bei § 14 I OBG und § 58 II 2 BauO NRW in der Regel aus, weil sowohl unterschiedliche Tatbestandsvorausset-zungen vorliegen als auch dementsprechend verschiedene Ermessenserwägungen anzustel-len sind.

Beachte: Eine EGL zeichnet sich dadurch aus, dass sie eine Behörde zu einem Handeln ermächtigt. Sie muss daher über eine Rechtsfolge verfügen. Keine EGL sind deshalb bloße Gebote oder Verbote, z.B. § 5 II LHundG NRW.

II. Formelle Rechtmäßigkeit der Maßnahmen

1. Zuständigkeit
Grds. zuständig ist der BM/OB als örtliche Ordnungsbehörde gem. §§ 1 I, 3 I, 4 I, 5 I 1 OBG.

Ausnahmsweise, insbes. im Eilfall, ist die Polizei gem. § 1 I 1, 3 PolG NRW zuständig. Zu-ständige Polizeibehörde ist das Polizeipräsidium oder der Landrat als Kreispolizeibehörde gem. §§ 2 I, II, 7 I, 10, 11 I POG NRW.
Sonderordnungsbehörden sind gem. § 12 I OBG Behörden, die kraft Gesetzes in bestimmten Bereichen außerhalb des allgemeinen Polizeirechts Gefahren abwehren oder denen kraft Gesetzes Aufgaben übertragen werden, die nichts mit Gefahrenabwehr zu tun haben, die sie aber ausdrücklich als Sonderordnungsbehörde wahrnehmen. Wichtig ist, dass die Sonder-ordnungsbehörden, soweit Spezialregelungen fehlen, gem. § 12 II OBG auf die Befugnis-normen des OBG zurückgreifen dürfen. Die wichtigste Sonderordnungsbehörde ist die Bauaufsichtsbehörde gem. §§ 57 I 1, 58 I 1 BauO NRW i.V.m. § 12 I OBG. Weitere Bsp.: § 115 LWG NRW, § 20 III DSchG.

Beachte: Ermächtigt eine Spezialregelung nur eine ganz bestimmte Behörde zur Gefahrenabwehr, ist natürlich auch nur diese zuständig, z.B. § 1 ZustVO VersG NRW zugunsten der Kreispolizeibehörde.
Im Eilfall wendet die handelnde Behörde nach h.M. ihre EGL an und nicht eine evtl. bestehende spezielle EGL der an sich zuständigen Behörde. Denn diese spezielle EGL ermächtigt nicht die im Eilfall handelnde Behörde und ist dieser i.d.R. auch gar nicht bekannt.

Geht es ausschließlich um den Schutz zivilrechtlicher Rechtspositionen, sind die Ordnungsbehörde und die Polizei grds. unzuständig. Stattdessen ist um Rechtsschutz bei den Zivilgerichten nachzusuchen. Eine Ausnahme gilt ausdrücklich nur für die Polizei unter den engen Voraussetzungen des § 1 II PolG NRW. Die Norm wird von der h.M. aber entsprechend auch bei den Ordnungsbehörden angewendet, weil es keinen sachlichen Grund gibt, diese anders zu behandeln als die Polizei.

Problem: Störereigenschaft von Hoheitsträgern (= jede Stelle, die öff.-rechtliche Aufgaben wahrnimmt)

Grds.: Verursacht ein Hoheitsträger eine Gefahr, ist er selbst für die Gefahrenabwehr zuständig und nicht die Ordnungsbehörde oder die Polizei.

Arg.: Ansonsten würden die Befugnisse der Aufsichtsbehörde des störenden Hoheitsträgers umgangen werden.
Der Ordnungsbehörde und der Polizei fehlt die Kompetenz zum Ausgleich der beeinträchtigten Rechtsgüter mit den berechtigten Interessen des Hoheitsträgers.

Ausn.: • Gefahr im Verzug, d.h. der Hoheitsträger selbst kann die Gefahr nicht rechtzeitig abwehren.

• Durch ein Handeln der Ordnungsbehörde oder Polizei wird die Aufgabenwahrnehmung des störenden Hoheitsträgers nicht beeinträchtigt. (Bsp.: Gemeinde entsorgt Müll von einem Grundstück, das dem Bund gehört).

2. Verfahren/Form
Schriftform in den Fällen des § 20 I OBG.

III. Materielle Rechtmäßigkeit der Maßnahme (am Beispiel der Generalklausel)

1. Gefahr für die öffentliche Sicherheit oder Ordnung

a) Öffentliche Sicherheit
= gesamte Rechtsordnung, Individualrechtsgüter, Bestand und Funktionieren des Staates und seiner Einrichtungen.

Beachte: Die „gesamte Rechtsordnung" ist wortwörtlich zu verstehen, d.h. jeder drohende Verstoß gegen irgendein Gesetz ist gemeint, insbes. Straf- und Bußgeldvorschriften (z.B. § 118 I OWiG) sowie Zivilrechtsvorschriften. Auch kann es hier zu einer inzidenten Überprüfung einer Ordnungsbehördlichen Verordnung nach §§ 25 ff. OBG kommen, wenn ein Verstoß gegen diese Verordnung in Betracht kommt und deren Wirksamkeit zweifelhaft ist.
Das Definitionsmerkmal „Individualrechtsgüter" ist wichtig, um Ansprüche im Gefahrenabwehrrecht herzuleiten. Wenn im konkreten Fall ein Individualrechtsgut bedroht ist, wird aus der EGL eine Anspruchsgrundlage, gerichtet auf ermessensfehlerfreie Entscheidung bzw. auf eine ganz bestimmte Entscheidung (wenn das Ermessen auf null reduziert ist).
Bsp.: Das Opfer einer Geiselnahme hat einen Anspruch auf ein polizeiliches Einschreiten.

Examenstipp:
OVG Münster, Beschluss vom 2.7.2020, Az.: 15 A 2100/18
Ein Anspruch eines Dritten auf Einschreiten der Versammlungsbehörde auf der Grundlage von § 15 I VersG besteht nur dann, wenn die Versammlung subjektiv-öffentliche Rechte (als Bestandteil der öffentlichen Sicherheit) unmittelbar gefährdet und überdies die Situation einer Ermessensreduzierung auf Null gegeben ist.

Der Begriff der öffentlichen Sicherheit umfasst dabei den Schutz zentraler Rechtsgüter wie Leben, Gesundheit, Freiheit, Ehre, Eigentum und Vermögen des Einzelnen sowie die Unversehrtheit der Rechtsordnung und der staatlichen Einrichtungen. Eingeschlossen sind damit auch die durch Art. 12 I GG rechtlich geschützten Interessen der von einer Versammlung betroffenen Bürger und Geschäftsinhaber.

Für die Beantwortung der Frage nach einer rechtsfehlerfreien Ermessensausübung ist von maßgebender Bedeutung, in welchem Umfang die Versammlung gegen die öffentliche Sicherheit oder Ordnung verstößt. Bei hoher Intensität der Störung oder Gefährdung der öffentlichen Sicherheit oder Ordnung kann sich die Entschließung der Behörde zum Nichteinschreiten als Ermessensfehler erweisen.

Versammlungsbedingte reflexhafte und sozialadäquate Beeinträchtigungen von Gewerbetreibenden, Verkehrsteilnehmern und Anwohnern durch Versammlungen haben regelmäßig nicht das Gewicht, dass die Versammlung verboten oder beschränkende Auflagen erlassen werden könnten; sie sind von den Betroffenen hinzunehmen. Für unzumutbare Beeinträchtigungen durch Versammlungen gilt dies hingegen nicht.

b) Öffentliche Ordnung

= Gesamtheit aller ungeschriebenen Verhaltensregeln, deren Beachtung nach den jeweils herrschenden Anschauungen Voraussetzung für ein geordnetes Zusammenleben ist. Subsidiär gegenüber der öffentlichen Sicherheit, die die geschriebenen Verhaltensregeln umfasst.

Bsp.: Laserdrome, aggressive Bettelei.

Probleme:

1. Verfassungsmäßigkeit

„Öffentliche Ordnung" ist nach h.M. hinreichend bestimmt und verletzt mit dem Abstellen auf die „herrschenden Anschauungen" auch nicht das Demokratieprinzip. Dafür spricht bereits die Verwendung dieses Merkmals im GG selbst (z.B. Art. 13 VII, 35 II 1 GG). Ferner ist dieses Tatbestandsmerkmal in jahrzehntelanger Respr. hinreichend konkretisiert worden.

2. Herleitung der ungeschriebenen Verhaltensregeln

Nach einer M.M. ist auf die empirische Sozialforschung zurückzugreifen (z.B. Meinungsumfragen). Damit erfüllt insbes. die Generalklausel aber einen Hauptzweck, unbekannte/neue Gefahrensituationen zu bekämpfen, nicht, weil sich zu diesen unbekannten Gefahrensituationen noch gar keine herrschende Meinung in der Bevölkerung gebildet haben kann. Daher greift die h.M. zur Ermittlung der ungeschriebenen Verhaltensregeln auf die Wertmaßstäbe des GG, insbes. der Grundrechte zurück. In ihnen spiegeln sich die grundsätzlichen Vorstellungen über die Regeln des Zusammenlebens wider.

c) Gefahr

= ex ante besteht die hinreichende Wahrscheinlichkeit, dass es bei ungestörtem Geschehensablauf in absehbarer Zeit zu einer Beeinträchtigung der öff. Sicherheit oder Ordnung kommt.

Beachte: Wenn an den drohenden Verstoß gegen eine Straf- oder Bußgeldvorschrift angeknüpft wird, ist für die Bejahung der Gefahr eine Verwirklichung des objektiven Tatbestandes ausreichend. Auf Vorsatz und Fahrlässigkeit kommt es nicht an, weil es im POR nicht um Bestrafung geht. Allerdings ist bei entsprechenden Anhaltspunkten auf die strafrechtlichen Rechtfertigungsgründe einzugehen. Sollte ein Verhalten gerechtfertigt sein, kann es nicht zugleich eine Gefahr i.S.d. POR hervorrufen (Einheit der Rechtsordnung).

<u>Weitere Gefahrbegriffe:</u>

- **Störung**
  = Gefahr hat sich bereits realisiert und dauert noch an.

- **Gefahrenverdacht**
  = ex ante bestehen Anhaltspunkte dafür, dass eine Gefahr bestehen könnte, z.B. mögliche Umweltverschmutzung nach dem Brand in einer Chemiefabrik.
  Um eine effektive Gefahrenabwehr zu ermöglichen, gestattet auch der Gefahrenverdacht ein behördliches Einschreiten. Wegen der Unsicherheiten der Gefahrenprognose sind die behördlichen Handlungsbefugnisse allerdings begrenzt (s.u. Ermessen).

- **Anscheinsgefahr**
  = ex ante liegt eine Gefahr vor, ex post jedoch nicht (<u>Bsp.:</u> Polizist schießt auf Person, die eine täuschend echte Nachbildung einer Waffe in der Hand hält).
  Auch die Anscheinsgefahr gestattet im Interesse einer effektiven Gefahrenabwehr ein behördliches Einschreiten. Allerdings kann das objektive Nichtvorliegen einer Gefahr auf der Sekundärebene (= Kostentragung und Schadensersatz) zu einer Korrektur führen (s.u. Vollstreckungsrecht und Staatshaftungsrecht).

- **Schein- bzw. Putativgefahr**
  = Gefahr existiert nur in der irrigen Vorstellung des Amtswalters.
  Keine anerkannte Gefahr, behördliches Handeln ist rechtswidrig.

<u>Inhaltliche und zeitliche Anforderungen an die Gefahr:</u>

- **Konkrete Gefahr**
  = Gefahr muss im konkreten Einzelfall bestehen.
  Ist erforderlich bei allen Einzelmaßnahmen der Verwaltung.

- **Abstrakte Gefahr**
  = Sachlage ist hinreichend wahrscheinlich, bei deren Eintritt eine konkrete Gefahr vorliegt.
  Voraussetzung für den Erlass einer Gefahrenabwehr- bzw. Polizeiverordnung.
  <u>Bsp.:</u> KampfhundeVO, TaubenVO.

- **Gegenwärtige Gefahr**
  = es liegt bereits eine Störung vor oder die Realisierung der Gefahr steht mit an Sicherheit grenzender Wahrscheinlichkeit unmittelbar bevor.

- **Erhebliche Gefahr**
  = Gefahr für ein bedeutsames Rechtsgut oder Gefahr eines besonders großen Schadens.

- **Dringende Gefahr**
  = mit hoher Wahrscheinlichkeit droht ein Schaden für ein besonders wichtiges Rechtsgut.

- **Gemeine Gefahr**
  = Gefährdung einer unbestimmten Zahl von Rechtsgütern mit einem unübersehbaren Gefahrenpotential.

- **Gefahr im Verzug**
  = es tritt ein Schaden ein, wenn nicht sofort eingeschritten wird. Hier darf ausnahmsweise eine an sich unzuständige Behörde handeln.

  <u>Beachte:</u> Prüfung erfolgt bereits in der formellen Rechtmäßigkeit beim Punkt „Zuständigkeit".
  <u>Bsp.:</u> Anordnung einer Wohnungsdurchsuchung durch die Staatsanwaltschaft oder die Polizei, weil bei vorheriger Einholung eines richterlichen Durchsuchungsbeschlusses der Erfolg der Durchsuchung gefährdet wäre.

2. Verantwortlichkeit/Verursacher, §§ 17-19 OBG bzw. §§ 4-6 PolG NRW

<u>Beachte:</u> An dieser Stelle geht es nur um denjenigen, der tatsächlich Adressat der behördlichen Maßnahme ist. Ob die Verwaltung auch noch andere Personen hätte in Anspruch nehmen können, gehört zum Ermessen.

a) Verhaltens- und Zustandsverantwortlichkeit, §§ 17, 18 OBG bzw. §§ 4, 5 PolG NRW
   Theorie der unmittelbaren Verursachung
   = kausal ist die Person bzw. die Sache, die unmittelbar die Gefahr setzt und damit die Gefahrenschwelle überschreitet.
   Damit ist grds. die letzte Person in der Kausalkette verantwortlich.

   aa) Verhaltensverantwortlichkeit, § 17 OBG bzw. § 4 PolG NRW
       § 17 II+III OBG bzw. § 4 II+III PolG NRW erweitert den Kreis der Verantwortlichen. Wie immer im POR kommt es nicht auf ein Verschulden an, da es hier um Gefahrenabwehr und nicht um eine Bestrafung geht. Daher ist auch keine Exkulpation möglich.

       ***Problem:* Zweckveranlasser**
       = derjenige, der durch sein Verhalten das Verhalten des unmittelbar Verantwortlichen hervorruft.
       Nach einer Ansicht muss es dem Zweckveranlasser subjektiv auf die Verursachung der Gefahr durch den unmittelbar Verantwortlichen ankommen. Das widerspricht jedoch dem Grundsatz, dass es im POR nicht auf Vorsatz und Fahrlässigkeit ankommt, weil es nicht um Bestrafung geht. Daher stellt die a.A. richtigerweise auf eine objektive Betrachtung ab. D.h. entscheidend ist, ob das Verhalten des Zweckveranlassers aus der Sicht eines objektiven Dritten typischerweise zu dem Verhalten des unmittelbar Verantwortlichen führt.

       <u>Beachte:</u> Es handelt sich um keine reine Kausalitätsfrage, sondern um eine Frage der Zurechnung. Daher kann derjenige nicht Zweckveranlasser sein, der friedlich seine Grundrechte ausübt. Stören sich andere Personen daran und verursachen durch ihr Verhalten eine Gefahr, sind allein sie die polizeirechtlich Verantwortlichen.
       <u>Bsp.:</u> Führt eine friedliche Versammlung von Rechtsextremen, die sich rechtmäßig verhalten, zu Ausschreitungen von Gegendemonstranten, sind die Letztgenannten die Verantwortlichen und daher in Anspruch zu nehmen.

   bb) Zustandsverantwortlichkeit, § 18 OBG bzw. § 5 PolG NRW
       Die „tatsächliche Gewalt" im Sinne der Vorschriften setzt kein Recht voraus, die Sache nutzen zu dürfen. Erforderlich ist aber ein Mindestmaß an Sachherrschaft.
       <u>Beachte:</u> Kausal ist auch die Sache, die erst bei Hinzutreten eines weiteren Umstandes eine Gefahr hervorruft (sog. **latente Gefahr**).
       Die Dereliktion ist in § 18 III OBG bzw. § 5 III PolG NRW geregelt. Eine Verantwortlichkeit ist allerdings wohl abzulehnen, wenn die Gefahr erst nach der Dereliktion entsteht. <u>Bsp.:</u> Jahre nach der Aufgabe des Eigentums an einem Grundstück entsteht eine Gefahr durch Bäume auf dem Grundstück.

b) Notstandspflichtiger, § 19 OBG bzw. § 6 PolG NRW
   Strenge Anforderungen an die Inanspruchnahme des sog. **Nichtstörers**, da er für die Gefahr nicht verantwortlich ist. Die Voraussetzungen der Norm sind eng auszulegen und müssen kumulativ erfüllt sein. <u>Bsp.:</u> Obdachloseneinweisung in leer stehende Wohnung, wenn keine andere Möglichkeit der Unterbringung besteht.
   Konsequenz des § 19 OBG bzw. § 6 PolG NRW ist, dass dem Notstandspflichtigen ein Entschädigungsanspruch gem. § 39 I lit. a) OBG (ggf. i.V.m. § 67 PolG NRW) zusteht (s.u. Staatshaftungsrecht).

Problem: Rechtsnachfolge in die Polizei- bzw. Ordnungspflicht
Dient der effektiven Gefahrenabwehr und dem Schutz der Bestandskraft von VA. Unproblematisch, wenn ausdrücklich im Gesetz normiert, z.B. § 58 III BauO NRW, § 4 III 1 BBodSchG.

Im Übrigen gelten folgende **Voraussetzungen:**

1. Zivilrechtlicher Rechtsnachfolgetatbestand
   = Norm, die anordnet, dass die Rechte des Rechtsvorgängers auf den Rechtsnachfolger übergehen, z.B. §§ 398, 929, 1922 BGB.

2. Übergangsfähigkeit der Polizei- bzw. Ordnungspflicht
   = keine höchstpersönliche Pflicht wie z.B. Dulden und Unterlassen.

3. Überleitungsnorm
   = Norm, die anordnet, dass auch die Pflichten des Rechtsvorgängers auf den Rechtsnachfolger übergehen, z.B. § 1967 BGB.

Umstrittene Konstellationen:

- Einzelrechtsnachfolge in die konkrete (= gegenüber dem Rechtsvorgänger per VA festgestellte) Zustandsverantwortlichkeit.
  Bsp.: A errichtet illegal ein Gebäude und erhält dafür eine Beseitigungsverfügung. Er veräußert das Grundstück an C. Gilt die Beseitigungsverfügung auch für C?
  Strittig ist, ob die Zustandsverantwortlichkeit auch bei Fehlen einer Überleitungsnorm übergehen kann. Die h.M. bejaht dies mit dem Argument, die Polizei- bzw. Ordnungspflicht laste wie eine dingliche Pflicht auf der Sache und gehe daher auch ohne gesetzliche Regelung über. Die Gegenauffassung lehnt dies ab, weil die Polizei- bzw. Ordnungspflicht für den Erwerber nicht erkennbar und daher mit einer dinglichen Pflicht nicht vergleichbar sei. Zudem stelle der Übergang einer Pflicht wegen seiner belastenden Wirkung einen Eingriff dar, für den nach dem Vorbehalt des Gesetzes eine ausdrückliche gesetzliche Regelung erforderlich sei.

- Gesamtrechtsnachfolge in die abstrakte (= Pflicht wurde noch nicht gegenüber dem Rechtsvorgänger per VA festgestellt) Verhaltensverantwortlichkeit.
  Bsp.: A verunglückt mit seinem Tanklastwagen, wobei Öl im Boden versickert. A verstirbt bei diesem Unfall. Kann ein VA auch gegenüber den Erben des A ergehen?
  Strittig ist die Übergangsfähigkeit der Pflicht. Eine M.M. lehnt dies ab, da bis zum Erlass des VA noch keine Verantwortlichkeit bestehe, die übergehen könne, sondern nur eine nicht übergangsfähige Eingriffsermächtigung. Die h.M. hingegen bejaht die Übergangsfähigkeit, da kraft Gesetzes eine Verantwortlichkeit eintrete, ohne dass es einer weiteren behördlichen Regelung bedürfe.

3. Rechtsfolge
Ermessen, § 16 OBG bzw. § 3 I PolG NRW.
Ermessensausübung richtet sich nach dem Gebot der effektiven Gefahrenabwehr, d.h. das Ermessen ist so auszuüben, dass die Gefahr möglichst schnell, sicher und kostengünstig abgewehrt wird.

Beachte: Wird ein Anspruch auf ein behördliches Einschreiten geltend gemacht, muss das Ermessen auf null reduziert sein. Kriterien: Wertigkeit des bedrohten Rechtsguts, Intensität der Gefahr, Folgenbetrachtung (welche Folgen treten bei einem behördlichen Handeln ein?).

a) Entschließungsermessen („OB")
Einschreiten ist per se unzulässig, solange ein VA dem Verantwortlichen sein Verhalten gestattet (sog. **Legalisierungswirkung eines VA**).
Verstoß gegen Art. 3 I GG, wenn ohne sachlichen Grund in einem Fall eingeschritten wird und in einem anderen nicht. Der Merksatz „keine Gleichheit im Unrecht" gilt nicht für die - hier vorliegende - Eingriffsverwaltung, sondern nur für die Leistungsverwaltung.

b) Auswahlermessen („WIE")

aa) Auswahl des richtigen Verantwortlichen
Hier ist zu prüfen, ob neben dem tatsächlich Inanspruchgenommenen auch noch andere Personen existieren, die für die Gefahr verantwortlich sind. Ist dies der Fall, muss die Auswahlentscheidung der Verwaltung dem Gebot der effektiven Gefahrenabwehr genügen. D.h. es muss derjenige zur Gefahrenabwehr herangezogen worden sein, der die Gefahr möglichst schnell und sicher beseitigen kann. Faustformeln wie „Verhaltens- vor Zustandsverantwortlichem" oder „Doppel- vor Einfachstörer" können deshalb höchstens angewendet werden, wenn mehrere Verantwortliche gleich gut erreichbar und damit heranziehbar sind.

bb) Auswahl des richtigen Mittels
Insbes. Verhältnismäßigkeit, § 15 OBG bzw. § 2 PolG NRW (beachte auch § 21 OBG bei ordnungsbehördlichem Handeln).

Beachte: Maßnahmen im Bereich des POR haben regelmäßig eine erhebliche Eingriffsintensität. Deshalb ist stets zu prüfen, in welches Grundrecht die Maßnahme eingreift. Handelt es sich um ein vorbehaltlos geschütztes Grundrecht oder um ein Grundrecht mit einem qualifizierten Gesetzesvorbehalt, muss überprüft werden, ob die Tatbestandsvoraussetzungen der EGL den Anforderungen der Grundrechtsschranken genügen. Sollte dies nicht der Fall sein, müssen die Tatbestandsvoraussetzungen verfassungskonform ausgelegt werden.

Problem: Gefahrenverdacht
Liegt lediglich ein Gefahrenverdacht vor, darf die Behörde wegen der unsicheren Gefahrenprognose grds. nur Gefahrerforschungsmaßnahmen treffen. Endgültige Maßnahmen sind ausnahmsweise zulässig, wenn eine Gefahr für Leib und Leben bestehen könnte.
Strittig ist, ob die Gefahrerforschung auch dem Verdachtsverantwortlichen auferlegt werden kann. Dies wird teilweise angenommen. Müsse eine Gefahr vom Verantwortlichen bekämpft werden, sei bei einem Gefahrenverdacht der Verdachtsverantwortliche für die Aufklärung zuständig. Gegen diese Rechtsauffassung sprechen jedoch der im Verwaltungsverfahren geltende Untersuchungsgrundsatz sowie § 26 II 3 VwVfG NRW. Daher kann dem Verdachtsverantwortlichen richtigerweise nur die Pflicht auferlegt werden, die behördlichen Gefahrerforschungsmaßnahmen zu dulden.

B. Standardmaßnahmen, §§ 9 ff. PolG NRW (ggf. i.V.m. § 24 OBG)

Probleme:

1. Handelt es sich bei der Standardmaßnahme um einen VA mit Regelungswirkung oder um schlicht-hoheitliches Handeln/Realakt (s.o. allg. Verwaltungsrecht)?

2. Ergibt sich die Verantwortlichkeit des Adressaten bereits aus dem Tatbestand der Standardmaßnahme selbst oder bedarf es eines Rückgriffs auf die allgemeinen Verantwortlichkeitsvorschriften? Das ist durch Auslegung des Gesetzestextes zu ermitteln.

   Bsp.: § 41 PolG NRW normiert den Adressaten des Betretens und Durchsuchens einer Wohnung, nämlich den Wohnungsinhaber. Anders ist es bei § 12 I Nr. 1 PolG NRW für die Identitätsfeststellung; hier muss auf §§ 17-19 OBG bzw. §§ 4-6 PolG NRW zurückgegriffen werden.

3. Enthält die Standardmaßnahme selbst ein Vollstreckungselement oder bedarf es eines Rückgriffs auf das allgemeine Vollstreckungsrecht? Auch diese Frage kann nur im Wege der Auslegung der Standardmaßnahme beantwortet werden.

   Bsp.: Die Ingewahrsamnahme zur Durchsetzung eines Platzverweises ist aufgrund des § 35 I Nr. 3 PolG NRW gerechtfertigt. Kommt es dabei allerdings zur Anwendung eines unmittelbaren Zwangs, muss auf das allg. Vollstreckungsrecht zurückgegriffen werden.

Besonders relevante Standardmaßnahmen:
§§ 12, 14, 34, 34a, 35, 39-41, 43, 44 PolG NRW.

Beachte: Gerade bei den Standardmaßnahmen sind die Grundrechte in besonderem Maße zu berücksichtigen. Sollte durch die Standardmaßnahme in ein vorbehaltlos geschütztes Grundrecht oder in ein Grundrecht mit einem qualifizierten Gesetzesvorbehalt eingegriffen werden, ist zu prüfen, ob die Tatbestandsvoraussetzungen der Standardmaßnahme den Anforderungen des qualifizierten Gesetzesvorbehalts genügen bzw. dem Schutz verfassungsimmanenter Schranken dienen. Sollte dies nicht der Fall sein, müssen die Tatbestandsvoraussetzungen verfassungskonform ausgelegt werden.

   Bsp.: Sieht die Standardmaßnahme als Tatbestandsmerkmal nur das Vorliegen einer Gefahr vor, wird aber in ein vorbehaltlos geschütztes Grundrecht eingegriffen, dann muss das Merkmal „Gefahr" so ausgelegt werden, dass eine Gefahr für ein Grundrecht Dritter oder ein anderes Rechtsgut von Verfassungsrang (= verfassungsimmanente Schranke) bestehen muss.
   Ist eine verfassungskonforme Auslegung der Tatbestandsmerkmale nicht erforderlich, werden die Grundrechte i.R.d. Ermessens (beim Auswahlermessen) berücksichtigt.

Examenstipp:
EGMR, Urteil vom 22.10.2018, Az.: 35553/12
Eine Freiheitsentziehung kann nach der zweiten Alternative von Art. 5 I lit. b) EMRK „zur Erzwingung einer gesetzlichen Verpflichtung" gerechtfertigt sein. Die Vorschrift betrifft Fälle, in denen das Recht die Freiheitsentziehung einer Person erlaubt, um sie dazu zu zwingen, eine bestimmte und konkrete Verpflichtung zu erfüllen, die sie bereits trifft und bisher nicht erfüllt hat. Die Festnahme oder Freiheitsentziehung muss das Ziel verfolgen oder direkt dazu beitragen, dass die Erfüllung der Verpflichtung sichergestellt wird, und darf keinen Strafcharakter haben.
Art. 5 I lit. b) EMRK rechtfertigt keine Freiheitsentziehung, um Bürger zu zwingen, ihre allgemeine Pflicht zu erfüllen, die Gesetze zu befolgen. Die Pflicht, keine Straftat zu begehen, ist nur ausreichend bestimmt und konkret im Sinne von der Vorschrift, wenn Ort und Zeit der unmittelbar bevorstehenden Straftat und ihre möglichen Opfer ausreichend präzisiert sind, der Betroffene unterrichtet worden ist, welche bestimmte Tat er unterlassen muss, und nicht bereit ist, das zu tun.
Art. 5 I lit. c) EMRK regelt die rechtmäßige Festnahme oder Freiheitsentziehung in besonderen Umständen einschließlich, in der zweiten Alternative, „wenn begründeter Anlass zu der Annahme besteht, dass es notwendig ist, (den Betroffenen) an der Begehung einer Straftat (…) zu hindern". Sowohl der eindeutige Wortlaut der zweiten Alternative als auch die Vorbereitenden Arbeiten zur Konvention machen deutlich, dass sie einen insbesondere gegenüber der ersten Alternative selbstständigen Haftgrund regelt.
Obwohl das Erfordernis der Absicht der Vorführung vor einen Richter in Buchstabe c) auch für die Haft nach der zweiten Alternative dieser Vorschrift gilt, muss es mit einer gewissen Flexibilität angewendet werden, so dass die Frage der Beachtung davon abhängt, ob der Inhaftierte, wie es Art. 5 III EMRK verlangt, unverzüglich einem Richter vorgeführt werden, oder ob er davor entlassen werden soll. Außerdem muss der Betroffene nach Art. 5 V EMRK einen durchsetzbaren Anspruch auf Schadensersatz haben, wenn diesen Anforderungen nicht genügt ist.
Dass die Behörden wegen der absehbaren kurzen Dauer der Präventivhaft nicht die Absicht hatten, den Festgenommenen einem Richter vorzuführen, darf unter Umständen wie im vorliegenden Fall kein Hindernis für eine kurze Präventivhaft sein, sofern das staatliche Recht die in Art. 5 III, V EMRK genannten Garantien gibt.

C. Verwaltungsvollstreckungsrecht

I. Maßgebliche Vorschriften
§§ 50-66 PolG NRW, §§ 55-77 VwVG NRW.

II. Die einzelnen Verfahren

1. Rechtmäßigkeit einer Vollstreckung im gestreckten Verwaltungsvollstreckungsverfahren
Anwendungsbereich des PolG NRW vom VwVG NRW abgrenzen. Hängt davon ab, welche Behörde gehandelt hat:

Polizei   → PolG NRW
Ordnungsbehörden   → VwVG NRW

---

a) EGL für die Vollstreckung, § 50 I PolG NRW bzw. § 55 I VwVG NRW

b) Formelle Rechtmäßigkeit der Vollstreckung

  aa) Zuständigkeit

  bb) Verfahren

  cc) Form

c) Materielle Rechtmäßigkeit der Vollstreckung

  aa) Vorliegen eines wirksamen Grund-VA, der auf ein Handeln/Dulden/Unterlassen gerichtet ist, § 50 I PolG NRW bzw. § 55 I VwVG NRW

  bb) Vollstreckbarkeit des Grund-VA, § 50 I PolG NRW bzw. § 55 I VwVG NRW

  cc) Rechtmäßigkeit des Grund-VA

  dd) Besondere Vollstreckungsvoraussetzungen

    (1) Richtiges Zwangsmittel

    (2) Androhung, § 56 PolG NRW bzw. § 63 VwVG NRW

    (3) Festsetzung

    (4) Rechtsfolge: Ermessen

---

a) EGL für die Vollstreckung, § 50 I PolG NRW bzw. § 55 I VwVG NRW

> **Problem:** Abgrenzung zur Sicherstellung beim Abschleppen eines Kfz
> Sicherstellung nur, wenn es der Verwaltung darum geht, das Fahrzeug in amtliche Obhut zu nehmen, indem ein Verwahrungsverhältnis begründet wird. Das ist der Ausnahmefall. I.d.R. ist es der Behörde gleichgültig, wo das Fahrzeug steht, solange es nicht im Park-/Halteverbot steht.

b) Formelle Rechtmäßigkeit der Vollstreckung

  aa) Zuständigkeit
    Grds.: §§ 2 I, II, 7 I, 10, 11 I POG NRW bzw. § 56 I VwVG NRW
    Ausn.: § 11 I Nr. 3 POG NRW bzw. § 48 II 1 OBG

  bb) Verfahren
    Str., ob eine Vollstreckungsmaßnahme ein VA ist (s.o. allg. Verwaltungsrecht). Problematisch ist das Merkmal „Regelung". Nach einer Ansicht ist in der Vollstreckungsmaßnahme eine konkludente Duldungsverfügung enthalten. Nach a.A. handelt es sich um einen Realakt. Jedenfalls greift § 28 II Nr. 5 VwVfG NRW. Maßnahmen in der Verwaltungsvollstreckung sind Androhung, Festsetzung und Anwendung des Zwangsmittels.

  cc) Form

c) Materielle Rechtmäßigkeit der Vollstreckung

aa) Vorliegen eines wirksamen Grund-VA, der auf ein Handeln/Dulden/Unterlassen gerichtet ist, § 50 I PolG NRW bzw. § 55 I VwVG NRW

bb) Vollstreckbarkeit des Grund-VA, § 50 I PolG NRW bzw. § 55 I VwVG NRW

Unanfechtbarkeit
= Bestandskraft, d.h. der VA kann mit mehr angegriffen werden.
Rechtsbehelf hat keine aufschiebende Wirkung
= Fall des § 80 II VwGO.

Beachte: Die Vollstreckbarkeit muss erst im Zeitpunkt der Vollstreckung vorliegen. Es kann daher bereits heute die Vollstreckung eines VA angedroht werden, der erst in einigen Jahren vollstreckbar ist. Bsp.: Abrissverfügung für ein Gebäude verbunden mit der Androhung, dass im Falle der Zuwiderhandlung die Verwaltung das Bauwerk „3 Monate nach Eintritt der Unanfechtbarkeit der Abrissverfügung" abreißen werde; hier mag die Abrissverfügung zurzeit ihres Erlasses noch nicht vollstreckbar sein, sie ist es aber wegen der zwischenzeitlich eingetretenen Unanfechtbarkeit im Zeitpunkt der Vollstreckung.

cc) Rechtmäßigkeit des Grund-VA
Muss jedenfalls nicht vorliegen, wenn der Grund-VA unanfechtbar ist (Vorrang des Grundsatzes der Rechtssicherheit). Str. in den Fällen des § 80 II VwGO. Eine Ansicht verlangt die Rechtmäßigkeit des Grund-VA wegen Art. 20 III GG. Es könne nicht sein, dass ein rechtswidriger VA zu einer rechtmäßigen Vollstreckung führt. Die h.M. lehnt dies jedoch ab. Sie verweist auf den Wortlaut des § 50 I PolG NRW bzw. § 55 I VwVG NRW, der die Rechtmäßigkeit des Grund-VA nicht fordert. Zudem sei es Sache des Betroffenen, den Grund-VA anzufechten. Unterlasse er dies, werde die Rechtmäßigkeit auch nicht inzident i.R.d. Vollstreckung geprüft.

dd) Besondere Vollstreckungsvoraussetzungen

(1) Richtiges Zwangsmittel
Die Aufzählung in § 51 I PolG NRW bzw. § 57 I VwVG NRW ist abschließend.
Das VwVG NRW gestattet die Anwendung von unm. Zwang nur unter einschränkenden Voraussetzungen. Anwenden dürfen dieses Zwangsmittel grds. nur die in § 68 I, III VwVG NRW genannten Vollzugsdienstkräfte. Für den Schusswaffeneinsatz findet sich eine nochmalige Begrenzung in § 74 S. 1 VwVG NRW.

Problem: Abgrenzung Ersatzvornahme vom unm. Zwang bei der Einwirkung auf Sachen
Eine Ersatzvornahme liegt nur vor, wenn die Behörde die Handlung vornimmt, zu der der Adressat verpflichtet ist (sog. Identitätslehre). Geht die Behörde darüber hinaus, liegt ein unm. Zwang vor.
Bsp.: Das Aufbrechen einer Tür nach dem zuvor ausgesprochenen Befehl „öffnen Sie die Tür" ist keine Ersatzvornahme, weil damit nicht das umgesetzt wird, was zuvor vom Bürger verlangt wurde; es handelt sich um unm. Zwang.

(2) Androhung, § 56 PolG NRW bzw. § 63 VwVG NRW
Bei der Androhung handelt es sich eindeutig um einen VA, weil sich die Behörde mit der Androhung auf ein bestimmtes Zwangsmittel festlegt, § 56 III PolG NRW bzw. § 63 III VwVG NRW.
In Eilfällen kann von der Androhung abgesehen werden, § 56 I 3 PolG NRW bzw. § 63 I 5 VwVG NRW.
Für den unm. Zwang gibt es eine spezielle Regelung in § 61 PolG NRW bzw. § 69 VwVG NRW.

Probleme:

(a) Androhung eines Zwangsmittels „für jeden Fall der Zuwiderhandlung"
Nur zulässig, wenn es ausdrücklich im Gesetz gestattet ist. Denn Ziel der Verwaltung muss es sein, Zuwiderhandlungen zeitnah zu unterbinden. Deshalb kann die Reaktion der Verwaltung nicht darin bestehen, den Zuwiderhandlungen zunächst tatenlos zuzusehen, um dann eine „Endabrechnung" zu präsentieren. Eine solche ausdrückliche gesetzliche Zulassung findet sich in § 51 III 2 PolG NRW bzw. § 57 III 2 VwVG NRW.

(b) Nachforschungspflicht bei Falschparkern
Nach h.M. besteht grds. keine Pflicht für den Beamten vor Ort, nach einem Falschparker zu suchen. Das gilt auch dann, wenn ein Zettel mit einer Handynummer hinterlassen wurde, weil anderenfalls ein Massenphänomen droht. Eine Ausnahme gilt nur, wenn der Fahrer vor Ort leicht persönlich ansprechbar (Bsp.: Fahrzeug parkt in 2. Reihe vor einer Bäckerei).

(3) Festsetzung
Sie ist für die Ordnungsbehörden zwingend gem. § 64 S. 1 VwVG NRW. Ein Absehen ist gem. § 64 S. 2 VwVG NRW unter den Voraussetzungen des gekürzten Verwaltungsvollstreckungsverfahrens nach § 55 II VwVG NRW möglich. D.h. das gestreckte Verwaltungsvollstreckungsverfahren ist bei Fehlen einer Festsetzung abzubrechen und es ist in das gekürzte Verwaltungsvollstreckungsverfahren zu wechseln. Der Wortlaut des § 55 II VwVG NRW lässt dies zu. Danach „kann" ohne vorausgehenden Grund-VA vollstreckt werden, was nicht bedeutet, dass der Grund-VA fehlen muss.
Die Polizei muss gem. § 53 I PolG nur das Zwangsgeld zwingend festsetzen. Im Übrigen ist eine Festsetzung nicht vorgesehen.

Anm.: Um eine Entwertung der Zwangsgeldandrohung zu verhindern, hat der Landesgesetzgeber § 53 III 3 PolG NRW bzw. § 60 III 2 VwVG NRW erlassen. Danach kann ein Zwangsgeld auch dann noch beigetrieben werden, wenn der Adressat einer Duldungs- oder Unterlassungspflicht endgültig zuwidergehandelt hat, so dass er sie nicht mehr erfüllen kann.

(4) Rechtsfolge: Ermessen
Insbes. Prüfung der Verhältnismäßigkeit, da Vollstreckungsmaßnahmen regelmäßig intensiv in die Grundrechte eingreifen.
Spezielle Vorschriften für die Anwendung des unm. Zwangs finden sich in §§ 57 ff. PolG NRW bzw. §§ 66 ff. VwVG NRW.

Problem: Abschleppen eines Kfz, das kein Verkehrshindernis darstellt
Nach einer Ansicht gestattet das bloße Falschparken nicht das Abschleppen eines Kfz, weil dafür schon ein Bußgeld erhoben wird. Erforderlich sei darüber hinaus die Verursachung eines Verkehrshindernisses, z.B. behinderndes Parken auf dem Gehweg. Nach a.A. kommt es darauf nicht an aus Gründen der Generalprävention. Es drohe nämlich ein bewusstes und fortgesetztes Falschparken, wenn ein Bußgeld geringer sei als die Kosten für ein Parkticket.

2. Rechtmäßigkeit einer Vollstreckung im gekürzten Verwaltungsvollstreckungsverfahren/ Sofortvollzug

---

a) EGL für die Vollstreckung, § 50 II PolG NRW bzw. § 55 II VwVG NRW

b) Formelle Rechtmäßigkeit der Vollstreckung (s.o.)

c) Materielle Rechtmäßigkeit der Vollstreckung

   aa) Kein Grund-VA

   bb) Innerhalb ihrer (gesetzlichen) Befugnisse, § 50 II PolG NRW bzw. § 55 II VwVG NRW

   cc) Gegenwärtige Gefahr, § 50 II PolG NRW bzw. § 55 II VwVG NRW

   dd) Notwendigkeit

   ee) Besondere Vollstreckungsvoraussetzungen

---

a) EGL für die Vollstreckung, § 50 II PolG NRW bzw. § 55 II VwVG NRW

b) Formelle Rechtmäßigkeit der Vollstreckung
Es gelten die Ausführungen zum gestreckten Verwaltungsvollstreckungsverfahren (s.o.).

c) Materielle Rechtmäßigkeit der Vollstreckung

   aa) Kein Grund-VA
Für den Regelfall sieht der Gesetzgeber keinen Grund-VA vor. Aus dem Passus „kann ohne" ist aber abzuleiten, dass das gekürzte Verwaltungsvollstreckungsverfahren ausnahmsweise auch bei Vorliegen eines Grund-VA möglich ist, z.B. wenn die Situation nach Erlass des Grund-VA eilig wird, dieser aber nicht vollstreckbar ist, oder wenn die Festsetzung fehlt (s.o.).

   bb) Innerhalb ihrer (gesetzlichen) Befugnisse, § 50 II PolG NRW bzw. § 55 II VwVG NRW
= Rechtmäßigkeit des fiktiven Grund-VA.

   cc) Gegenwärtige Gefahr, § 50 II PolG NRW bzw. § 55 II VwVG NRW

   dd) Notwendigkeit
= Eilbedürftigkeit, d.h. die Wirksamkeit der Zwangsmaßnahme ist gefährdet, wenn das gestreckte Verwaltungsvollstreckungsverfahren durchgeführt würde, weil es zu lange dauert.

> **Examenstipp:**
> **OVG Münster, Beschluss vom 3.12.2018, Az.: 5 A 2417/17**
> Im Falle des verbotswidrigen Abstellens nicht zugelassener Kfz im öffentlichen Straßenraum ist regelmäßig zunächst der Versuch zu unternehmen, den vorrangig verantwortlichen aktuellen Halter als Adressat einer möglichen Ordnungsverfügung mit zumutbarem Aufwand zu ermitteln und ihn aufzufordern, das Kfz zu entfernen.

   ee) Besondere Vollstreckungsvoraussetzungen
Prüfung wie im gestreckten Verwaltungsvollstreckungsverfahren mit folgenden Unterschieden:
Zwangsgeld ist wegen der Eilbedürftigkeit kein taugliches Zwangsmittel.
Die Androhung entfällt immer, das ist gerade das „gekürzte" an diesem Vollstreckungsverfahren.

III. Rechtmäßigkeit eines Kostenbescheides (Alternativbezeichnung: Leistungsbescheid) nach einer Vollstreckungsmaßnahme

1. EGL für den Kostenbescheid, § 77 I, II 1 VwVG i.V.m. §§ 15 I, 20 II VO VwVG NRW (ggf. i.V.m. § 52 I 2 PolG NRW bei polizeilichem Handeln)

2. Rechtmäßigkeit der Vollstreckungsmaßnahme (s.o.)

3. Adressat als richtiger Kostenschuldner

Kommen mehrere Personen als Pflichtige in Betracht, hat sich die Auswahlentscheidung danach zu richten, wer die Kosten in erster Linie verursacht hat.

4. Erstattungsfähigkeit der Kosten

Grds. besteht eine Erstattungspflicht, d.h. der Kostenschuldner muss zahlen, da anderenfalls die Allgemeinheit für die Kosten aufkommen muss.

Ausn.: • Realisierung einer unvorhersehbaren Gefahr, z.B. sofortiges Abschleppen eines korrekt abgestellten Kfz, um einen Wasserrohrbruch reparieren zu können.

• Kostenbelastung ist unverhältnismäßig hoch.

• Es liegt nur eine Anscheinsgefahr oder ein Gefahrenverdacht vor, den der Betroffene nicht zurechenbar verursacht hat.
Anm.: Diese letzte Ausnahme kann alternativ auch schon bei dem Prüfungspunkt „richtiger Kostenschuldner" erörtert werden.

Examenstipp:
BVerwG, Urteil vom 24.5.2018, Az.: 3 C 25.16, RA 2018, 482 ff.
Ist ein ursprünglich erlaubt geparktes Fahrzeug aus einer nachträglich eingerichteten Haltverbotszone abgeschleppt worden, muss der Verantwortliche die Kosten nur tragen, wenn das Verkehrszeichen mit einer Vorlaufzeit von mindestens drei vollen Tagen aufgestellt wurde. Eine stundenscharfe Berechnung des Vorlaufs findet nicht statt (**Achtung!** Damit wird die ständige gegenteilige Respr. des OVG Münster korrigiert!).

Baurecht

A. Bauleitplanung

I. Überprüfung der Rechtmäßigkeit eines Bauleitplans (F-Plan und B-Plan)

Anm.:   Eine EGL für den Bauleitplan muss nicht zwingend genannt werden, weil die Befugnis zur Bauleitplanung zum Selbstverwaltungsrecht der Gemeinden gehört. Wenn also eine Norm als EGL genannt wird, ist dies Art. 28 II 1 GG.

1. Formelle Rechtmäßigkeit

a) Zuständigkeit

   aa)   Verbandskompetenz
           Gemeinde, §§ 1 III 1, 2 I 1 I BauGB

   bb)   Organkompetenz
           Rat, § 41 I 2 lit. g) GO NRW.

b) Verfahren

   aa)   Planaufstellungsbeschluss
           Ist nur fakultativ, so dass Fehler bei der Beschlussfassung für die Wirksamkeit des Bauleitplans unbeachtlich sind. Muss öff. bekanntgemacht werden, § 2 I 2 BauGB.

   bb)   Frühzeitige Beteiligung der Öffentlichkeit und Unterrichtung der betroffenen Behörden, §§ 3 I, 4 I BauGB

   cc)   Erarbeitung der Planentwürfe
           Kann (zusammen mit anderen Verfahrensschritten) auf Dritte übertragen werden, § 4b BauGB.

   dd)   Auslegung der Planentwürfe, Beteiligung der Öffentlichkeit und Stellungnahmen der betroffenen Behörden, §§ 3 II, 4 II BauGB

   ee)   Überarbeitung der Planentwürfe
           Beachte: Hier können Ermittlungs- und Bewertungsfehler auftreten, § 2 III BauGB (s. dazu die Ausführungen unter „II.").

   ff)   **Differenzierung**:
           • Werden die Planentwürfe abgeändert, muss nochmalige Auslegung gem. § 4a III BauGB erfolgen.

           • Werden die Planentwürfe nicht abgeändert, wird der Bauleitplan beschlossen.

   gg)   Genehmigung des Bauleitplans
           F-Plan muss stets genehmigt werden gem. § 6 I BauGB. B-Plan bedarf einer Genehmigung nur in den Fällen des § 10 II BauGB.

c) Form

   aa)   Ordnungsgemäße Begründung, § 5 V, § 9 VIII BauGB

   bb)   Ordnungsgemäße Bekanntmachung, § 6 V, § 10 III BauGB

2. Materielle Rechtmäßigkeit

Beachte: Kein fester Prüfungsaufbau, weil es keine EGL gibt, deren Tatbestand und Rechtsfolge detailliert geprüft werden kann. Deshalb gilt wie in einer Staatsorga-Klausur ein „problemorientierter" Ansatz, d.h. es werden direkt die Probleme angesprochen, die sich aus dem Klausursachverhalt ergeben. Regelmäßig auftretende Probleme sind:

a) Verstoß gegen das Entwicklungsgebot, § 8 II 1 BauGB
B-Plan muss sich in dem Rahmen halten, den der F-Plan vorgibt. Das gilt vor allem für die Art der festgesetzten baulichen Nutzung. Hilfestellung durch § 1 I, II BauNVO. § 1 I BauNVO listet die Bauflächen auf, die in einem F-Plan dargestellt werden können, abgekürzt mit einem Buchstaben (W, M, G, S). Das Baugebiet, das im B-Plan festgesetzt wird, muss ebenfalls mit diesem Anfangsbuchstaben beginnen (Bsp.: Sieht der F-Plan eine Wohnbaufläche [W] vor, darf der B-Plan für diesen Bereich nur ein Kleinsiedlungsgebiet [WS], reines Wohngebiet [WR], allgemeines Wohngebiet [WA] oder besonderes Wohngebiet [WB] festsetzen).

b) Abwägungsdisproportionalität, § 1 VII BauGB
Siehe dazu unten die Ausführungen zu den Ermittlungs- und Bewertungsfehlern.

c) Erforderlichkeit einer Planung, § 1 III 1 BauGB
= es ist vernünftigerweise geboten, die bauliche Entwicklung im Gemeindegebiet durch eine vorherige Planung zu ordnen.
Verletzt ist dieses Gebot nur bei groben, offensichtlichen Fehlgriffen. Bsp.: Festsetzung eines Baugebiets dient nur dazu, den Verkauf von Baugelände zu ermöglichen; B-Plan lässt sich aus rechtlichen oder tatsächlichen Gründen auf unabsehbare Zeit nicht verwirklichen; Bauleitplanung dient nur dazu, ein konkretes Vorhaben zu verhindern und verfolgt sonst kein städtebauliches Ziel (sog. **Negativplanung**).

II. Ermittlungs- und Bewertungsfehler sowie Abwägungsdisproportionalität

Das Abwägungsgebot aus § 1 VII BauGB eröffnet der Gemeinde einen Entscheidungsspielraum, der vom Gericht nur beschränkt überprüfbar ist. Strukturell ist die Abwägung daher vergleichbar mit dem Ermessen, nur geht es hier nicht um eine Einzelfallentscheidung, sondern um eine abstrakt-generelle Planung.

Wegen der Verfahrensgrundnorm des § 2 III BauGB sind die früheren mat.-rechtlichen Abwägungsfehler inzwischen weitgehend Verfahrensfehler.

Das Gericht prüft folgende Fehler:

- **Ermittlungsausfall**
= es hat gar keine Abwägung stattgefunden, z.B. weil die Gemeinden nur die Interessen eines Investors berücksichtigt hat.

- **Ermittlungsdefizit**
= es wurden nicht alle maßgeblichen Belange in der Abwägung berücksichtigt (sog. **abwägungserhebliche Belange**). Abwägungserheblich sind alle Belange, die erkennbar, makelfrei und mehr als geringfügig sind. Dazu können auch Belange obligatorisch Berechtigter sowie von Personen gehören, die außerhalb des Plangebiets leben. Bsp. für zu berücksichtigende Belange: §§ 1 VI, 1a, 2 IV BauGB. Str., ob das sog. **interkommunale Abwägungsgebot** gem. § 2 II BauGB eine eigenständige Anforderung oder nur ein Unterfall des allgemeinen Abwägungsgebots ist. Die h.M. geht von letzterem aus. Jedenfalls sind berechtigte Belange der Gemeinden, die von den Auswirkungen des Bauleitplans betroffen sind, zu berücksichtigen.

- **Bewertungsausfall bzw. Bewertungsfehleinschätzung**
= einzelne Belange wurden überhaupt nicht oder objektiv falsch bewertet.

Beachte: Bei diesen Fehlern handelt es sich wegen § 2 III BauGB um Verfahrensfehler.

- **Abwägungsdisproportionalität**
  = fehlerhafter Ausgleich der Belange. Bauleitplan ist im Ergebnis falsch und damit unrettbar unwirksam. Sehr selten, weil gerade der Ausgleich der gesammelten Belange den Kern der gemeindlichen Planungshoheit ausmacht. Ist nur anzunehmen, wenn die Fehlerhaftigkeit des Bauleitplans geradezu evident ist. <u>Bsp.</u>: Verstoß gegen das sog. **Trennungsprinzip**, wonach komplett unverträgliche bauliche Anlagen nicht direkt nebeneinander geplant werden dürfen.

<u>Beachte:</u>   Der Ausgleich der Belange hat nichts mit ermitteln und bewerten i.S.d. § 2 III BauGB zu tun. Deshalb handelt es sich nicht um einen Verfahrensfehler, sondern um einen materiellen Fehler, der folglich auch in der materiellen Rechtmäßigkeit zu prüfen ist.

III. Beachtlichkeit der Fehler eines Bauleitplans

Weist ein Bauleitplan einen Fehler auf, sind stets §§ 214, 215 BauGB in folgender **Reihenfolge** zu prüfen:

- Beachtlichkeit des Fehlers, § 214 I-III BauGB:
  § 214 I BauGB normiert die beachtlichen formellen Fehler, d.h. alle nicht genannten formellen Fehler sind unbeachtlich. Die Norm befasst sich nur mit Verfahrens- und Formverstößen, so dass Zuständigkeitsfehler beachtlich sind. Weiterhin trifft die Vorschrift nur Aussagen zu Verstößen gegen das BauGB, sagt folglich nichts zu anderen Gesetzen. Besonders bedeutsam ist § 214 I 1 Nr. 1 BauGB, der sich mit der Beachtlichkeit der meisten Abwägungsfehler beschäftigt (Ermittlungsausfall, Ermittlungsdefizit, Bewertungsausfall und Bewertungsfehleinschätzung): „auf das Ergebnis von Einfluss gewesen" = konkrete Möglichkeit, dass der Bauleitplan ohne den Fehler anders erlassen worden wäre; „offensichtlich" = Ermittlungs- oder Bewertungsfehler muss sich aus Akten oder Protokollen ergeben.
  § 214 II, III BauGB normiert die unbeachtlichen materiellen Fehler, d.h. alle anderen materiellen Fehler sind beachtlich.

  Problem: Verhältnis § 214 I 1 Nr. 1 BauGB zu § 214 III 2 BauGB
  Vorschriften haben einen vergleichbaren Regelungsgehalt, es geht jeweils um Auswirkungen eines Fehlers auf den Inhalt eines Bauleitplans. Allerdings sind Abwägungsfehler wegen des Wortlauts des § 214 III 2 BauGB und wegen der Verfahrensgrundnorm des § 2 III BauGB weitgehend als Verfahrensfehler zu qualifizieren (s.o.), so dass sie § 214 I 1 Nr. 1 BauGB unterfallen. § 214 III 2 BauGB wurde vom Gesetzgeber nur für den Fall im Gesetz belassen, dass die Respr. dieser Qualifizierung nicht folgt und sie weiterhin als materielle Fehler einstuft (sog. **Angstklausel**). Da die Respr. Ermittlungsausfall, Ermittlungsdefizit, Bewertungsausfall und Bewertungsfehleinschätzung inzwischen als Verfahrensfehler anerkannt hat und die Abwägungsdisproportionalität als Fehler im Abwägungsergebnis vom Wortlaut des § 214 III 2 BauGB nicht erfasst wird, dürfte die Vorschrift keine Bedeutung mehr haben.

- Heilung des Fehlers, § 214 IV BauGB:
  Sinn und Zweck: Bauleitplanverfahren ist bei einem Fehler nicht komplett neu zu starten, sondern es müssen nur die fehlerhaften Verfahrensschritte nochmals korrekt durchlaufen werden.

  „Ergänzendes Verfahren" =   Randkorrekturen, Grundkonzeption des Bauleitplans darf nicht verändert werden, da es sich ansonsten nicht um eine Ergänzung, sondern um eine komplette Neuplanung handelt. Faustformel: Verfahrens- und Formfehler sind i.d.R. heilbar, materielle Fehler sind i.d.R. nicht heilbar.

  <u>Beachte:</u>   Wegen seines offenen Wortlauts gestattet § 214 IV BauGB auch die Heilung von Verstößen gegen das <u>Landes</u>recht.

- Rügefrist, § 215 I BauGB:
  Gilt auch für die inzidente Überprüfung eines Bauleitplans. <u>Bsp.</u>: Nachbar greift Baugenehmigung mit dem Argument an, der zugrunde liegende B-Plan sei unwirksam.
  Für die Fristwahrung genügt es, dass irgendjemand den Fehler rechtzeitig rügt. Ist dies geschehen, kann sich nach Fristablauf jedermann auf den Fehler berufen.

B. Baugenehmigungsverfahren

Prüfungsaufbau: Anspruch auf Erteilung einer Baugenehmigung/Rechtmäßigkeit einer Baugenehmigung.

Anspruch auf Erteilung einer Baugenehmigung/Rechtmäßigkeit einer Baugenehmigung

I. Anspruchsgrundlage/EGL für die Baugenehmigung, § 74 I BauO NRW

II. Formelle Anspruchsvoraussetzungen/formelle Rechtmäßigkeit der Baugenehmigung

1. Zuständigkeit
2. Verfahren
3. Formgerechter Antrag/Form der Baugenehmigung

III. Materielle Anspruchsvoraussetzungen/materielle Rechtmäßigkeit der Baugenehmigung

1. Genehmigungsbedürftigkeit
2. Genehmigungsfähigkeit
   a) Vereinbarkeit mit Bauplanungsrecht
   b) Vereinbarkeit mit Bauordnungsrecht
   c) Vereinbarkeit mit sonstigen öff.-rechtlichen Vorschriften

---

I. Anspruchsgrundlage/EGL für die Baugenehmigung
§ 74 I BauO NRW

Anm.: Bei einem Bauvorbescheid gelten § 77 I 4 II i.V.m. § 74 I BauO. Mit dem Bauvorbescheid werden einzelne Fragen im Baugenehmigungsverfahren verbindlich geklärt, um dem Bauherrn Planungssicherheit zu verschaffen. Regelmäßig geht es um die bauplanungsrechtliche Zulässigkeit des Bauvorhabens. Der entsprechende Bauvorbescheid wird Bebauungsgenehmigung genannt.

II. Formelle Anspruchsvoraussetzungen/formelle Rechtmäßigkeit der Baugenehmigung

1. Zuständigkeit
   BM/Landrat als untere Bauaufsichtsbehörde, § 57 I Nr. 3, S. 2 BauO NRW.

2. Verfahren

Beachte: Gemeindliches Einvernehmen gem. § 36 BauGB. Vorschrift gilt in allen baurechtlichen Zulassungsverfahren, auch z.B. bei Erlass eines Bauvorbescheids. Beachte zudem § 246 X 2, XII 2 BauGB.

Einvernehmen = Zustimmung der Gemeinde.

Sinn und Zweck der Norm ist der Schutz der Planungshoheit der Gemeinde. Soll ein Bauwerk errichtet werden, das nicht in vollem Umfang den Vorgaben eines B-Plans entspricht, dann muss die Gemeinde so rechtzeitig darüber informiert werden, dass sie ihre Bauleitplanung durch die Plansicherungsinstrumente nach §§ 14, 15 BauGB schützen kann.
Gemeindeintern ist nach h.M. der Rat für die Erteilung des Einvernehmens zuständig, weil dieses Organ auch die Bauleitpläne erlässt und somit Inhaberin der Planungshoheit innerhalb der Gemeinde ist.
Sonderregel des § 246 XV BauGB: Damit sollen die Baugenehmigungsverfahren für bauliche Anlagen zur Unterbringung von Flüchtlingen und Asylbegehrenden beschleunigt werden.

 Autor: Dr. Dirk Kues

> **Examenstipp:**
> **OVG Berlin-Brandenburg, Beschluss vom 17.3.2017, Az.: OVG 10 N 7/17**
> Wird über die Zulässigkeit eines Vorhabens gem. § 31 II BauGB im Wege einer Befreiung von den Festsetzungen eines Bebauungsplans im bauaufsichtlichen Verfahren von der Bauaufsichtsbehörde entschieden, bedarf es des Einvernehmens der Gemeinde.
> Vor Ablauf der Zweimonatsfrist des § 36 II 2 BauGB kann eine Gemeinde gegenüber der Bauaufsichtsbehörde das Einvernehmen auch dann noch versagen, wenn sie zuvor verwaltungsintern das Einvernehmen bereits erteilt hatte.

Probleme:

a) Anwendungsbereich des § 36 BauGB

H.M.: § 36 BauGB ist nur anwendbar, wenn die Gemeinde nicht zugleich die untere Bauaufsichtsbehörde ist, d.h. wenn die Kreisverwaltung zuständig ist.

Arg.: Wenn die Gemeinde selbst, d.h. die Stadtverwaltung zuständig ist, besteht kein Bedürfnis für die Anwendung des § 36 BauGB. Sie sind bereits aufgrund des § 55 I 1 GO NRW dazu verpflichtet, den Rat über alle wichtigen Angelegenheiten zu informieren. Dazu gehört auch der Hinweis auf ein beantragtes Bauvorhaben, das eine Bauleitplanung der Gemeinde gefährdet.

M.M.: § 36 BauGB ist unabhängig von der Größe der Gemeinde anwendbar.

Arg.: Der Wortlaut sieht die von der h.M. vorgenommene Differenzierung nicht vor. Sie privilegiert ohne sachlichen Grund kleinere gegenüber großen Gemeinden.

b) Reichweite des Verweises in § 36 II 1 BauGB
Strittig ist, ob § 36 II 1 BauGB auf alle Regelungen der §§ 31, 33-35 BauGB verweist. Die h.M. bejaht dies unter Hinweis auf den Wortlaut der Norm. Eine M.M. argumentiert demgegenüber mit dem Sinn und Zweck des § 36 BauGB, die Planungshoheit der Gemeinde zu schützen. Deshalb könne sich die Gemeinde zur Versagung ihres Einvernehmens nur auf diejenigen Bestimmungen in den § 31, 33-35 BauGB berufen, die dem Schutz der Planungshoheit dienen. Nicht möglich sei daher z.B. eine Berufung auf § 35 III 1 Nr. 8 BauGB.

c) Eröffnet § 36 II 3 BauGB der Verwaltung ein Ermessen?
Dafür spricht der Wortlaut der Norm ("kann"). Andererseits dient § 36 II 3 BauGB auch den Interessen des Bauherrn, vor einer rechtswidrigen Versagung des Einvernehmens und damit vor einer rechtswidrigen Ablehnung seines Bauantrags geschützt zu werden. Weiterhin dürfte i.d.R. kein sachlicher Grund gegeben sein, ein rechtswidrig versagtes Einvernehmen nicht zu korrigieren. Das spricht dafür, bei § 36 II 3 BauGB von einer gebundenen Entscheidung bzw. bei Annahme eines Ermessens von einer Ermessensreduzierung auf null auszugehen.

d) Rechtsschutzmöglichkeiten der Gemeinde, wenn ihr versagtes Einvernehmen gem. § 36 II 3 BauGB ersetzt wird
Die Gemeinde muss in jedem Fall die erteilte Baugenehmigung per Anfechtungsklage angreifen, weil diese anderenfalls bestandskräftig wird. Da die Baugenehmigung nicht an die Gemeinde adressiert ist, handelt es sich um einen Fall der Drittanfechtung. Die drittschützenden Normen für die Gemeinde sind die in § 36 II 1 BauGB genannten Vorschriften. Sie ermächtigen die Gemeinde ja auch dazu, ihr Einvernehmen zu verweigern.

Strittig ist, ob die Gemeinde darüber hinaus die Ersetzung ihres versagten Einvernehmens selbständig angreifen darf bzw. muss. Von der Rechtsnatur her handelt es sich um einen VA. Die erforderliche Außenwirkung folgt daraus, dass die Gemeinde durch die Ersetzung in ihrem Selbstverwaltungsrecht betroffen ist. Gleichwohl lehnt eine Ansicht eine Anfechtungsmöglichkeit wegen § 44a VwGO ab. Bei der Ersetzung des versagten Einvernehmens handele es sich lediglich um eine Verfahrenshandlung hinsichtlich der später erteilten Baugenehmigung. Dagegen könnte eingewandt werden, dass die Ersetzungsverfügung als VA in Bestandskraft erwächst, wenn sie nicht angefochten wird.

Das könnte zur Konsequenz haben, dass die Ersetzung des gemeindlichen Einvernehmens auch im Rahmen einer Anfechtungsklage der Gemeinde gegen die erteilte Baugenehmigung nicht mehr überprüft werden darf, so dass eine separate Anfechtung der Ersetzungsverfügung geboten erscheint, um die erteilte Baugenehmigung überhaupt effektiv angreifen zu können.

Dem lässt sich jedoch entgegenhalten, dass § 44a VwGO, § 36 II 3 BauGB und § 73 III 1 BauO NRW (neue Fassung) bezwecken, das Baugenehmigungsverfahren zu beschleunigen. Eine selbständige Anfechtbarkeit der Ersetzungsverfügung liefe dem zuwider. Auch der Landesgesetzgeber bringt mit § 73 III 4 BauO NRW (neue Fassung) zum Ausdruck, dass er eine gesonderte Anfechtung der Ersetzungsverfügung ablehnt. Dem dargelegten Bedenken der Gegenauffassung kann dadurch Rechnung getragen werden, dass eine fristgerechte Anfechtung der Baugenehmigung stets zu einer inzidenten Überprüfung der Ersetzungsverfügung führt, zumal beide Verfügungen (Baugenehmigung und Ersetzung des versagten Einvernehmens) gem. § 73 III 1 BauO NRW (neue Fassung) in einem Bescheid ergehen.

Examenstipp:
VGH Mannheim, Urteil vom 21.2.2017, Az.: 3 S 1748/14, RA 2017, 259 ff.
Rechtsbehelfe gegen die Ersetzung des Einvernehmens der Gemeinde können gem. § 44a VwGO nur gleichzeitig mit den gegen die Baugenehmigung zulässigen Rechtsbehelfen eingelegt werden.

3. Formgerechter Antrag/Form der Baugenehmigung
   Formgerechter Antrag: §§ 67, 70 BauO NRW.
   Form der Baugenehmigung: § 74 III 1, 2 BauO NRW.

III. Materielle Anspruchsvoraussetzungen/materielle Rechtmäßigkeit der Baugenehmigung

1. Genehmigungsbedürftigkeit, § 60 I BauO NRW

→ Begriffe „Anlage" und „bauliche Anlage" sind definiert in § 2 I 1, 4 BauO NRW.

→ Errichtung, Aufstellung etc.:

Änderung	=	Veränderung der baulichen Substanz.
Nutzungsänderung	=	für die neue Nutzung bestehen andere baurechtliche Anforderungen bzw. sie ist baurechtlich anders zu beurteilen.

→ §§ 62, 63 BauO NRW: Im Fall des § 62 BauO NRW darf ohne weiteres mit dem Bauen begonnen werden, es müssen keine Bauunterlagen eingereicht werden.
Im Fall des § 63 BauO NRW sind gem. § 63 III 1 BauO NRW Bauunterlagen einzureichen. Mit Ablauf der Wartefrist des § 63 III 4 BauO NRW darf der Bauherr mit den Bauarbeiten beginnen, ohne zuvor eine Baugenehmigung zu erhalten.
Inhaltlich muss es um die Errichtung, Änderung oder Nutzungsänderung eines Gebäudes i.S.d. § 63 I 1 BauO NRW gehen, das kein Sonderbau nach § 50 BauO NRW oder ein Gebäude i.S.d. § 63 I 2 Nr. 1 oder 2 BauO NRW ist. Zudem müssen die Voraussetzungen des § 63 II 1 Nr. 1-5 BauO NRW kumulativ vorliegen.

Beachte: Die Genehmigungsfreistellung nach § 63 BauO NRW ist gem. § 63 II 2 BauO NRW fakultativ, d.h. die Bauherrschaft kann darauf verzichten und stattdessen die Durchführung eines Baugenehmigungsverfahrens verlangen.

Beachte: Die Freistellung von der Pflicht, eine Baugenehmigung zu beantragen, entbindet den Bauherrn nicht von der Pflicht, im Einklang mit dem Baurecht zu bauen, § 60 II BauO NRW. Es wird lediglich die präventive behördliche Kontrolle abgebaut. Der Bauherr ist somit selbst dafür verantwortlich, dass er im Einklang mit den Gesetzen baut.

2. Genehmigungsfähigkeit

a) Vereinbarkeit mit Bauplanungsrecht

aa) §§ 14, 15 BauGB
§ 14 BauGB ist ein materiell-rechtlicher Versagungsgrund, d.h. ein Bauantrag für ein Bauwerk, das sich im Bereich einer Veränderungssperre befindet, wird abgelehnt. § 15 BauGB ist eine formelle Bauvorschrift und führt nur zur Aussetzung des Baugenehmigungsverfahrens. Da die Vorschriften dem Schutz der Bauleitplanung dienen, sind Veränderungssperre und Zurückstellungsgesuch nur zulässig, wenn der künftige Planinhalt bereits hinreichend bestimmt ist.

bb) Bauliche Anlage i.S.d. § 29 I BauGB
Voraussetzungen:

- **Bauen** = Bauwerk muss in einer auf Dauer gedachten Weise künstlich mit dem Erdboden verbunden sein.

- **Bodenrechtliche Relevanz** = das Bauvorhaben berührt die Belange des § 1 VI BauGB, wenn es unendlich häufig errichtet würde.

cc) Festlegung des Gebiets
§§ 30, 34 oder 35 BauGB.

- § 30 BauGB: Es existiert ein B-Plan.

Problem: Prüfungs- und Verwerfungskompetenz der Verwaltung bei Anwendung eines B-Plans

<u>H.M.:</u> Verwaltung (insbes. Bauaufsichtsbehörde und Widerspruchsbehörde) darf nicht selbständig die Unwirksamkeit eines B-Plans feststellen und ihn unangewendet lassen.

<u>Arg.:</u> ➜ Behörde hat die Möglichkeit, den B-Plan gem. § 47 VwGO abstrakt überprüfen zu lassen.

➜ Schutz der Planungshoheit der Gemeinde.

➜ Gefahr der Rechtszersplitterung, wenn einzelne Behörden die Wirksamkeit eines B-Plans unterschiedlich beurteilen.

<u>M.M.:</u> Verwaltung hat Verwerfungskompetenz, zumindest wenn der B-Plan an einem evidenten Fehler leidet.

<u>Arg.:</u> ➜ Es widerspricht Art. 20 III GG, die Verwaltung zur Anwendung eines eindeutig fehlerhaften B-Plans zu zwingen.

➜ § 47 VwGO normiert kein exklusives Rechtsschutzverfahren, schließt also die Möglichkeit einer inzidenten Überprüfung eines B-Plans durch die Verwaltung nicht aus.

➜ B-Plan ist als materielles Gesetz nicht so schutzwürdig wie formelle Gesetze.

➜ Planungshoheit der Gemeinde kann dadurch gewahrt werden, dass sie vor der behördlichen Entscheidung selbst nochmals über den B-Plan beraten und entscheiden darf.

- § 34 BauGB: Verlangt einen im Zusammenhang bebauten Ortsteil.

Ortsteil	= Bebauungskomplex, der nach der Anzahl seiner Gebäude Ausdruck einer organischen Siedlungsstruktur ist. Faustformel: 5-6 Gebäude. Gegenbegriff: Splittersiedlung.
Im Zusammenhang bebaut	= tatsächlich aufeinander folgende Bebauung, die trotz eventuell bestehender Baulücken den Eindruck der Geschlossenheit vermittelt. Berücksichtigt werden nur Gebäude, die dem ständigen Aufenthalt von Menschen dienen (Ställe, Scheunen, Sportplätze, Gartenlauben, Wochenendhäuser genügen also nicht). Faustformel: Baulücken von 2-3 Bauplätzen sind i.d.R. unschädlich.

- § 35 BauGB: Auffangvorschrift, erfasst alles, was nicht § 30 oder § 34 BauGB unterfällt.

dd) **Voraussetzungen** von §§ 30, 34 oder 35 BauGB

„Erschließung"	= Anschluss an die Infrastruktur. Umfang hängt davon ab, ob im Innen- oder Außenbereich gebaut wird. Zumindest muss aber ein Anschluss an öff. Verkehrsflächen bestehen, damit das Grundstück erreichbar ist (insbes. für die Rettungsdienste). Erschließung muss erst zu dem Zeitpunkt gesichert sein, wenn das Bauwerk tatsächlich genutzt werden soll.

(1)   § 30 BauGB
§ 30 I BauGB normiert den sog. **qualifizierten B-Plan.** Die Merkmale des § 30 I BauGB sind konkretisiert in der BauNVO, die gem. § 1 III 1, 2 BauNVO nur für B-Pläne gilt.
§ 30 III BauGB regelt den einfachen B-Plan. Soweit der einfache B-Plan Festsetzungen i.S.d. § 30 I BauGB enthält, gilt auch für ihn die BauNVO. Soweit derartige Festsetzungen fehlen, gilt ergänzend („im Übrigen") § 34 oder § 35 BauGB. Es wird also so getan, als läge gar kein B-Plan vor, um dann zu prüfen, ob § 34 oder § 35 BauGB einschlägig wäre. Im Anschluss sind die Voraussetzungen von § 34 oder § 35 BauGB zu prüfen.

Merkmale des § 30 I BauGB:

→ Art der baulichen Nutzung: §§ 1-15 BauNVO.

→ Maß der baulichen Nutzung: §§ 16-21a BauNVO.
Die maximal zulässigen Maße eines Bauvorhabens sind in § 17 BauNVO festgelegt. Legaldefinitionen finden sich in §§ 19-21 BauNVO.

→ Überbaubare Grundstücksflächen: § 23 BauNVO.

→ Örtliche Verkehrsflächen: vgl. § 9 I Nr. 11 BauGB.

Examensrelevant sind die Bestimmungen zur Art der baulichen Nutzung.

Prüfungsaufbau:

(a) Regelbebauung, Abs. 2 der §§ 2-9 BauNVO

(b) Ausnahmebebauung, Abs. 3 der §§ 2-9 BauNVO

    Beachte: Ungeschriebenes Erfordernis der Gebietsverträglichkeit. Bauvorhaben darf nicht generell gegen Zweckbestimmung des Baugebiets verstoßen, wie sie in Abs. 1 der §§ 2-9 BauNVO zum Ausdruck kommt. Ist der Prüfung des § 15 I 1 BauNVO vorgelagert. Entscheidend ist, ob das Bauvorhaben wegen seiner besonderen Empfindlichkeit oder seines besonderen Störpotenzials generell dem Gebietscharakter zuwiderläuft (z.B. Wohngebäude oder Krematorium in einem Gewerbegebiet).
Für Unterkünfte für Flüchtlinge und Asylbegehrende gilt die Sonderregel des § 246 XI BauGB. Das bei Ausnahmebebauungen grds. bestehende Ermessen wird durch diese Norm zu einem intendierten Ermessen, d.h. die Baugenehmigungsbehörde prüft nur, ob ein atypischer Ausnahmefall vorliegt, der es gebietet, ausnahmsweise von der bauplanungsrechtlichen Unzulässigkeit der Unterkunft auszugehen.

    Anm.:   §§ 10-14 BauNVO beinhalten Bestimmungen für Sondergebiete (§§ 10, 11 BauNVO), erklären Garagen und Stellplätze grds. in allen Gebieten für zulässig (§ 12 BauNVO), treffen eine ähnliche Regelung für Freiberufler (§ 13 BauNVO) und regeln die Zulässigkeit von Nebenanlagen (§ 14 BauNVO, z.B. Kleintierhaltung, Trafo-Stationen, Handy-Masten).

(c) § 15 I BauNVO oder § 31 II BauGB
Beide Vorschriften dienen der Einzelfallgerechtigkeit. Sie sollen Sondersituationen erfassen, denen der abstrakt-generelle B-Plan nicht gerecht wird.

    (aa) § 15 I BauNVO
Ist zu prüfen, wenn ein Bauwerk als Regel- oder Ausnahmebebauung zulässig ist.

        → § 15 I 1 BauNVO:
Eigenart des Baugebiets ergibt sich aus Abs. 1 der §§ 2-9 BauNVO, der tatsächlich vorhandenen Bebauung (ruhigere oder lärmintensive Bebauung) sowie den Festsetzungen des konkreten B-Plans (Bsp.: Strukturierung des Baugebiets in lärmintensive, ruhigere und ganz ruhige Bebauung).

        → § 15 I 2 BauNVO:
Ist eine gesetzliche Ausprägung des Gebots der Rücksichtnahme. Näheres dazu unten beim Drittschutz.

        → § 15 II BauNVO:
Soll verhindern, dass das Bauwerk aus anderen als baurechtlichen Gründen (z.B. wirtschaftliche Aspekte) untersagt wird.

(bb)   Befreiung bzw. Dispens, § 31 II BauGB

Voraussetzungen:

➔ **Grundzüge der Planung**

= Grundkonzeption des B-Plans darf nicht verändert werden. Hintergrund: Schutz der Planungshoheit der Gemeinde. B-Plan soll nicht dadurch unterlaufen werden, dass die Bauaufsichtsbehörde fortdauernd Befreiungen gestattet.
Hilfestellung: „Einfügen" i.S.d. § 34 I BauGB. Fügt sich das Vorhaben in die Umgebungsbebauung ein, spricht dies für eine Wahrung der Grundzüge der Planung. Daneben kommt es auf den planerischen Willen der Gemeinde an. Hat sie bestimmte Bauwerke bewusst im B-Plan ausgeschlossen (z.B. Spielotheken), sind die Grundzüge der Planung tangiert, wenn diese Bauwerke im Wege der Befreiung zugelassen werden.

➔ **Befreiungsgrund:**

• § 31 II Nr. 1 BauGB:
  Gründe des Wohls der Allgemeinheit

  = alle öff. Interessen, vgl. § 1 VI BauGB. Betonung des Bedarfs an Unterbringungsmöglichkeiten von Flüchtlingen und Asylbegehrenden verschafft den entsprechenden Bauvorhaben ein erhöhtes Gewicht im Rahmen der Interessenabwägung (s. dazu sogleich unten).
  Erfordern = vernünftigerweise geboten

• § 31 II Nr. 2 BauGB:
  Abweichung städtebaulich vertretbar

  = Bauwerk ist mit einer geordneten städtebaulichen Entwicklung vereinbar.

• § 31 II Nr. 3 BauGB:
  Nicht beabsichtigte Härte

  = bodenrechtlicher Sonderfall, der bei Aufstellung des B-Plans nicht berücksichtigt wurde.
  D.h. bei Beachtung des B-Plans kann das Grundstück nicht vernünftig bebaut werden.

➔ **Vereinbarkeit mit den öff. Belangen**

= umfassende Interessenabwägung.

Zentrale Abwägungskriterien:

• Berechtigte Interessen des Bauherrn (insbes. wichtig, ob er nur private oder auch öff. Interessen verfolgt).

• Schutzwürdigkeit des Nachbarn (ruft dieser ebenfalls Störungen hervor?).

• Auswirkungen des geplanten Bauwerks (insbes. Lärm- und Geruchsbelastungen).

Beachte: Berücksichtigt werden nur Belastungen, die zwingend mit dem Bauwerk zusammenhängen. Das Verhalten der Nutzer spielt hingegen keine Rolle, weil das Baurecht keinen sog. „**Milieuschutz**" gewährt.

- Vorbelastungen, d.h. wer in eine lärm- oder geruchsvorbelastete Region zieht, muss mehr hinnehmen als derjenige, bei dem die Belastung erst im Nachhinein eintritt.

→ Rechtsfolge: Ermessen
Wegen der umfassenden Interessenabwägung auf der Tatbestandsseite dürfte das Ermessen regelmäßig auf null reduziert sein, wenn sich i.R.d. Abwägung ergibt, dass das Interesse des Bauherrn Vorrang hat. Ihm ist dann die Befreiung zu gewähren.

Beachte: **Sonderregel des § 246 X BauGB**. Im Gegensatz zu § 31 II BauGB ist kein Tatbestandsmerkmal, dass die Grundzüge der Planung nicht berührt sein dürfen. Mit der Voraussetzung, dass an dem Standort Anlagen für soziale Zwecke zulässig sein müssen, will der Gesetzgeber nur solche Grundstücke in einem Gewerbegebiet für eine Bebauung freigeben, auf denen Konflikte insbes. mit Lärm- und Geruchsimmissionen angrenzender Gewerbebetriebe nicht zu erwarten sind. Im Rahmen der auch hier gebotenen Abwägung („auch unter Würdigung nachbarlicher Interessen mit öffentlichen Belangen vereinbar") kann die mögliche Unruhe, die durch eine Unterkunft i.S.d. § 246 X 1 BauGB in das Gewerbegebiet getragen wird, keine Rolle spielen. Denn dies hat der Gesetzgeber mit der Schaffung des § 246 X 1 BauGB einkalkuliert.

Examenstipp:
VGH Mannheim, Beschluss vom 17.5.2017, Az.: 5 S 1505/15
Die Sonderregelung für Flüchtlingsunterkünfte in § 246 X BauGB gilt auch für eine Nutzungsänderung. Sie wird insoweit nicht durch § 246 XII Nr. 2 BauGB verdrängt, der einen weiteren, selbständigen Befreiungstatbestand enthält.

Sonderregel des § 246 XII BauGB. § 246 XII 1 Nr. 1 BauGB ermöglicht in allen Baugebieten eine Befreiung von den Festsetzungen des B-Plans, wenn es um mobile Unterkünfte geht, so dass z.B. auch Parkplätze als Standorte für solche Unterkünfte genutzt werden können. § 246 XII 1 Nr. 2 BauGB verlangt im Gegensatz zu § 246 X 1 BauGB in Gewerbegebieten (sowie auch in Industrie- und Sondergebieten) nicht, dass an dem Standort Anlagen für soziale Zwecke zulässig sein müssen. Damit sind nicht alle Immissionen, die von angrenzenden Gewerbe- und Industriebetrieben ausgehen, irrelevant.

Vielmehr sollen laut Gesetzesbegründung auch hier gesunde Wohn- und Arbeitsverhältnisse gewahrt bleiben. Jedoch ist hier - im Gegensatz zu § 246 X 1 BauGB - verstärkt auf die aktuell tatsächlich bestehenden Umwelteinwirkungen abzustellen, insbesondere wenn mobile Unterkünfte nur befristet errichtet werden.

D.h. es kommt nicht darauf an, was für Gewerbe- und Industriebetriebe abstrakt neben der Unterkunft betrieben werden können, sondern welche Art von Gewerbe- und Industriebetrieben im Moment tatsächlich neben der Unterkunft betrieben wird.

Bzgl. der weiteren Voraussetzungen des § 246 XII 1 BauGB kann auf die obigen Ausführungen zu § 246 X 1 BauGB verwiesen werden.

Die Frage, ob § 246 X, XII BauGB abschließende Spezialregelungen sind, die einen Rückgriff auf § 31 II BauGB ausschließen, ist wohl nur theoretischer Natur. Sollten die Voraussetzungen des § 246 X, XII BauGB nicht vorliegen, dürften die (strengeren) Anforderungen des § 31 II BauGB, insbesondere das dortige Merkmal „Grundzüge der Planung", erst recht nicht erfüllt sein.

(2) § 34 BauGB

Prüfungsaufbau:

(a) § 34 II BauGB (sog. **faktisches Baugebiet**)

Nähere Umgebung
= der Bereich, der durch das Bauvorhaben beeinflusst wird und seinerseits das Bauvorhaben beeinflusst.

Eigenart
= tatsächlich vorhandene Bebauung, unabhängig davon, ob sie legal ist, mit Ausnahme unauffälliger Bauwerke sowie sog. **Fremdkörper**.

Entspricht die Eigenart der näheren Umgebung einem der Baugebiete der BauNVO, gelten gem. § 34 II BauGB die §§ 2-15 BauNVO („nach seiner Art") sowie § 31 I, II BauGB; wegen des Verweises auf diese konkreten Vorschriften ist § 34 II BauGB spezieller als § 34 I BauGB. Bzgl. ihres Inhalts kann auf die obigen Ausführungen verwiesen werden. Hinsichtlich Maß der baulichen Nutzung, der Bauweise und der überbaubaren Grundstücksfläche ist hingegen die Auffangvorschrift des § 34 I BauGB anzuwenden.

(b) § 34 I BauGB
Auffangvorschrift, wenn § 34 II BauGB nicht greift.

(aa) § 34 I 1 BauGB
Zwar ist die BauNVO nicht anwendbar, weil § 34 I BauGB im Gegensatz zu § 34 II BauGB keinen Verweis auf die BauNVO beinhaltet. Jedoch können die Regelungen der BauNVO als Hilfestellung herangezogen werden, wenn es um das „Einfügen" i.S.d. § 34 I 1 BauGB geht. Das zeigt sich vor allem bei der examensrelevanten Art der baulichen Nutzung.

Prüfungsaufbau:

→ Einordnung des geplanten Vorhabens als Typ einer baulichen Anlage i.S.d. BauNVO, z.B. Wohngebäude, Bürogebäude, Schank- und Speisewirtschaften.

→ Ist dieser Bautyp in der näheren Umgebung bereits vorhanden? Falls (+), ist das Bauwerk grds. zulässig. Falls (-), ist das Bauwerk grds. unzulässig.

→ Erzeugt das geplante Bauvorhaben sog. **bodenrechtliche Spannungen**, insbes. Lärm- und Geruchsbelastungen? Entsteht eine sog. **negative Vorbildwirkung** dergestalt, dass sich gleichartige Vorhaben ansiedeln und die bestehende bauliche Situation damit „umzukippen" droht (Bsp.: Spielhalle in einem Wohngebiet.)?

→ Ausnahme vom Gebot des Einfügens gem. § 34 IIIa BauGB. Soll die berechtigten Interessen alteingesessener, ursprünglich zulässiger Gewerbe- und Handwerksbetriebe sowie Wohneigentümer mit den Interessen der angrenzenden Bebauung in Einklang bringen.

> Anm.: § 34 IIIa BauGB bezieht sich nur auf § 34 I 1 BauGB, weil § 34 II BauGB mit dem Verweis auf § 31 I, II BauGB ohnehin bereits Ausnahmen und Befreiungen zulässt.

> Beachte: **Sonderregel des § 246 VIII BauGB.** Dehnt den Anwendungsbereich des § 34 IIIa BauGB auf alle zulässigerweise errichteten baulichen Anlagen aus, um Flüchtlinge und Asylbegehrende unterbringen zu können. Der Gesetzgeber hat vor allem Schulen, sonstige Bildungszwecken dienende Gebäude und Krankenhäuser als Unterkunftsmöglichkeiten vor Augen.

(bb) § 34 I 2 BauGB

Bzgl. der Anforderungen an gesunde Wohn- und Arbeitsverhältnisse vgl. § 136 III Nr. 1 BauGB. Fügt sich das Bauvorhaben gem. § 34 I 1 BauGB in die Umgebungsbebauung ein, ist diese Voraussetzung i.d.R. gewahrt.

Bzgl. des Merkmals „Ortsbild" ist darauf abzustellen, welche Wirkungen das Bauwerk auf den Ort insgesamt hat. Keine Rolle spielt hingegen, ob das Gebäude selbst verunstaltet wirkt, da dies eine Frage des Bauordnungsrechts ist (§ 9 I BauO NRW). Bsp.: Eine Beeinträchtigung des Ortsbildes i.S.d. § 34 I 2 BauGB liegt vor, wenn im historischen Ortskern ein modernes Glas-Stahl-Gebäude errichtet werden soll.

(c) § 34 III BauGB

Sowohl bei § 34 I BauGB als auch bei § 34 II BauGB ist im Falle der Zulässigkeit des Bauvorhabens am Ende noch § 34 III BauGB zu prüfen.

Zentrale Versorgungsbereiche

= räumlich abgrenzbare Bereiche einer Gemeinde, denen aufgrund vorhandener Einzelhandelsnutzungen, häufig ergänzt durch diverse Dienstleistungen und gastronomische Angebote, eine bestimmte Versorgungsfunktion für die Gemeinde zukommt.

Es kommt also nicht darauf an, ob der zu schützende Bereich im Zentrum einer Gemeinde liegt, sondern auf seine Bedeutung. Erfasst sind also nicht nur Innenstädte, sondern auch Stadtteilzentren und nach h.M. auch Nahversorgungsbereiche, die aus mehreren Einzelhandelsbetrieben bestehen und der Deckung des Grundbedarfs der umliegenden Wohnbevölkerung dienen.

Schädliche Auswirkungen
= Funktionsfähigkeit des betroffenen zentralen Versorgungsbereichs wird in beachtlichem Maße beeinträchtigt. Erfordert Prognose, die sich insbes. an folgenden Kriterien orientiert: Verkaufsfläche des Vorhabens im Vergleich zu den im Versorgungsbereich vorhandenen Verkaufsflächen derselben Branche; Entfernung zwischen dem Vorhaben und dem betroffenen Versorgungsbereich; Gefährdung eines „Magnetbetriebs", der maßgebliche Bedeutung für die Funktionsfähigkeit des zentralen Versorgungsbereichs hat; Umsatzverteilung bzw. Kaufkraftabfluss, d.h. in welchem Grad dem zentralen Versorgungsbereich Kaufkraft zugunsten des Vorhabens entzogen wird (problematisch ab 10% Verlust).

Beachte: § 34 III BauGB ist eine drittschützende Norm zugunsten von Nachbargemeinden.

(3) § 35 BauGB
Grundtendenz: Restriktive Auslegung, da im Außenbereich aus Gründen des Umweltschutzes, der Landschaftszersiedelung, des Erholungswerts der Landschaft und der hohe Erschließungskosten grds. nicht gebaut werden soll.

Prüfungsaufbau:

(a) Privilegiertes Vorhaben, § 35 I BauGB
§ 35 I BauGB erfasst Bauwerke, die wegen ihrer Zweckbestimmung, ihrer Auswirkungen oder ihres Gefahrenpotentials nur im Außenbereich realisiert werden können. Sie sind „innenbereichsunverträglich".

→ § 35 I Nr. 1 BauGB:
Begriff der Landwirtschaft legaldefiniert in § 201 BauGB. Der landwirtschaftliche Betrieb muss ernsthaft, nachhaltig, auf Dauer angelegt und lebensfähig sein. Damit genügt die sog. „Hobby-Landwirtschaft" nicht.

„Dienen"
= Vorhaben muss dem Betrieb zugeordnet sein und würde auch von einem vernünftigen Landwirt unter Berücksichtigung des Gebots größtmöglicher Schonung des Außenbereichs errichtet werden.

„Untergeordnet"
= Berücksichtigung der Fläche des Bauvorhabens im Verhältnis zur gesamten Betriebsfläche.

→ § 35 I Nr. 4 BauGB:
Auffangtatbestand i.R.d. § 35 I BauGB. Restriktive Auslegung. Gemeint sind nur Bauvorhaben, die zwingend im Außenbereich realisiert werden müssen, z.B. Massentierhaltungsanlagen, Nothütten für Wanderer.

Wenn kein privilegiertes Vorhaben vorliegt, handelt es sich automatisch um ein sonstiges Vorhaben i.S.d. § 35 II BauGB.

(b) Öff. Belange, § 35 III BauGB
Es handelt sich um eine exemplarische Auflistung („insbesondere"). Neben den ausdrücklich genannten öff. Belangen sind vor allem das Gebot der Rücksichtnahme (s. dazu unten beim Drittschutz) und die Kollision des geplanten Bauwerks mit einer bereits konkretisierten Straßenplanung bedeutsam.

→ § 35 III 1 Nr. 3 BauGB:
Legaldefinition in § 3 I BlmSchG.

→ § 35 III 1 Nr. 5 BauGB:

Natürliche Eigenart der Landschaft
= Schutz des Außenbereichs vor wesensfremder Nutzung sowie einer schutzwürdigen Landschaft vor ästhetischer Beeinträchtigung unter Berücksichtigung etwaiger Vorbelastungen.
Unerheblich ist die Sichtbarkeit des Bauwerks, da es um die funktionelle Abweichung des Vorhabens von seiner Umgebung geht.

→ § 35 III 1 Nr. 7 BauGB:

Splittersiedlung
= unorganische Streubebauung, die dem zumindest gelegentlichen Aufenthalt von Menschen dient.
Ist der Gegenbegriff zum Ortsteil i.S.d. § 34 I 1 BauGB.

Entstehung
= auch die erstmalige Errichtung wegen der negativen Vorbildwirkung.

Erweiterung
= räumliche Ausdehnung.

Verfestigung
= Auffüllen des bereits in Anspruch genommenen Raums.
(-), wenn sich das geplante Vorhaben der vorhandenen Bebauung deutlich unterordnet und sich ohne zusätzliche Ansprüche (z.B. neue Wasser- und Stromleitung) in eine bestehende Baulücke einfügt.

Beachte: Sonstige Vorhaben i.S.d. § 35 II BauGB sind unzulässig, sobald sie öff. Belange i.S.d. § 35 III BauGB beeinträchtigen, es sei denn, § 35 IV BauGB greift zu ihren Gunsten ein. Privilegierte Vorhaben i.S.d. § 35 I BauGB sind hingegen erst unzulässig, wenn öff. Belange „entgegenstehen". Das bedeutet, dass im Falle der Beeinträchtigung öff. Belange zusätzlich noch eine Abwägung zwischen dem privilegierten Vorhaben und dem beeinträchtigten öff. Belang stattfinden muss. Dabei setzt sich wegen der gesetzgeberischen Wertung in § 35 I BauGB, wonach diese Vorhaben in den Außenbereich gehören, i.d.R. das privilegierte Vorhaben durch.

(c)   § 35 IV BauGB
Bestimmte öff. Belange des § 35 III BauGB werden für bestimmte Bauvorhaben ausgeschlossen. Diese Bauvorhaben stehen also besser als alle sonstigen Vorhaben i.S.d. § 35 II BauGB, jedoch nicht so gut wie die privilegierten Vorhaben i.S.d. § 35 I BauGB. Deshalb werden sie als teilprivilegierte Vorhaben bezeichnet.
Für privilegierte Vorhaben gilt § 35 IV BauGB nicht, weil sich diese wegen der Wertung des § 35 I BauGB ohnehin regelmäßig gegen beeinträchtigte öff. Belange durchsetzen.
§ 35 IV BauGB ist eine gesetzliche Ausprägung des Bestandsschutzes.

<u>Beachte:</u> **Sonderregel des § 246 IX BauGB.** Danach können die in § 35 IV 1 BauGB genannten öffentlichen Belange einer Unterkunft für Flüchtlinge und Asylbegehrende nicht entgegengehalten werden, wenn die betreffende Fläche im unmittelbaren räumlichen Zusammenhang mit dem Innenbereich oder einem beplanten Bereich steht (insbes. sog. „Außenbereichsinseln im Innenbereich").

Noch weitergehend ist die **Sonderregel des § 246 XIII BauGB**, wonach ein räumlicher Zusammenhang mit dem Innenbereich nicht gefordert wird. § 246 XIII Nr. 1 BauGB ermöglicht damit mobile Unterkünfte (z.B. Wohncontainer und Zelte) auch „auf der grünen Wiese". § 246 XIII 2-5 BauGB normiert Rückbaupflichten und deren Sicherstellung im Interesse des Außenbereichsschutzes.

Examenstipp:
BVerwG, Urteil vom 21.2.2019, Az.: 4 C 9.18, RA 2019, 249 ff.
Der Unterbringung von Flüchtlingen oder Asylbegehrenden im Sinne des § 246 Abs. 9 BauGB dienen nur Vorhaben, mit denen die öffentliche Hand ihre Unterbringungsverantwortung wahrnimmt. Vorhaben privater Bauherrn sind nur begünstigt, wenn sie in Abstimmung mit der öffentlichen Hand errichtet werden oder in zumindest vergleichbarer Weise gesichert ist, dass sie der Wahrnehmung der öffentlichen Aufgabe dienen werden.

ee) **§ 33 BauGB**
Vorschrift dient einerseits den Interessen des Bauherrn, der sich auf einen zukünftigen B-Plan berufen kann, um bauen zu dürfen. Andererseits schützt § 33 BauGB auch die Planungshoheit der Gemeinde, indem eine Berufung auf den zukünftigen B-Plan erst möglich ist, wenn dieser weitgehend fertig gestellt ist, die Planungsabsichten der Gemeinde sich also schon konkretisiert haben (vgl. § 33 I Nr. 1 BauGB).
Ungeschriebenes Tatbestandsmerkmal i.R.d. § 33 I Nr. 2 BauGB ist die Wirksamkeit des zukünftigen B-Plans. Es ist bei entsprechenden Anhaltspunkten somit inzident die Wirksamkeit des B-Plans zu prüfen.
§ 33 I Nr. 3 BauGB hat zur Folge, dass der Bauherr den B-Plan nicht mehr angreifen kann, weder abstrakt gem. § 47 VwGO noch inzident i.R. einer Anfechtungsklage gegen eine andere Baugenehmigung. Wegen dieser negativen Folge der Norm ist § 33 BauGB erst anzusprechen, wenn vorab festgestellt wurde, dass das Bauvorhaben gem. §§ 30, 34 oder 35 BauGB unzulässig ist.

ff) **§ 246 XIV BauGB**
Ermöglicht eine umfassende Befreiung von den Vorgaben des BauGB und der BauNVO. Nach dem Wortlaut („auch bei Anwendung der Absätze 8 bis 13") subsidiär im Verhältnis zu § 246 VIII-XIII BauGB.
Bzgl. der dringend benötigten Unterkunftsmöglichkeiten ist nur auf das Gemeindegebiet abzustellen, auch wenn Vorhaben träger das Land ist. Anwendung des § 246 XIV 1 BauGB kann daher nicht mit dem Argument abgelehnt werden, es gäbe in anderen Gemeinden noch Unterkunftsmöglichkeiten. Außer Betracht bleiben auch andere Unterkunftsmöglichkeiten, auf die der Vorhabenträger keinen Zugriff hat (z.B. aus sachenrechtlichen Gründen).
Das durch § 246 XIV 1 BauGB eröffnete Ermessen ist kaum begrenzt („in erforderlichem Umfang"). Jedoch verlangt die Gesetzesbegründung auch hier eine umfassende Abwägung aller widerstreitenden Interessen; eine Gefährdung gesunder Wohn- und Arbeitsverhältnisse darf in keinem Fall eintreten.

Verfassungsrechtlich ist § 246 XIV 1 BauGB wegen seiner relativen Unbestimmtheit fragwürdig. Mit Blick auf den Nachbarrechtsschutz ist angesichts der Reichweite der Abweichungsmöglichkeit auch fraglich, ob das Verhältnismäßigkeitsprinzip gewahrt ist. Zudem könnte die Norm gegen Art. 3 I, 28 II 1 GG verstoßen, weil sie Unterkunftsmöglichkeiten für Flüchtlinge und Asylbegehrende massiv besser stellt als andere Bauvorhaben und Bauleitpläne im Anwendungsbereich des § 246 XIV 1 BauGB weitgehend ihre Wirkung verlieren.

gg) § 37 BauGB

Lässt wie § 246 XIV 1 BauGB generell Abweichungen vom BauGB und der BauNVO zu, gilt jedoch nicht für gemeindliche Bauvorhaben.

Das Merkmal „besondere öffentliche Zweckbestimmung" verlangt, dass das Bauvorhaben auf einen bestimmten Standort angewiesen sein muss. Ferner muss es sich nach Standort, Art, Ausführung oder Auswirkung von sonstigen Verwaltungsbauten unterscheiden, z.B. technische Anlagen der Daseinsvorsorge wie ein Fernmeldeturm oder die in § 37 II BauGB genannten Anlagen zur Landesverteidigung.

Das Merkmal „erforderlich" verlangt eine Gewichtung der widerstreitenden öffentlichen Interessen.

b) Vereinbarkeit mit Bauordnungsrecht

Beachte: Einfaches Baugenehmigungsverfahren gem. § 64 BauO NRW. Es findet weitestgehend keine Prüfung des Bauordnungsrechts statt, § 64 I 1 Nr. 3 BauO NRW. Das entbindet den Bauherrn allerdings nicht von der Beachtung des Bauordnungsrechts, § 60 II BauO NRW. Es wird lediglich die präventive behördliche Kontrolle abgebaut. Der Bauherr ist somit selbst dafür verantwortlich, dass er im Einklang mit den Gesetzen baut.

Aber: Verstößt das geplante Bauwerk offensichtlich gegen Vorschriften, die im vereinfachten Genehmigungsverfahren nicht zu prüfen sind, ist die Baugenehmigung gleichwohl zu versagen. Es besteht nämlich kein berechtigtes Interesse (sog. **Sachbescheidungsinteresse**) daran, ein Vorhaben genehmigt zu bekommen, gegen welches die Bauaufsichtsbehörde unmittelbar nach Beginn der Bauarbeiten wegen Verstoßes gegen das Bauordnungsrecht einschreiten kann.

c) Vereinbarkeit mit sonstigen öff.-rechtlichen Vorschriften
Bsp.: Straßenrecht, Denkmalschutzrecht, Umweltrecht.

Examenstipp:
OVG Münster, Beschluss vom 1.6.2017, Az.: 7 B 442/17
Eine Baugenehmigung für einen Autowaschpark mit einer Portalwaschhalle, Selbstbedienungswaschplätzen, Staubsaugerplätzen und Pflegehallen ist mit Blick auf das Verbot des § 3 S. 1 FeiertagsG NRW rechtswidrig, soweit sei den Betrieb auch an Sonntagen und Feiertagen zulässt.

Beachte: Wenn die Voraussetzungen des § 74 I BauO NRW vorliegen, ist die Baugenehmigung zu erteilen, es handelt sich um eine gebundene Entscheidung.
Die Baugenehmigung wirkt als sachbezogener VA auch gegenüber dem Rechtsnachfolger des Bauherrn, § 58 III BauO NRW.
Die Baugenehmigung attestiert nur die Vereinbarkeit des Bauvorhabens mit öff.-rechtlichen Vorschriften. Sie hat keine zivilrechtlichen Wirkungen gem. § 74 IV BauO NRW. Hat der Bauherr keine zivilrechtliche Befugnis, ein Bauwerk auf dem Baugrundstück zu errichten, kann ihm dieses Vorhaben also vom Berechtigten untersagt werden.

C. Drittschutz/Nachbarrechtsschutz im Baurecht

Drittschutz im Baurecht bedeutet, dass ein Dritter die Baugenehmigung des Bauherrn angreift oder - bei Fehlen einer Baugenehmigung - ein Einschreiten der Verwaltung gegen den Bauherrn verlangt. Die Adressatentheorie hilft hier nicht weiter, weil der Antragsteller (Ast.) nicht Adressat des behördlichen Handelns ist. Es bedarf vielmehr einer drittschützenden Norm. Diese wird anhand der sog. **Schutznormtheorie** ermittelt. Danach vermittelt eine Vorschrift ein subjektiv-öffentliches Recht, wenn sie zumindest auch dem Schutz von Individualinteressen dient und der Ast. zum geschützten Personenkreis gehört. In diesem Zusammenhang ist zwischen generell und partiell drittschützenden Normen zu trennen. Generell drittschützend ist eine Vorschrift, wenn sie stets Drittschutz vermittelt, unabhängig von einer spürbaren Betroffenheit des Ast. Partiell drittschützend sind demgegenüber diejenigen Vorschriften, die nur den Personen Drittschutz gewähren, die durch das umstrittene Bauwerk spürbar betroffen sind. Ob das der Fall ist, ist - wie immer - durch Anwendung der Auslegungsmethoden zu ermitteln.

Problem:	Sind nur dinglich oder auch obligatorisch Berechtigte geschützt
H.M.:	Nur dinglich Berechtigte (= Eigentümer, Erbbauberechtigte, Auflassungsvormerkungsberechtigte) sind geschützt und somit klage- bzw. antragsbefugt.
Arg.:	Das Baurecht ist grundstücksbezogenes Recht. Das Grundstück wird aber durch den dinglich Berechtigten repräsentiert. Zudem hat er eine engere Bindung an das Grundstück als der lediglich obligatorisch Berechtigte (= Mieter, Pächter). Zudem besteht anderenfalls die Gefahr, dass die VG in Streitigkeiten zwischen dinglich und obligatorisch Berechtigten hineingezogen werden.
M.M.:	Auch die obligatorisch Berechtigten sind geschützt.
Arg.:	Regelmäßig ist es der obligatorisch Berechtigte, der durch ein umstrittenes Bauwerk tatsächlich betroffen ist. Also muss ihm auch die Möglichkeit eröffnet sein, sich dagegen zu wehren.
Beachte:	Nicht schutzwürdig ist der Ast., der dem Bauherrn einen Rechtsverstoß vorwirft, den er selbst begangen hat. Dies ist i.d.R. im Rahmen der Begründetheit des Antrags bzw. der Klage zu prüfen, es sei denn, der Rechtsverstoß des Ast. ist evident. Dann kann bereits die Antrags- bzw. Klagebefugnis abgelehnt werden.

I. Drittschützende Normen im Bauplanungsrecht

Sie sind für das Examen besonders relevant.

1. Drittschutz im Bereich des § 30 BauGB

   a) Art der baulichen Nutzung, §§ 1-15 BauNVO

      aa) §§ 2-14 BauNVO

      Generell drittschützend, weil zwischen den Eigentümern der Grundstücke im Bereich eines B-Plans eine sog. **bau- und bodenrechtliche Schicksalsgemeinschaft** bzw. ein gegenseitiges Abhängigkeitsverhältnis besteht (teleologische Auslegung). D.h. jeder Eigentümer hält sich nur deshalb an den B-Plan, weil sich auch die anderen Eigentümer an den B-Plan halten müssen. Weicht einer vom B-Plan ab, besteht die Gefahr, dass andere Eigentümer sich auch nicht mehr an den B-Plan halten und es dadurch zu einer sog. **Verfremdung des Baugebiets** kommt. Deshalb kann jeder Grundstückseigentümer im Bereich des B-Plans von jedem anderen Grundstückseigentümer die Einhaltung des B-Plans verlangen, unabhängig davon, ob er durch das umstrittene Bauwerk spürbar betroffen ist (sog. **Gebietserhaltungsanspruch**).
      Das Erfordernis der Gebietsverträglichkeit vermittelt aus den gleichen Gründen generellen Drittschutz (sog. **Gebietsprägungserhaltungsanspruch**).

      bb) § 15 I BauNVO

         (1) § 15 I 1 BauNVO
         Knüpft an den gerade beschriebenen Gebietserhaltungsanspruch an. Jeder Eigentümer eines Grundstücks im Bereich eines B-Plans kann verlangen, dass nur gebietsverträgliche Bauvorhaben realisiert werden. Daher ist auch § 15 I 1 BauNVO generell drittschützend.

(2) § 15 I 2 BauNVO
Gesetzliche Ausprägung des Gebots der Rücksichtnahme. Dieses hat einen individualschützenden Gehalt, wenn in qualifizierter und zugleich individualisierter Weise auf schutzwürdige Belange eines erkennbar abgegrenzten Kreises Dritter Rücksicht zu nehmen ist. Das bedeutet konkret, dass folgende Voraussetzungen erfüllt sein müssen, um eine drittschützende Wirkung i.R.d. Antrags- bzw. Klagebefugnis annehmen zu können:

➜ Der jeweiligen Vorschrift muss im Wege der Auslegung zu entnehmen sein, dass auf die Umgebungsbebauung Rücksicht zu nehmen ist. Das wird in § 15 I 2 BauNVO mit der Formulierung „im Baugebiet selbst oder in dessen Umgebung unzumutbar sind" so deutlich zum Ausdruck gebracht, dass es sich bei dieser Vorschrift um eine gesetzliche Ausprägung des Gebots der Rücksichtnahme handelt.

➜ Der Ast. muss durch das umstrittene Bauwerk spürbar betroffen sein. Das „qualifiziert und individualisiert" ihn, d.h. hebt ihn von der Allgemeinheit ab. Folglich gewährt das Gebot der Rücksichtnahme, und damit auch § 15 I 2 BauNVO, nur einen partiellen Drittschutz.

Im Rahmen der Begründetheit eines Antrags bzw. einer Klage verlangt das Gebot der Rücksichtnahme eine umfassende Abwägung der Interessen der Betroffenen.

Zentrale Abwägungskriterien:

• Berechtigte Interessend es Bauherrn (insbes. wichtig, ob er nur private oder auch öff. Interessen verfolgt).

• Schutzwürdigkeit des Nachbarn (ruft dieser ebenfalls Störungen hervor?).

• Auswirkungen des geplanten Bauwerks (insbes. Lärm- und Geruchsbelastungen).

   Beachte: Berücksichtigt werden nur Belastungen, die zwingend mit dem Bauwerk zusammenhängen. Das Verhalten der Nutzer spielt hingegen keine Rolle, weil das Baurecht keinen sog. „**Milieuschutz**" gewährt.

• Vorbelastungen, d.h. wer in eine lärm- oder geruchsvorbelastete Region zieht, muss mehr hinnehmen als derjenige, bei dem die Belastung erst im Nachhinein eintritt.

cc) § 31 II BauGB
Die Vorschrift verlangt mit dem Tatbestandsmerkmal „Würdigung nachbarlicher Interessen" eine Berücksichtigung der Belange der Umgebungsbebauung, so dass an dieses Merkmal das Gebot der Rücksichtnahme anknüpft. Dessen inhaltliche Prüfung erfolgt wie gerade bei § 15 I 2 BauNVO dargestellt. § 31 II BauGB gewährt folglich i.V.m. dem Gebot der Rücksichtnahme partiellen Drittschutz.

b) Maß der baulichen Nutzung, §§ 16-21a BauNVO
Grds. nicht drittschützend, weil §§ 16-21a BauNVO nur städtebaulichen Belangen dienen. Eine Ausnahme gilt, wenn in der Begründung des B-Plans ausdrücklich festgelegt wird, dass einzelne Festsetzungen zum Maß der baulichen Nutzung drittschützend sein sollen.
Bsp.: Bei einem Hanggrundstück wird eine Höchstzahl der Geschosse festgelegt, damit dem „Hintermann" nicht der Ausblick verbaut wird.

2. Drittschutz im Bereich des § 34 BauGB

a) § 34 II BauGB (sog. **faktisches Baugebiet**)
Wegen des Verweises auf §§ 2-15 BauNVO sowie auf § 31 I, II BauGB gelten bzgl. des Drittschutzes die obigen Ausführungen zu diesen Vorschriften.

b) § 34 I BauGB
Dem Tatbestandsmerkmal „in die Eigenart der näheren Umgebung einfügt" ist zu entnehmen, dass auf die Umgebungsbebauung Rücksicht zu nehmen ist, so dass an dieses Merkmal das Gebot der Rücksichtnahme anknüpft. Dessen inhaltliche Prüfung erfolgt wie bei § 15 I 2 BauNVO dargestellt. § 34 I BauGB gewährt folglich i.V.m. dem Gebot der Rücksichtnahme partiellen Drittschutz.

3. Drittschutz im Bereich des § 35 BauGB

a) § 35 I, II BauGB
Das Gebot der Rücksichtnahme wird an dem Tatbestandsmerkmal „öffentliche Belange" festgemacht. Hintergrund ist, dass insbes. die privilegierten Bauwerke im Außenbereich effektiv geschützt werden sollen. Die Eigentümer sollen sich gegen Einwirkungen wehren können, die den Bestand ihres privilegierten Bauwerks gefährden.

Beachte: Da die sonstigen Vorhaben i.S.d. § 35 II BauGB regelmäßig im Außenbereich unzulässig sind, sind sie i.d.R. auch nicht schutzwürdig. Folglich kann sich der Eigentümer eines solchen Bauwerks nicht erfolgreich gegen die Errichtung eines anderen Gebäudes wehren. Daher hat § 35 II BauGB im Bereich des Drittschutzes keine besondere Bedeutung.

b) § 35 III 1 Nr. 3 BauGB
Das Tatbestandsmerkmal „schädliche Umwelteinwirkungen" ist legaldefiniert in § 3 I BImSchG. Diese Vorschrift nimmt ausdrücklich auf die Nachbarschaft Bezug und ist damit wie § 15 I 2 BauNVO eine gesetzliche Ausprägung des Gebots der Rücksichtnahme, so dass auf die dortigen Ausführungen verwiesen wird. § 35 III 1 Nr. 3 BauGB gewährt demnach partiellen Drittschutz.

4. Drittschutz durch die Grundrechte
Wegen der Wesentlichkeitstheorie muss der Parlamentsgesetzgeber selbst die drittschützenden Regelungen im Baurecht normieren. Das darf nicht dadurch unterlaufen werden, dass die Baurechtsbehörden bzw. Bauaufsichtsbehörden und die Gerichte unter Rückgriff auf die Grundrechte (insbes. Art. 14 I 1 GG) dem Nachbarn Drittschutz gewähren. Ferner ist der Drittschutz im Bauplanungsrecht infolge der universellen Wirkung des Gebots der Rücksichtnahme lückenlos, so dass auch kein Bedürfnis besteht, zusätzlich noch die Grundrechte heranzuziehen. Drittschutz durch die Grundrechte ist daher abzulehnen.

Problem: Grenzüberschreitende Nutzungskonflikte
= die Grundstücke des Bauherrn und des Nachbarn liegen nicht im gleichen Gebiet (Bsp.: Landwirt im Außenbereich wehrt sich gegen die heranrückende Wohnbebauung im Innenbereich).

In diesen Konfliktfällen gelten folgende Regeln:

a) Der Drittschutz richtet sich stets nach der Vorschrift, die für das umstrittene Bauwerk gilt.

b) Diese maßgebliche Vorschrift muss „grenzüberschreitend" schützen, d.h. sie muss auch dem Schutz der Eigentümer von Grundstücken dienen, die außerhalb des Gebiets liegen.

Für die einzelnen Gebiete bedeutet das Folgendes:

→ § 30 BauGB:
§§ 1-15 I 1 BauNVO schützen nur die Grundstückseigentümer innerhalb des Baugebiets, weil nur zwischen ihnen die bau- und bodenrechtliche Schicksalsgemeinschaft besteht. Grenzüberschreitenden Schutz gewähren diese Vorschriften daher nicht. Anders ist dies bei § 15 I 2 BauNVO, der ausdrücklich auch die „Umgebung" des Baugebiets erfasst. Gleichfalls grenzüberschreitend schützt § 31 II BauGB i.V.m. dem Gebot der Rücksichtnahme, weil die in der Norm genannten „nachbarlichen Interessen" sich nicht zwingend auf das Baugebiet beschränken.

→ § 34 BauGB:
Bzgl. § 34 II BauGB gilt wegen des dortigen Verweises auf §§ 1-15 BauNVO sowie § 31 I, II BauGB das gerade Gesagte.
Bzgl. § 34 I BauGB ist problematisch, dass sich ein Bauwerk nur in die Eigenart der „näheren Umgebung" einfügen muss. Das spricht dafür, dass die Rücksichtnahme spätestens an den Grenzen des Ortsteils endet, also kein grenzüberschreitender Schutz besteht. Bei Bauwerken im Außenbereich, die sich gegen eine heranrückende Wohnbebauung wehren, wird das Merkmal „nähere Umgebung" jedoch ausnahmsweise weit verstanden, um diesen Gebäuden einen effektiven Schutz zu gewähren.

→ § 35 BauGB:
§ 35 I, II BauGB schützt nur die (zulässigen) Bauwerke im Außenbereich und gewährt daher keinen grenzüberschreitenden Schutz.
§ 35 III 1 Nr. 3 BauGB i.V.m. § 3 I BImSchG beschränkt sich mit dem Merkmal „Nachbarschaft" hingegen nicht nur auf den Außenbereich, gewährt also grenz-überschreitenden Schutz (Bsp.: Nachbar aus dem Innenbereich rügt, dass mit einem Bauvorhaben im Außenbereich unzumutbare Lärm- und Geruchsbelas-tungen verbunden sind).

II. Drittschützende Normen im Bauordnungsrecht

Relevant im Bauordnungsrecht sind die Bestimmungen zu den Abstandsflächen, auch Bauwiche genannt, § 6 BauO NRW (alte und neue Fassung). Ihr Sinn und Zweck besteht darin, Belichtung, Besonnung, Belüftung und Brandschutz zu gewährleisten. Daher gewähren sie dem unmittelbaren Nachbarn (sog. **Angrenzer**) Drittschutz. Da die einzuhaltenden Abstandsflächen nach § 6 BauO NRW mathematisch genau ausgerechnet werden, sind die Bestimmungen generell drittschützend. D.h. für die drittschützende Wirkung kommt es nicht darauf an, ob der Angrenzer durch das Unterschreiten des einzuhaltenden Abstandes spürbar betroffen ist.
Weitere drittschützende Vorschriften im Bauordnungsrecht: §§ 3 I 1, 12 I 2 BauO NRW.

Beachte: Existiert für das umstrittene Bauvorhaben keine Baugenehmigung, gibt es auch keinen VA, den der Nachbar angreifen kann. Er muss in diesem Fall per Verpflich-tungsklage bzw. gem. § 123 I VwGO ein Einschreiten der Bauaufsichtsbehörde begehren. Um dies verlangen zu können, bedarf es eines Anspruchs. Ein solcher Anspruch kann sich aus den baurechtlichen Eingriffsbefugnissen gem. §§ 58 II 2, 81 I 1, 82 BauO NRW ergeben. Zu den öff.-rechtlichen Vorschriften i.S.d. Normen gehören auch die drittschützenden Vorschriften des Baurechts. Wenn im konkreten Fall das umstrittene Bauvorhaben eine drittschützende Vorschrift berührt, wandeln sich §§ 58 II 2, 81 I 1, 82 BauO NRW von einer EGL in eine Anspruchsgrundlage.

Problem: Ermessensreduzierung auf null

Die genannten Anspruchsgrundlagen gewähren lediglich einen Anspruch auf ermessensfehlerfreie Entscheidung. Strittig ist, unter welchen Voraussetzungen das Ermessen auf null reduziert ist, so dass dem Ast. ein gebundener Anspruch zusteht.

Nach einer Ansicht gelten die allgemeinen Kriterien aus dem Gefahren-abwehrrecht. Es kommt also auf den Wert des bedrohten Rechtsguts und die Intensität der Gefahr an. Die Gegenauffassung bejaht hingegen bei jedem Verstoß gegen eine drittschützende Norm eine Ermessensreduzie-rung auf null. Zur Begründung verweist sie darauf, dass der Nachbar die Aufhebung einer Baugenehmigung bei jedem Verstoß gegen eine dritt-schützende Norm verlangen kann. Dann muss ein solcher Verstoß auch genügen, um ihm einen gebundenen Anspruch auf ein Einschreiten zu-zubilligen, wenn es an einer Baugenehmigung fehlt.

D. Eingriffsbefugnisse der Verwaltung

Wird die Bauaufsichtsbehörde eingreifend tätig, bedarf sie einer EGL. Das ist die baurechtliche Generalklausel gem. § 58 II 2 BauO NRW. Für die examensrelevanten Maßnahmen der Baueinstellung, Nutzungsuntersagung und Beseitigungsverfügung gibt es spezielle EGL in §§ 81 I 1, 82 BauO NRW. Im Kern verlangen alle Vorschriften das Gleiche, nämlich einen Verstoß einer Anlage gegen öff.-rechtliche Vorschriften. Das verlangt in einer Klausur eine inzidente Prüfung des Bauplanungs- und Bauordnungsrechts (s. dazu oben die Ausführungen zum Baugenehmigungsverfahren).

Probleme:

1. Bestimmung des richtigen Verantwortlichen
   Während der Bauphase gilt die Spezialvorschrift des § 52 BauO NRW. Im Übrigen ist gem. § 58 I 1 BauO NRW i.V.m. §§ 12 I, II OBG auf die §§ 17-19 OBG zurückzugreifen.

2. Rechtsfolge: Ermessen/Verhältnismäßigkeit
   Bezieht sich nach h.M. nur auf das Auswahlermessen, nicht aber auf das Entschließungsermessen (vgl. Wortlaut des § 58 II 2 BauO NRW „Sie haben ... die erforderlichen Maßnahmen zu treffen").

   a) Formelle und materielle Illegalität

Formelle Illegalität =	Bauwerk besitzt die erforderliche Baugenehmigung nicht. Solange eine Baugenehmigung für ein Gebäude besteht, kann die Verwaltung dagegen nicht einschreiten, weil sie dem Bauherrn ansonsten widersprechende Rechtsbefehle erteilen würde (einerseits den Befehl „sie dürfen bauen" und andererseits den Befehl „beseitigen sie das Gebäude" bzw. „nutzen sie das Gebäude nicht mehr"). Die Baugenehmigung entfaltet somit eine sog. **Legalisierungswirkung**. Die formelle Illegalität ist daher immer Voraussetzung für ein Einschreiten.
Materielle Illegalität =	Bauwerk verstößt gegen das Baurecht. Diese Voraussetzung könnte sich aus der Überlegung ergeben, dass es unangemessen und damit unverhältnismäßig ist, gegen ein Bauwerk vorzugehen, das inhaltlich im Einklang mit dem Baurecht steht. Jedoch ist hier zwischen den einzelnen Eingriffsmaßnahmen zu differenzieren:

   → Baueinstellung, § 81 I BauO NRW:
   Formelle Illegalität ist ausreichend, da schon sie die Gefahr hervorruft, dass illegal vollendete Tatsachen geschaffen werden. Die Baueinstellung ist notwendig, um der Verwaltung die Möglichkeit zur Klärung der Sach- und Rechtslage zu geben.

   > Anm.: Die Baueinstellung kann bereits vor Baubeginn verfügt werden, wenn erkennbar ist, dass innerhalb kurzer Zeit später nicht mehr oder nur schwer rückgängig zu machende Baumaßnahmen erfolgen werden.

   → Nutzungsuntersagung, § 82 S. 2 BauO NRW:
   Grds. genügt die formelle Illegalität, weil eine Nutzungsuntersagung i.d.R. keine übermäßige Eingriffsintensität hat. Zudem soll verhindert werden, dass sich der illegal Bauende einen Zeitvorteil gegenüber dem rechtstreuen Bauherrn verschafft, der auf die Erteilung der Baugenehmigung wartet.

Eine Ausnahme gilt, wenn das Bauvorhaben genehmigungsfrei ist, da dann eine formelle Illegalität gar nicht möglich ist. In diesem Fall muss eine materielle Illegalität vorliegen, um einen Baurechtsverstoß feststellen zu können. Weiterhin ist es vertretbar, neben der formellen eine materielle Illegalität zu fordern, wenn es um Wohnraum geht oder die Nutzungsuntersagung dauerhafte Wirkung hat, da dann eine erhöhte Eingriffsintensität besteht.

➜ Beseitigungsverfügung, § 82 S. 1 BauO NRW:
Grds. muss neben der formellen auch die materielle Illegalität vorliegen. Es ist unangemessen, den Abriss eines Bauwerks anzuordnen, das wegen seiner baulichen Legalität sogleich wieder errichtet werden dürfte. Eine Ausnahme gilt nur, wenn die Beseitigung eine geringe Eingriffsintensität hat, weil der Substanzverlust unwesentlich und die Wiederherstellung unschwer möglich ist (Bsp.: Versetzung einer mobilen Werbeanlage).

Examenstipp:
OVG Münster, Urteil vom 7.12.2016, 7 A 1668/15, RA 2017, 146 ff.
Eine bauliche Anlage unterfällt lediglich dann dem besonderen Schutz des Art. 8 GG, wenn ihr eine funktionale oder symbolische Bedeutung für das Versammlungsthema zukommt und diese Art Kundgebungsmittel damit einen erkennbaren inhaltlichen Bezug zur kollektiven Meinungskundgabe aufweist. Das kann auch dann der Fall sein, wenn es sich bei der baulichen Anlage um ein „gemischtes" Element in dem Sinne handelt, dass es sowohl kommunikativen wie auch nichtkommunikativen Zwecken dient; ein solches „gemischtes" Element genießt versammlungsrechtlichen Schutz, wenn es nach seinem Gesamtgepräge als Teil einer Versammlung anzusehen ist. Nach Maßgabe dieser Grundsätze kann die Bauaufsichtsbehörde gegen die baulichen Anlagen eines Protestcamps vorgehen, das vorrangig als Basislager für die sich dort aufhaltenden Personen dient.

b) Bestandsschutz
= ein legal errichtetes Bauwerk wird aufgrund äußerer Umstände illegal.
Gegen ein solches Bauwerk kann aufgrund des schutzwürdigen Vertrauens des Bauherrn nicht eingeschritten werden. Strittig ist, wenn das Gebäude ursprünglich illegal, aufgrund äußerer Umstände zwischenzeitlich aber legal war. Die h.M. will Bestandsschutz gewähren, wenn diese Legalität einen (nicht näher konkretisierten) „beachtlichen Zeitraum" bestand. Die M.M. lehnt Bestandsschutz in dieser Situation ab, da bei dem Bauherrn kein schutzwürdiges Vertrauen zu erkennen ist.

Gleichfalls fraglich ist, wann der Bestandsschutz erlischt, wenn das Gebäude eine gewisse Zeit nicht genutzt wird. Entscheidend ist, ob nach der Verkehrsauffassung die Erwartung einer Wiederaufnahme der aufgegebenen Nutzung besteht. Als Faustformel gilt: 1 Jahr nach Nutzungsaufgabe Bestandsschutz (+), bis 2 Jahre i.d.R. (+), danach Bestandsschutz (-).

c) Weitere Kriterien für die Ermessensausübung

→ Bloße längere Existenz eines Bauwerks hindert die Verwaltung nicht an einem Einschreiten. Das gilt auch für ein bloßes Untätigbleiben der Behörde (sog. **passives Dulden**). Probleme treten erst auf, wenn die Behörde durch ein positives Verhalten einen Vertrauenstatbestand schafft.

→ Intensität des Rechtsverstoßes, insbes. Verstoß gegen drittschützende Normen.

→ Verstoß gegen Art. 3 I GG, wenn die Verwaltung in anderen Fällen nicht eingegriffen hat.

Beachte: Der Merksatz „keine Gleichheit im Unrecht" gilt nicht für die Eingriffs-, sondern nur für die Leistungsverwaltung, also hier nicht. Anderenfalls könnte sich die Behörde willkürlich die Bauwerke aussuchen, gegen die sie vorgehen will. Allerdings kann ein sachlicher Grund für eine Ungleichbehandlung bestehen.

Bsp.: Die Verwaltung erlässt zunächst eine Abrissverfügung gegen ein besonders eindeutig rechtswidriges Bauwerk, um zu sehen, ob diese Verfügung vor Gericht Bestand hat. Erst danach sollen sukzessive die anderen illegalen Bauwerke beseitigt werden.

Examenstipp:
OVG Münster, Beschluss vom 1.6.2017, Az.: 7 B 442/17
Eine Baugenehmigung für einen Autowaschpark mit einer Portalwaschhalle, Selbstbedienungswaschplätzen, Staubsaugerplätzen und Pflegehallen ist mit Blick auf das Verbot des § 3 S. 1 FeiertagsG NRW rechtswidrig, soweit sei den Betrieb auch an Sonntagen und Feiertagen zulässt.

Straßenrecht

A. Abgrenzung Straßenrecht vom Straßenverkehrsrecht

Das StraßenR regelt das Recht <u>an</u> der Straße, d.h. die Bereitstellung der Straße („OB"). Es gehört zum Recht der öff. Sachen. Geregelt ist es im FStrG und StrWG NRW.

Das StraßenverkehrsR regelt das Recht <u>auf</u> der Straße, d.h. stellt Anforderungen an die Ausübung der Nutzung („WIE"). Es ist spezielles Gefahrenabwehrrecht. Geregelt ist es im StVG, in der StVO und StVZO.

B. Systematische Einordnung des Straßenrechts

Das StraßenR gehört zum Recht der öff. Sachen. Das sind Regelungen bzgl. Sachen, die durch ihren Gebrauch öff. Zwecken dienen.
Es gibt folgende Arten der öff. Sachen:

1. Öff. Sachen im Gemeingebrauch
    = öff. Sache steht jedermann ohne besondere Zulassung zur Verfügung, z.B. öff. Straßen, Gewässer in ihrer Eigenschaft als Wasserwege.
2. Öff. Sachen im Anstaltsgebrauch
    = die Nutzung der öff. Sache bedarf einer behördlichen Erlaubnis, z.B. Zugang zum Theater oder Museum.
    Die Zulassung kann konkludent erfolgen, z.B. durch automatischen Einlass in das Schwimmbad nach Zahlung des Eintrittsentgelts.
3. Öff. Sachen im Sondergebrauch
    = die öff. Sache steht i.d.R. nicht jedermann, sondern nur demjenigen zur Verfügung, der eine besondere Erlaubnis besitzt, z.B. Nutzung eines Gewässers zu wasserwirtschaftlichen Zwecken (Entnehmen und Ableiten von Wasser).
4. Öff. Sachen im Verwaltungsgebrauch
    = die öff. Sache wird von der Verwaltung zur Erfüllung ihrer Aufgaben genutzt, z.B. Dienstwagen des BM, Büro im Rathaus.
    Grds. kein Nutzungsrecht des Bürgers, es sei denn, die Nutzung wird ihm gestattet, z.B. Zutritt zum Bürgeramt im Rathaus.

C. Anwendungsvoraussetzungen für das Straßenrecht

Anwendungsvoraussetzung ist das Vorliegen einer öff. Straße, § 1 FStrG/StrWG NRW. Das setzt wiederum (wie stets im Recht der öff. Sachen) eine Widmung und eine Indienststellung voraus.

➜ **Widmung**
   = Rechtsakt, durch den eine Sache zu einer öff. Sache erklärt und ihre öff. Zweckbindung festgelegt wird.
   Die Widmung erfolgt häufig per dinglichem VA gem. § 35 S. 2 2. Fall VwVfG NRW.
   Soweit gesetzlich nicht eine ausdrückliche Widmung vorgesehen ist, kann sie auch konkludent erfolgen.

➜ **Indienststellung**
   = tatsächliche, offizielle Nutzung der Sache.
   Die Indienststellung ist ein Realakt. Solange sie nicht erfolgt ist, ist eine bereits erfolgte Widmung schwebend unwirksam.

<u>Beachte:</u>   Damit wird der Anwendungsbereich des StraßenR ganz formal bestimmt. Insbes. sorgt allein die Nutzung einer Straße durch die Allgemeinheit nicht dafür, dass es eine öff. Straße ist. Ohne Widmung und Indienststellung handelt es sich um eine sog. tatsächlich öff. Straße, für die das StraßenR nicht gilt. Das ist ein weiterer Unterschied zum StraßenverkehrsR. Letzteres gilt als spezielles Gefahrenabwehrrecht nur dann nicht, wenn nur Personen Zutritt zu der Straße haben, die in einer engen persönlichen Beziehung zum Verfügungsberechtigten stehen <u>und</u> Vorsorge getroffen wurde, dass nur sie Zutritt erhalten (z.B. Innenhofparkplatz mit Schranke).
           Zu den öff. Straßen gehört nicht nur die eigentliche Fahrbahn, sondern der gesamte räumlich-gegenständliche Bereich der Straße einschließlich des Luftraums über der Straße, § 1 IV FStrG/§ 2 II StrWG NRW.

D. Einteilung der öffentlichen Straßen

Die öff. Straßen werden wie folgt eingeteilt:
Bundesautobahnen und Bundesstraßen (geregelt im FStrG), Landesstraßen, Kreisstraßen und Gemeindestraßen (geregelt im StrWG NRW). Die Einteilung richtet sich nach der Verkehrsbedeutung der Straße, vgl. § 1 III FStrG/§ 3 StrWG NRW.

Die Einteilung kann durch eine Umstufung verändert werden. Dabei wird die Straße entsprechend ihrer Verkehrsbedeutung aufgestuft oder abgestuft, § 2 IIIa, IV FStrG/§ 8 I 1 StrWG NRW.

Bsp.: Aus einer Kreisstraße wird eine Landesstraße.

Hat eine Straße jede Verkehrsbedeutung verloren, ist sie einzuziehen, § 2 IV FStrG, bzw. soll eingezogen werden, § 7 I 1, II 1 StrWG NRW. Die Einziehung ist der actus contrarius zur Widmung.

E. Gemeingebrauch und Sondernutzung

I. Begriffsbestimmung und Abgrenzung

Sondernutzung ist gem. § 8 I 1 FStrG/§ 18 I 1 StrWG NRW die Benutzung der öff. Straßen über den Gemeingebrauch hinaus.

Gemeingebrauch ist gem. § 7 I 1 FStrG/§ 14 I 1 StrWG NRW der Gebrauch der öff. Straßen i.R.d. Widmung und der Verkehrsvorschriften.

Entscheidende Bedeutung für die Abgrenzung Gemeingebrauch ←→ Sondernutzung hat die genaue Ermittlung des Widmungszwecks der Straße, vgl. § 14 III 1 StrWG NRW. Der Widmungszweck der Straße besteht primär in der Gewährleistung der Fortbewegung (sog. enger Verkehrsbegriff). Folglich sind alle Verhaltensweisen, die nicht der Fortbewegung dienen, an sich Sondernutzung. Das kann in Einzelfällen zu Abgrenzungsschwierigkeiten führen. Bsp.: Das Abstellen eines Kfz gehört zum ruhenden Verkehr und ist damit an sich Gemeingebrauch. Soll das Kfz jedoch dauerhaft abgestellt werden, also nicht mehr am Verkehr teilnehmen, handelt es sich um Sondernutzung.

Beachte: Die Sondernutzung ist gem. § 8 I 2 FStrG/§ 18 II 1 StrWG NRW genehmigungspflichtig sowie gem. § 8 III FStrG/§ 19a StrWG NRW gebührenpflichtig. Zudem kann gegen eine ungenehmigte Sondernutzung gem. § 8 VIIa 1 FStrG/§ 22 S. 1 StrWG NRW vorgegangen werden. All dies gilt für den Gemeingebrauch nicht.

Examenstipp:
OVG Münster, Beschluss vom 24.8.2017, Az.: 11 B 938/17
Das behördliche Kontrollverfahren der Sondernutzungserlaubnis ist ein mit Art. 5 III 1 GG zu vereinbarendes Mittel, um die verschiedenen grundrechtlich geschützten Belange der Straßenbenutzer in Einklang zu bringen (Ausgleichs- und Verteilungsfunktion der Sondernutzungserlaubnis). Dies trägt der Erkenntnis Rechnung, dass die Inanspruchnahme öffentlichen Straßenraums durch künstlerische Betätigungen zu lösungsbedürftigen Konflikten mit anderen Straßennutzern führen kann.

II. Ausstrahlungswirkung der Grundrechte

Die Grundrechte erweitern den Gemeingebrauch im Wege der verfassungskonformen Auslegung. Entscheidend ist letztlich, ob durch das umstrittene Verhalten der Gemeingebrauch anderer Personen nennenswert beeinträchtigt wird. In diesem Fall drohen auch bei einer Grundrechtsausübung Konflikte zwischen den unterschiedlichen Nutzern der Straße, so dass es sinnvoll ist, vorab eine behördliche Genehmigung einholen zu müssen. Mit dieser kann die Verw. etwaige Nutzungskonflikte entschärfen (sog. Lenkungsfunktion der Sondernutzungserlaubnis).

Die wichtigsten Grundrechte:

1. Allgemeine Handlungsfreiheit, Art. 2 I GG
   Betrifft insbes. das Betteln und Trinken im öff. Straßenraum. Beides ist Gemeingebrauch, solange andere Personen in ihrem Gemeingebrauch nicht gestört werden. Daher sind aggressive Bettelei und das „Lagern" in der Fußgängerzone eine erlaubnispflichtige Sondernutzung.

 Autor: Dr. Dirk Kues

2. Meinungsfreiheit, Art. 5 I 1 1. Fall GG
Der Meinungsaustausch auf öff. Straßen beeinträchtigt andere Personen grds. nicht und ist daher Gemeingebrauch (sog. kommunikativer Gemeingebrauch).

Problem: Ansprache zum Zwecke der Werbung (z.B. Verteilen von Werbezetteln)
H.M. geht von Sondernutzung aus, weil der öff. Straßenraum zur Anbahnung von Geschäften genutzt wird. Hingegen soll bei politischer Werbung und Information Gemeingebrauch vorliegen. M.M. kritisiert, dass es einen keinen sachlichen Grund für derartige Differenzierung gibt. Zudem unterscheidet sich das Ansprechen von Passanten in werbender oder politischer Absicht äußerlich nicht vom Verhalten sonstiger Fußgänger, die sich mit anderen Personen auf der Straße unterhalten.

Beachte: Sondernutzung ist es in jedem Fall, wenn Gegenstände aufgestellt werden, z.B. Info-Stände, Plakatständer. Denn dann kann der Gemeingebrauch anderer Personen nennenswert beeinträchtigt werden.

3. Kunstfreiheit, Art. 5 III 1 1. Fall GG
Straßenkunst wie z.B. Straßenmalerei oder Musizieren in einer Fußgängerzone ist Sondernutzung, weil sie andere Personen in ihrem Gemeingebrauch beeinträchtigen kann.
Ausn.: Spontankunst.

4. Versammlungsfreiheit, Art. 8 I GG
Die Zulässigkeit von Versammlungen auf öff. Straßen richtet sich allein nach dem VersG. Das FStrG/StrWG NRW ist nicht anwendbar. Alles, was typischerweise mit einer Versammlung verbunden ist (z.B. Laufen auf der Straße, Aufstellen eines Rednerpults), ist Gemeingebrauch. Alles was für eine Versammlung nicht typisch sind (z.B. Imbissstände am Straßenrand), ist Sondernutzung und bedarf einer Sondernutzungserlaubnis der Straßenbaubehörde. Liegt diese nicht vor, kann das Verhalten von der Versammlungsbehörde aufgrund der Vorschriften des VersG untersagt werden.

5. Eigentumsfreiheit, Art. 14 I 1 GG
Gemeingebrauch, wenn ein Verhalten zur Ausübung der Eigentumsfreiheit erforderlich ist, den Gemeingebrauch anderer nicht dauernd ausschließt oder erheblich beeinträchtigt oder in den Straßenkörper eingreift, § 14a I StrWG NRW (Straßenanliegergebrauch oder gesteigerter Gemeingebrauch), z.B. Abstellen von Mülltonnen auf Gehweg zwecks Abholung, vorübergehendes Aufstellen eines Baugerüsts. Im Übrigen Sondernutzung, z.B. Aufstellen von Tischen und Stühlen für ein Straßencafe.

III. Voraussetzungen für die Erteilung einer Sondernutzungserlaubnis
Erteilung einer Sondernutzungserlaubnis nach § 8 I, II FStrG/§ 18 I, II StrWG NRW steht im behördlichen Ermessen. Bei der Ermessensausübung dürfen nur Gesichtspunkte berücksichtigt werden, die in einem sachlichen Zusammenhang mit dem Widmungszweck der Straße stehen.

Kriterien:

→ Sicherheit und Leichtigkeit des Straßenverkehrs

→ Schutz der Straßensubstanz

→ Städtebauliche Aspekte, d.h. Schutz eines bestimmten Straßenbildes aufgrund eines konkreten gemeindlichen Gestaltungskonzepts, z.B. Schutz des Erscheinungsbildes der Fußgängerzone.
Letztlich Abwägung der widerstreitenden Interessen anhand dieser Kriterien.

Beachte: Da § 8 I, II FStrG/§ 18 I, II StrWG NRW dem Betroffenen einen Vorteil in Gestalt einer Sondernutzungserlaubnis gewähren, dienen diese Vorschriften auch dem Schutz von Individualinteressen, sind also subj.-öff. Normen. Sie gewähren daher einen Anspruch auf ermessensfehlerfreie Entscheidung über die Erteilung einer Sondernutzungserlaubnis.

Staatsorganisationsrecht

Examensrelevante Abschnitte und Vorschriften:

A. Bund und Länder, Art. 20 ff. GG

I. Art. 20 GG

Herausragende Bedeutung im GG, weil die Vorschrift die Grundstrukturen des Staates festlegt. Daher besonderer Schutz durch die sog. **Ewigkeitsklausel** des Art.79 III GG. Schützt die Grundsätze des Art. 20 GG vor Eingriffen, greift also auch ein, wenn außerhalb des Art. 20 GG eine Verfassungsnorm geschaffen würde, die diese Grundsätze berührt (Bsp.: Fiktiver Art. 20b GG ordnet die Abschaffung der Demokratie an). Bei einem Verstoß gegen Art. 79 III GG handelt es sich um sog. **verfassungswidriges Verfassungsrecht**. Art. 79 III GG ist nach h.M. selbst auch nicht änderbar, d.h. kann weder verkürzt noch erweitert werden (letzteres würde zukünftige Gesetzgeber zu sehr einschränken, „Zementierung der Verfassung"). Zudem soll sich Art. 79 III GG nach h.M. auch gegen Art. 146 GG durchsetzen, d.h. auch zukünftige Verfassungen sind an Art. 79 III GG gebunden.

Prinzipien des Art. 20 GG:

1. Bundesstaatsprinzip
= Aufteilung der Staatsgewalt auf den Bund und die 16 Bundesländer (Aufzählung in der Präambel).

Der Bund und die Bundesländer haben im staatsrechtlichen Sinne eigene Staatsqualität (sog. **zweigliedriger Bundestaatsbegriff**). Das unterscheidet den Bundesstaat vom Staatenbund (= nur die Gliedstaaten haben Staatsqualität, z.B. GUS) und vom Einheitsstaat (= nur der Zentralstaat hat Staatsqualität, z.B. Frankreich). Die Europäische Union stellt einen Sonderfall dar. Sie erfüllt zwar nicht die klassischen Staatsmerkmale (Staatsvolk, Staatsgewalt, Staatsgebiet), kann aber unmittelbar in den Mitgliedstaaten Recht setzen. Sie wird daher als Staatenverbund oder supranationale Organisation bezeichnet.

Wichtige Normen:

Art. 28 I 1 GG:	Das sog. **Homogenitätsprinzip** verlangt eine Kernidentität der Verfassungen von Bund und Bundesländern, da sie ansonsten nicht zusammen einen Staat bilden könnten. Konkret geht es um die in Art. 20 GG niedergelegten zentralen Verfassungsprinzipien. Art. 28 I 1 GG ist lex specialis zu Art. 31 GG.
Art. 30 GG:	Verteilt grds. die Aufgaben zwischen Bund und Ländern. Wird für den Bereich der Gesetzgebung in Art. 70 GG und für den Bereich der Verwaltung in Art. 83 GG wiederholt und konkretisiert.
Art. 31 GG:	Ordnet den Vorrang von Bundesrecht jeder Rangstufe vor dem Landesrecht jeder Rangstufe an. Folglich geht z.B. eine RVO des Bundes einer Landes-verfassung im Rang vor. Ist eine Kollisionsnorm, d.h. kommt nur zum Zuge, wenn Bundesrecht und Landesrecht auf denselben Sachverhalt anwendbar sind und zu unterschiedlichen Rechtsfolgen führen.

Weiteres ungeschriebenes Prinzip ist das Gebot der Bundestreue bzw. des bundesfreundlichen Verhaltens. Es verlangt, dass Bund und Länder sowie die Länder untereinander auf die berechtigten Interessen der andren Beteiligten Rücksicht nehmen. Hat primär verfahrensrechtliche Ausprägungen, insbes. wechselseitige Anhörungspflicht. Kann in Fällen des Rechtsmissbrauchs auch zu einem materiellen Verfassungsverstoß führen (z.B. Bundesminister erteilt einem Landesminister bewusst eine falsche Weisung, um ihn öffentlich vorzuführen). Insgesamt zurückhaltende Anwendung, um bestehende Kompetenzen nicht zu unterlaufen.

2. Demokratieprinzip
= alle Staatsgewalt geht vom Volk aus, Art. 20 II 1 GG.

D.h. Willensbildung „von unten nach oben". Ausübung durch Wahlen (= Personenentscheidungen) und Abstimmungen (= Sachentscheidungen), Art. 20 II 2 GG. In Deutschland existiert eine repräsentative Demokratie in Form der parlamentarischen Demokratie. Das bedeutet, das Volk wählt ein Parlament, das wiederum die Regierung bestimmt.

Mit „Volk" ist nur das deutsche Volk gemeint. Das folgt im Umkehrschluss aus Art. 28 I 3 GG, wonach EU-Ausländer an den Kommunalwahlen teilnehmen dürfen.

Ausprägungen des Demokratieprinzips sind weiterhin Mehrheitsprinzip und Minderheitenschutz, Mehrparteiensystem und das Recht auf Opposition sowie die Gewaltenteilung gem. Art. 20 II 2 GG (letzteres kann auch dem Rechtsstaatsprinzip zugeordnet werden). Die Gewaltenteilung ist im GG allerdings nicht strikt verwirklicht, z.B. Erlass von Gesetzen durch die Exekutive in Form der RVO (Art. 80 GG) und Satzungen. Daher sind nur Durchbrechungen des Gewaltenteilungsprinzips verfassungswidrig, durch die in den Kernbereich einer anderen Gewalt eingegriffen wird.

> **Examenstipp:**
> **BVerfG, Beschluss vom 18.6.2019, Az.: 1 BvR 587/17, RA-Telegramm 8/2019, S. 69**
> Das Zitiergebot des Art. 80 I 3 GG gilt auch im Fall der Subdelegation nach Art. 80 I 4 GG. Die subdelegierte Verordnung muss ihre unmittelbare Ermächtigungsgrundlage angeben, die sie in der subdelegierenden Verordnung findet. In der subdelegierenden Verordnung sind die gesetzliche Verordnungsermächtigung und die gesetzliche Ermächtigung zur Subdelegation zu nennen.
> Das Gebot effektiven Rechtsschutzes gemäß Art. 19 IV 1 GG enthält nähere Maßgaben für die gerichtliche Handhabung der Zulassung von Rechtsmitteln, die sowohl die an die Darlegung als auch die an das Vorliegen von Zulassungsgründen gerichteten Anforderungen betreffen.

3. Rechtsstaatsprinzip
= Ausübung der Staatsgewalt ist rechtlich gebunden, Art. 20 III GG.

Ausprägungen:

- Grundrechte.

- Gewaltenteilung (kann auch dem Demokratieprinzip zugeordnet werden, s.o.).

- Vorbehalt des Gesetzes
  = kein Handeln der Verwaltung ohne Gesetz.
  Das ist der Grund für die Prüfung der Ermächtigungsgrundlage in einer Verwaltungsrechtsklausur.

  Beachte: Wesentlichkeitstheorie: Parlamentsgesetzgeber muss als unmittelbar demokratisch legitimiertes Organ alle wesentlichen Angelegenheiten selbst regeln. Wesentlich sind vor allem Grundrechtseingriffe. Je wesentlicher die Angelegenheit ist, d.h. je intensiver der Grundrechtseingriff, desto genauer müssen die Regelungen im Parlamentsgesetz sein.

- Vorrang des Gesetzes
  = kein Handeln der Verwaltung gegen das Gesetz.
  Das ist der Grund für die Prüfung der formellen und materiellen Rechtmäßigkeit in einer Verwaltungsrechtsklausur.

- Staatshaftungsrecht

- Bestimmtheitsgebot
  = alle staatlichen Maßnahmen müssen so gefasst sein, dass Verwaltung, Justiz und Bürger die Rechtslage erkennen und ihr Verhalten danach einrichten können.
  Die Anforderungen an Einzelakte sind höher als diejenigen an Gesetze, weil letztere abstrakt-generell sind.
  Spezielle Ausprägungen des Bestimmtheitsgebots: Art. 80 I 2, 103 II GG.

Examenstipp:
BVerwG, Urteil vom 29.3.2019, Az.: 9 C 4.18
OVG Bremen, Urteil vom 5.2.2018, Az.: 2 LC 139/17, RA 2018, 257 ff.
Die Erfüllung der vom Leistungsfähigkeitsprinzip determinierten Steuerschuld gewährt keinen Anspruch auf die unentgeltliche Inanspruchnahme besonders zurechenbarer staatlicher Leistungen. Wer zum Zwecke der Gewinnerzielung in besonderem Maße ein öffentliches Gut (hier die staatliche Sicherheitsvorsorge) in Anspruch nimmt, darf hierfür grundsätzlich mit einer Gebühr belegt werden.
Eine landesgesetzliche Regelung (hier § 4 IV BremGebBeitrG), die dem Veranstalter einer gewinnorientierten Großveranstaltung, die wegen erfahrungsgemäß zu erwartender Gewalthandlungen den Einsatz zusätzlicher Polizeikräfte im räumlichen und zeitlichen Zusammenhang mit der Veranstaltung vorhersehbar erforderlich macht, zur Deckung des Mehraufwandes eine Gebühr auferlegt, steht mit dem Steuerstaatsprinzip (Art. 104a ff. GG) grundsätzlich in Einklang.
Eine solche Gebühr, die den Veranstalter nicht als Störer der öffentlichen Sicherheit, sondern ausschließlich als Nutznießer der verstärkten Polizeipräsenz in Anspruch nimmt, steht in keinem Wertungswiderspruch zum Polizeirecht. Zur Vermeidung einer unzulässigen Überdeckung müssen aber "Doppelabrechnungen" gegenüber dem Veranstalter und dem Störer vermieden werden.
Mit Art. 12 I GG ist die Veranstaltergebühr vereinbar, wenn sie unter Berücksichtigung der Art der Veranstaltung regelmäßig in einer angemessenen Relation zu dem wirtschaftlichen Ergebnis steht, das der Veranstalter auch dank des verstärkten Polizeieinsatzes erzielen kann. Eines steuerfinanzierten Abschlages vom gebührenpflichtigen Aufwand bedarf es auch unter Berücksichtigung des Allgemeininteresses an der Gefahrenabwehr nicht, wenn der zusätzliche Sicherheitsaufwand ausschließlich aufgrund einer gewinnorientierten privaten Veranstaltung erforderlich wird.
Unter dem Gesichtspunkt der Bestimmtheit der Norm bedarf es bei einer Gebühr mit dem unmittelbaren Zweck einer Kostendeckung nicht zwingend der tatbestandlichen Bestimmung eines Gebührensatzes. Hinreichende Bestimmtheit kann auch hergestellt werden, indem die Bemessungsfaktoren für die Kosten normiert werden.

- Rückwirkungsverbot:
  Rückwirkung = Gesetz gilt für einen Zeitraum, der vor seiner Verkündung liegt.
  Problematisch ist nur eine belastende Rückwirkung. Rückwirkungsverbot gilt zudem nur für den Gesetzgeber, nicht für die Rspr. Kommen die Gerichte auch für „Altfälle" zu einer besseren Rechtserkenntnis, hat das nichts mit Rückwirkung zu tun.
  Spezielles Verbot in Art. 103 II GG. Im Übrigen Rückgriff auf Art. 20 III GG.
  Kernproblem: Schutzwürdiges Vertrauen des Betroffenen.

Differenzierung:

Echte Rückwirkung bzw. Rückbewirkung von Rechtsfolgen
= Gesetz regelt einen Sachverhalt, der in der Vergangenheit begonnen hat und zurzeit der Gesetzesverkündung vollständig abgeschlossen ist.
  Grds. unzulässig.

  Ausn.: Vertrauen ist nicht schutzwürdig oder überwiegende öffentliche Interessen.
  Bsp.: Nichtige Bestimmung wird durch verfassungsgemäße Regelung ersetzt; Bürger muss mit einer Veränderung der Rechtslage rechnen (grds. ab Beschlussfassung im BT); unklare Rechtslage wird beseitigt; zwingende Gründe des Allgemeinwohls; geringfügige Belastung (sog. **Bagatellvorbehalt**).

Unechte Rückwirkung bzw. tatbestandliche Rückanknüpfung
= Gesetz regelt einen Sachverhalt, der zwar in der Vergangenheit begonnen hat, zurzeit der Verkündung des Gesetzes aber noch nicht abgeschlossen ist.
  Grds. zulässig.

  Ausn.: Vertrauen ist schutzwürdig (Bsp.: Während eines bereits laufenden Volksbegehrens werden die Formerfordernisse vom Gesetzgeber so verschärft, dass dieses Volksbegehren nunmehr unzulässig ist).

4. Republik
= keine Monarchie.
Insbes. ist eine Republik nicht zwingend eine Demokratie.

5. Sozialstaat
= Verpflichtung des Staates, für eine gerechte Sozialordnung zu sorgen durch Herstellung und Wahrung sozialer Gerechtigkeit.
Geringe Relevanz, primär Handlungsauftrag für den Gesetzgeber.

II. Art. 21 GG
Parteien sind gesellschaftliche Vereinigungen (i.d.R. nicht eingetragene Vereine), während Fraktionen Zusammenschlüsse von Abgeordneten sind, die auch nicht derselben Partei angehören müssen (z.B. CDU/CSU-Bundestagsfraktion).
Parteien sollen gem. Art. 21 I GG die politische Willensbildung im Volk kanalisieren, damit bei den Wahlen stabile Mehrheitsverhältnisse entstehen. Sie dienen somit auch der Funktionsfähigkeit des Parlaments. Daher kommt ihnen in einer parlamentarischen Demokratie eine herausragende Bedeutung zu. Deshalb können sie auch nur unter den strengen Voraussetzungen des Art. 21 II, IV GG vom BVerfG verboten werden (sog. **Parteienprivileg**):

„Freiheitliche demokratische Grundordnung"	= Art. 1 I GG sowie Kernelemente des Rechtsstaats- und Demokratieprinzips.
„Bestand der Bundesrepublik"	= territoriale Unversehrtheit und politische Unabhängigkeit.
„Beseitigen"	= Abschaffung zumindest eines der Wesenselemente der freiheitlichen demokratischen Grundordnung oder deren Ersetzung durch eine andere Verfassungsordnung oder ein anderes Regierungssystem.
„Beeinträchtigen"	= spürbare Gefährdung.
„Darauf aus sind"	= Es muss ein planvolles Vorgehen gegeben sein, das im Sinne einer qualifizierten Vorbereitungshandlung auf die Beeinträchtigung oder Beseitigung der freiheitlichen demokratischen Grundordnung oder auf die Gefährdung des Bestandes der Bundesrepublik Deutschland gerichtet ist. Ferner müssen gewichtige Anhaltspunkte dafür bestehen, dass die Tätigkeit zum Erfolg führen kann (sog. **Potentialität**).

Ein **Ausschluss von der staatlichen Parteienfinanzierung** ist hingegen unter den weniger strengen Voraussetzungen des Art. 21 III GG möglich. Hier bedarf es **nicht** der sog. **Potentialität**. Der Ausschluss erfolgt gem. Art. 21 IV GG durch das BVerfG und ist gem. § 46a BVerfGG auf 6 Jahre befristet, kann aber auch verlängert werden.

Examenstipp:
BVerfG, Urteil vom 17.1.2017, 2 BvB 1/13, RA 2017, 85 ff.
Die Nationaldemokratische Partei Deutschlands (NPD) vertritt ein auf die Beseitigung der bestehenden freiheitlichen demokratischen Grundordnung gerichtetes politisches Konzept. Sie will die bestehende Verfassungsordnung durch einen an der ethnisch definierten „Volksgemeinschaft" ausgerichteten autoritären Nationalstaat ersetzen. Ihr politisches Konzept missachtet die Menschenwürde und ist mit dem Demokratieprinzip unvereinbar. Die NPD arbeitet auch planvoll und mit hinreichender Intensität auf die Erreichung ihrer gegen die freiheitliche demokratische Grundordnung gerichteten Ziele hin. Allerdings fehlt es (derzeit) an konkreten Anhaltspunkten von Gewicht, die es möglich erscheinen lassen, dass dieses Handeln zum Erfolg führt, weshalb der Antrag des Bundesrats auf Feststellung der Verfassungswidrigkeit und Auflösung der NPD und ihrer Unterorganisationen (Art. 21 II GG) unbegründet ist.

III. Art. 23 GG

Art. 23 I 1 GG fasst im Wesentlichen die sog. **Solange-Rechtsprechung** des BVerfG zusammen. Danach überprüft das BVerfG Sekundärrechtsakte der EU solange nicht am Maßstab der deutschen Grundrechte, wie es auf europäischer Ebene einen grundsätzlich vergleichbaren Grundrechtsschutz gibt (jetzt in Gestalt der EU-Grundrechtscharta). Absolut geschützt sind auch im Verhältnis zum EU-Recht die Kernprinzipien des GG gem. Art. 23 I 3 i.V.m. Art. 79 III GG (s. dazu unten die Ausführungen im Abschnitt „Europarecht").

Art. 23 II-V GG regelt, wie BT, BRat und BReg. in Angelegenheiten der EU zusammenwirken. Details sind in den Gesetzen über die Zusammenarbeit von BReg. und BT bzw. von Bund und Ländern in Angelegenheiten der EU geregelt (Sat. I, Nr. 96, 97).

Art. 23 VI GG überträgt in abschließend aufgezählten ausschließlichen Kompetenzbereichen der Länder die Vertretung Deutschlands bei der EU vom Bund auf einen vom BRat benannten Vertreter der Länder. Details sind in § 6 II EUZusG (Sat. I, Nr. 97) normiert.

IV. Art. 24 GG

Art. 24 I GG war bis zur Schaffung des Art. 23 GG die Grundlage für die Übertragung von Hoheitsrechten auf die damalige Europäische Gemeinschaft (EG). Art. 24 II GG kann Grundlage für Auslandseinsätze der Bundeswehr sein. Die Mitgliedschaft in einem System gegenseitiger kollektiver Sicherheit umfasst auch die Pflicht, die entsprechenden Vertragspflichten zu erfüllen. Dazu kann auch der Einsatz der Bundeswehr gehören.

Problem: Auslegung des Begriffs „System gegenseitiger kollektiver Sicherheit"
Unstreitig erfasst sind Organisationen wie die UNO, deren Mitglieder sich wechselseitig Hilfe für den Fall zusichern, dass ein Mitgliedstaat einen anderen angreift.
Nach h.M. sind ferner auch kollektive Verteidigungsbündnisse wie die NATO erfasst, wenn sie defensiven Charakter haben, da auch sie der Friedenssicherung dienen.

Beachte: Sollte Art. 24 II GG nicht einschlägig sein, die Bundeswehr also außerhalb der UNO oder NATO handeln (z.B. Einsätze zur Befreiung deutscher Geiseln im Ausland), dann hat die BReg. gleichwohl die Befugnis, über einen Auslandseinsatz der Bundeswehr zu entscheiden. Das folgt aus ihrer allgemeinen Zuständigkeit für die Außenpolitik. Letztere wird im Umkehrschluss aus Art. 59 II 1 GG deutlich. Diese Vorschrift billigt BT und BRat nur in eng begrenzten Fällen ein rechtliches Mitspracherecht in auswärtigen Angelegenheiten zu, so dass geschlussfolgert werden kann, dass die Außenpolitik grds. Sache der BReg. ist.

V. Art. 25 GG

Allgemeine Regeln des Völkerrechts = Rechtsvorschriften, die von der weltweit überwiegenden Mehrheit der Staaten anerkannt werden. Umfasst ist vor allem das universelle Völkergewohnheitsrecht (↔ regionales Völkergewohnheitsrecht). Bsp.: Gewaltverbot zwischen den Staaten, Staatenimmunität, Verbot der Sklaverei.

Bestandteil des Bundesrechts = gilt innerstaatlich wie Bundesrecht, erzeugt also auch für den Bürger direkt Rechte und Pflichten, wenn die völkerrechtliche Vorschrift ausreichend bestimmt ist. Im Rang stehen die allgemeinen Regeln des Völkerrechts über dem einfachen Bundesrecht und unter dem GG.

Beachte: Für völkerrechtliche Verträge gilt nicht Art. 25 GG, sondern die Spezialvorschrift des Art. 59 II 1 GG. Sie haben den Rang, der ihnen durch das Vertragsgesetz i.S.d. Art. 59 II 1 GG zugewiesen wird.
Auch die EMRK unterfällt nicht Art. 25 GG, sondern Art. 59 II 1 GG und gilt im Rang eines einfachen Bundesgesetzes.

Wegen der sog. „**Völkerrechtsfreundlichkeit**" des GG ist aber das gesamte deutsche Recht einschließlich des GG im Einklang mit den völkerrechtlichen Verpflichtungen Deutschlands auszulegen und anzuwenden. Daher sind das GG, insbesondere die Grundrechte, unter Berücksichtigung der EMRK auszulegen, soweit das Verfassungsrecht nicht eindeutig entgegensteht.

VI. Art. 28 GG

Zum Art. 28 I GG (Homogenitätsprinzip) s.o. Bundesstaats- und Demokratieprinzip.

Zum Art. 28 II GG (Selbstverwaltungsgarantie s.o. Kommunalrecht.

Examenstipps:
BVerwG, Urteil vom 15.12.2016, Az.: 2 C 31.15
Vorschriften des Grundgesetzes finden auf ein landesrechtliches Gesetzgebungsverfahren insoweit Anwendung, als sie aufgrund des Homogenitätsgebots des Art. 28 I 1 GG auch für die Landesgesetzgebung verbindlich sind.
Die vom BVerfG entwickelten Grundsätze für die Änderung einer Rechtsverordnung durch den parlamentarischen Gesetzgeber gelten auch für den erstmaligen Erlass einer Verordnung.
Das Zitiergebot des Art. 80 I 3 GG findet in landesrechtlichen Gesetzgebungsverfahren keine Anwendung; es unterliegt nicht dem Homogenitätsgebot des Art. 28 I 1 GG.

VerfGH Münster, Urteil vom 21.11.2017, Az.: VerfGH 11/16, RA 2018, 85 ff.
Die in einer Landesverfassung verankerte Sperrklausel für Kommunalwahlen muss sich an den Wahlrechtsgrundsätzen des Art. 28 I 2 GG messen lassen. Ungleichbehandlungen bedürfen daher - wie immer - eines zwingenden Grundes. Ein besonderer Regelungsspielraum steht dem Landesverfassungsgeber nicht zu. Allein die Erwägung, dass Vertreter kleinerer Parteien und Wählervereinigungen keinen gemessen am Wahlerfolg überproportionalen Einfluss auf Entscheidungen eines Kommunalparlaments haben dürfen, rechtfertigt eine Sperrklausel nicht.

VII. Art. 30 GG

s.o. Bundestaatsprinzip.

VIII. Art. 31 GG

s.o. Bundestaatsprinzip.

IX. Art. 32 GG

Art. 32 I GG: „**Pflege der Beziehungen**"
= alle Maßnahmen in auswärtigen Angelegenheiten (z.B. informelle Gespräche, Staatsbesuche, Abschluss völkerrechtlicher Verträge).

Examenstipp:
BVerfG, Beschluss vom 8.3.2017, Az.: 2 BvR 483/17, RA 2017, 197 ff., RA-Telegramm 3/2017, S. 20
Staatsoberhäupter und Mitglieder ausländischer Regierungen haben weder von Verfassungs wegen noch nach einer allgemeinen Regel des Völkerrechts i.S.v. Art. 25 GG einen Anspruch auf Einreise in das Bundesgebiet und die Ausübung amtlicher Funktionen in Deutschland. Soweit ausländische Staatsoberhäupter oder Mitglieder ausländischer Regierungen in amtlicher Eigenschaft und unter Inanspruchnahme ihrer Amtsautorität in Deutschland auftreten, können sie sich nicht auf Grundrechte berufen. Sie bedürfen vielmehr der Zustimmung der Bundesregierung, da es sich um auswärtige Angelegenheiten i.S.v. Art. 32 I GG handelt.

Art. 32 III GG: „**Länder für die Gesetzgebung zuständig**"
= die Länder wären dafür zuständig, den Inhalt des völkerrechtlichen Vertrages als innerstaatliches Gesetz zu erlassen → Prüfung der Art. 70 ff. GG.
<u>Hintergrund</u>: Nach außen soll derjenige handeln, der auch intern für die Materie zuständig ist.

Problem: Verhältnis des Art. 32 I GG zu Art. 32 III GG

Sehr strittig. Vertreten wird sog. **föderalistische Theorie** (= Art. 32 III GG ist abschließend) und zentralistische Theorie (= Art. 32 I GG bleibt neben Art. 32 III GG anwendbar).

Wortlaut ist offen. „Können sie" in Art. 32 III GG kann so gedeutet werden, dass die Länder keine zwingende Kompetenz erhalten sollen, andererseits lässt sich auch vertreten, dass nur zum Ausdruck gebracht werden soll, dass die Länder keine völkerrechtlichen Verträge schließen müssen. Die erforderliche Zustimmung der BReg. ist nur eine Verfahrensvorschrift und soll sicherstellen, dass ein Land mit dem Abschluss eines völkerrechtlichen Vertrages nicht die Außenpolitik des Bundes unterläuft.

Systematisch ließe sich Art. 32 I, III GG als Regel-Ausnahme-Prinzip begreifen. Dann wäre Art. 32 I GG die Regel und Art. 32 III GG die Ausnahme. Das sagt aber noch nicht zwingend etwas darüber aus, ob Art. 32 III GG abschließend ist.

Vom Sinn und Zweck her dient es einem einheitlichen Auftreten nach außen, wenn der Bund handeln darf. Er vertritt Deutschland auch in den internationalen Organisationen. Zudem ist es für auswärtige Staaten einfacher, mit dem Bund als mit allen Bundesländern Verträge zu schließen. Dem steht auch nicht entgegen, dass der Bund sich dann völkerrechtlich in Bereich einmischen kann, die ihm innerstaatlich nicht offenstehen. Denn der bloße Abschluss des völkerrechtlichen Vertrages hat innerstaatlich keine Konsequenzen. Dafür bedarf es einer Umsetzung des Vertrages in das innerstaatliche Recht (sog. **Transformation**). Diese Transformationskompetenz wird durch die in Art. 32 GG geregelte Abschlusskompetenz nicht berührt.

Die Transformationskompetenz bestimmt sich ausschließlich nach Art. 70 ff. GG, liegt also grds. bei den Ländern. Art. 73 I Nr. 1 GG greift nicht ein, weil er mit dem Begriff „auswärtige Angelegenheiten" nur den diplomatischen und konsularischen Verkehr mit dem Ausland sowie die gesamtstaatliche Repräsentation (z.B. Dt. Welle) erfasst. Hat der Bund einen völkerrechtlichen Vertrag geschlossen, dessen Gegenstand innerstaatlich in den Kompetenzbereich der Länder fällt, sind sie zu einer Transformation nur verpflichtet, wenn sie dem Vertragsschluss vorher zugestimmt haben (Gebot der Bundestreue).

X. Art. 33 GG

Grundrechtsgleiches Recht. Art. 33 I-III GG ist spezielle Ausprägung des Art. 3 I GG (s.u. Grundrechte).

XI. Art. 34 GG

Amtshaftungsanspruch, s.u. Staatshaftungsrecht.

XII. Art. 35 GG

Problem: Welche Art von Einsätzen der Bundeswehr gestattet Art. 35 II 2, III 1 GG?

Art. 35 II 2, III GG verbietet nach h.M. nicht den Einsatz spezifisch militärischer Waffen wie Panzer und Kampfflugzeuge. Allerdings ist ein „besonders schwerer Unglücksfall" i.S.d. Art. 35 II 2 GG nur in ungewöhnlichen Ausnahmesituationen katastrophischen Ausmaßes gegeben. Zudem muss der Schaden entweder bereits eingetreten sein oder der Unglücksverlauf muss bereits begonnen haben und der Eintritt des Schadens mit an Sicherheit grenzender Wahrscheinlichkeit unmittelbar bevorstehen. Diese Voraussetzungen sind nicht schon dann erfüllt, wenn ein Land eine Gefahrensituation mittels seiner Polizei nicht mehr beherrschen kann. Namentlich Gefahren für Menschen oder Sachen, die aus oder von einer Demonstration drohen, stellen keinen besonders schweren Unglücksfall dar. Schließlich ermächtigt Art. 35 III 1 GG nur die Bundesregierung als Kollegialorgan zu einer Entscheidung. Eine Eilkompetenz zugunsten des Bundesverteidigungsministers besteht nicht.

B. Verfassungsorgane

I. Bundestag, Art. 38 ff. GG

1. Art. 38 GG

a) Art. 38 I 1 GG

Wahlrechtsgrundsätze:

aa) **Allgemein**
  = alle Staatsbürger dürfen wählen. Spezielle Ausprägung des Art. 3 I GG. Daher Ungleichbehandlung möglich, wenn ein sachlicher Grund besteht. <u>Bsp.:</u> Art. 38 II, 55 I GG.

bb) **Unmittelbar**
  = kein weiterer Willensakt zwischen Entscheidung des Wählers und Wahl des Bewerbers.
  Wähler muss daher erkennen können, welche Personen sich um ein Mandat bewerben. Deshalb müssen die Landeslisten „starr" sein, d.h. dürfen nachträglich nicht verändert werden.

cc) **Frei**
  = frei von Zwang und unzulässigem Druck.
  Daher ist Wahlwerbung im Wahllokal verboten. Zulässig sind hingegen grds. Wahlpropaganda und Wahlempfehlungen. Das gilt nicht, wenn die BReg. unter Einsatz staatlicher Mittel für eine bestimmte Partei Werbung macht.

  > ***Problem:*** Wahlpflicht („OB" des Wählens)
  > Für Unzulässigkeit spricht, dass die Freiheit der Wahl auch die Entscheidung umfassen kann, nicht zu wählen. Andererseits kann der Wähler auch beim Bestehen einer Wahlpflicht einen unausgefüllten oder ungültigen Stimmzettel abgeben und damit letztlich doch die Stimmabgabe verweigern.

  > **Examenstipp:**
  > **VerfGH Thüringen, Urteil vom 15.7.2020, Az.: VerfGH 2/20, RA 2020, 477 ff.**
  > Die Paritätsgesetzgebung beeinträchtigt die Wahlrechtsgrundsätze der Freiheit und Gleichheit der Wahl sowie das Recht der Parteien auf Chancengleichheit, Betätigungsfreiheit und Programmfreiheit.
  > Dem Demokratieprinzip lässt sich nicht entnehmen, dass ein Parlament ein Spiegelbild der Gesellschaft zu sein hat. Im Parlament schlagen sich die parteipolitischen Präferenzen des Volkes nieder, nicht dessen geschlechtermäßige, soziologische oder sonstige Zusammensetzung.

dd) **Gleich**
  = jedermann soll sein Wahlrecht in möglichst gleicher Weise ausüben können.

  Ausprägungen:

  - **Zählwertgleichheit**
    = jeder Wähler hat die gleiche Stimmenzahl.
    Absolute Gleichheit, d.h. jede Ungleichbehandlung ist unzulässig.

    > ***Problem:*** Familienwahlrecht
    > Wahlrecht ab der Geburt, wird im Namen der Kinder von den Eltern ausgeübt. Unzulässig, weil dies faktisch auf ein Mehrfachstimmrecht der Eltern hinausläuft.

  - **Erfolgswert- bzw. Erfolgschancengleichheit**
    = Einfluss der einzelnen abgegebenen Stimme auf die Zusammensetzung des Parlaments.

Abhängig vom Wahlsystem:

Mehrheitswahlrecht = Wahl einer Person, die gewählt ist, wenn sie die relative Mehrheit der Stimmen erhält.
Hier besteht lediglich eine Erfolgschancengleichheit, da die Stimmen für den unterlegenen Kandidaten den Erfolgswert „null" haben.

Verhältniswahlrecht = Wahl einer Partei, die im Verhältnis zu den für sie abgegeben Stimmen Sitze im Parlament erhält.
Hier besteht eine Erfolgswertgleichheit, d.h. an sich hat jede Stimme Einfluss auf die Zusammensetzung des Parlaments.

BT-Wahl ist eine personalisierte Verhältniswahl. Mit der Erststimme wird der Wahlkreiskandidat gewählt (= **Mehrheitswahl**), mit der Zweitstimme eine Partei (= **Verhältniswahl**). Die Zweitstimme ist gem. § 6 IV 1, VI 3 BWahlG entscheidend. Daher ist die BT-Wahl im Kern eine Verhältniswahl, es gilt also eine Erfolgswertgleichheit.

Beachte: Die Umrechnung der Zweitstimmen in Sitze im BT erfolgt nach dem Sainte-Lague/Schepers-Verfahren, § 6 II BWahlG. Dies geschieht in folgenden Schritten: Zunächst wird jedem Bundesland unter Zugrundelegung seiner Bevölkerungszahl ein Sitzkontingent im Deutschen Bundestag zugewiesen, das auf die in dem Bundesland angetretenen Parteien zu verteilen ist, § 6 II 1 BWahlG (sog. 1. Stufe der Sitzverteilung). Dann wird die Gesamtzahl der Sitze im Bundestag so lange erhöht, bis jede Partei die in der 1. Stufe der Sitzverteilung ermittelte Sitzzahl zuzüglich der in der 1. Stufe noch auftretenden Überhangmandate erhält (zu den Überhangmandaten s.u.). Schließlich wird diese Gesamtzahl der Sitze zunächst auf die Parteien verteilt und innerhalb der Parteien wiederum auf deren Landeslisten, § 6 V, VI BWahlG (sog. 2. Stufe der Sitzverteilung).

Probleme:

(1) 5%-Klausel, § 6 III 1 1. Fall BWahlG
Eingriff in die Erfolgswertgleichheit. Jedoch gerechtfertigt, um die Funktionsfähigkeit des BT sicherzustellen. Gesetzgeber hat wegen Art. 38 III GG einen Einschätzungsspielraum.

Beachte: Auch zulässig bei LT-Wahlen. Hingegen unzulässig bei Europawahlen (weder als 5%- noch als 3%-Hürde), da eine Gefährdung der Funktionsfähigkeit des Parlaments nicht erkennbar ist, weil mehr als 100 Parteien im Europaparlament vertreten sind, ohne dass dieses handlungsunfähig geworden ist. Die überparteilichen Fraktionen sind in der Lage, die erforderlichen Abstimmungsmehrheiten zu organisieren. Zudem gibt es keine Unionsregierung, die auf eine dauerhafte parlamentarische Mehrheit angewiesen ist.

Examenstipp:
BVerfG, Beschluss vom 19.9.2017, Az.: 2 BvC 46/16, RA 2017, 589 ff.
Die 5%-Sperrklausel ist bei Bundestagswahlen grundsätzlich auch dann verfassungsrechtlich zulässig, wenn dadurch ein erheblicher Anteil der abgegebenen Zweitstimmen keinen Erfolgswert hat. Etwas anderes könnte jedoch gelten, wenn durch den sperrklauselbedingten Ausfall der Stimmen die Integrationsfunktion der Wahl beeinträchtigt wird.

> Die Einführung einer Eventualstimme für den Fall, dass die über die Hauptstimme mit Priorität gewählte Partei wegen der 5%-Sperrklausel nicht die erforderliche Mindeststimmenzahl erhält, ist verfassungsrechtlich nicht geboten.

(2) Grundmandatsklausel, § 6 III 1 2. Fall BWahlG

Ungleichbehandlung, weil Zweitstimme gewertet wird, obwohl die entsprechende Partei die 5%-Hürde nicht geschafft hat. Ist zugleich ein Eingriff in die Erfolgswertgleichheit der Wähler, die eine Partei gewählt haben, die weder die 5%-Hürde geschafft hat noch 3 Wahlkreise gewonnen hat. Eingriff ist aber nach h.M. gerechtfertigt, weil der Gewinn von 3 Wahlkreisen zeigt, dass es sich nicht um eine Splitterpartei handelt. Deshalb darf der Gesetzgeber alternativ zur 5%-Hürde auf den Gewinn von 3 Wahlkreisen abstellen.

(3) Überhangmandate, § 6 IV 2 BWahlG

= Partei hat mit der Erststimme mehr Sitze im Parlament erhalten, als ihr nach der Anzahl der Zweitstimmen zustehen (Ursache: Stimmensplitting, ungleiche Größe der Wahlkreise).

Ungleichbehandlung, weil die Zweitstimme für eine Partei mit Überhangmandaten einen größeren Erfolgswert hat als die Zweitstimme für eine Partei ohne Überhangmandate. Rechtfertigung strittig. Nach einer Ansicht sind Überhangmandate nur Ausdruck der Mehrheitswahlkomponente bei der BT-Wahl und daher grds. hinzunehmen. Die Gegenauffassung lässt Überhangmandate nur in engen Grenzen zu, und zwar wenn die Partei mit Überhangmandaten im Durchschnitt etwa die gleiche Anzahl an Zweitstimmen für einen Sitz im Parlament benötigt wie die Parteien ohne Überhangmandat (sog. **Margenmodell**). Eine Trennung in Mehrheits- und Verhältniswahl, wie sie die andere Auffassung vornimmt, widerspreche § 6 IV 1, VI 3 BWahlG. Zudem könne bei einer größeren Zahl von Überhangmandaten ein Ausgleich für die anderen Parteien durch sog. **Ausgleichsmandate** erfolgen, um den Eingriff in die Erfolgswertgleichheit auszugleichen.

Auch das BVerfG geht inzwischen davon aus, dass Überhangmandate bei den BT-Wahlen inzwischen in einer Größenordnung entstehen, die den Grundcharakter der Wahl als Verhältniswahl gefährdet. Daher dürfen nur noch 15 Überhangmandate ausgleichslos gewährt werden, d.h. ab dem 16. Überhangmandat für eine Partei müssen den anderen Parteien Ausgleichsmandate gewährt werden.

Der Gesetzgeber hat auf diese Rechtsprechung des BVerfG reagiert, indem er § 6 BWahlG so geändert hat, dass die auf der 1. Stufe der Sitzverteilung noch möglichen Überhangmandate auf der 2. Stufe der Sitzverteilung gem. § 6 V 1, VI 2 BWahlG voll ausgeglichen werden.

ee) Geheim

= Stimmabgabe unter Ausschluss der Öffentlichkeit und in einem verschlossenen Umschlag.

Erfasst auch die Pflicht, im Wahllokal nicht zu offenbaren, für wen die Stimme abgegeben wurde.

Problem: Briefwahl und Wahl durch Vertrauenspersonen

Nach h.M. zulässig wegen der strengen Anforderungen in §§ 57, 66 BWO.

b) Art. 38 I 2 GG
Sog. **freies Mandat**.
Beinhaltet die wesentlichen Rechtspositionen der BT-Abgeordneten, und zwar:

Anwesenheit in den Sitzungen des BT

Rederecht im BT

Abstimmungsrecht

Fragerecht, insbes. gegenüber der BReg.

Ausschussmitgliedschaft, weil dort die wesentlichen Entscheidungen fallen

Tagesordnungsanträge

Der BT-Abgeordnete kann seine Rechte aus Art. 38 I 2 GG im Organstreitverfahren verteidigen.

Examenstipps:
VerfG Potsdam, Beschluss vom 21.9.2018, Az.: VfGBbg 31/17, RA 2018, 653 ff.
Auch der Schutz der „Würde des Parlaments" kann Ordnungsmaßnahmen des Parlamentspräsidenten rechtfertigen.
Dem Parlamentspräsidenten steht bei der Qualifizierung des Verhaltens eines Abgeordneten als „gröbliche Verletzung der Ordnung" ein gerichtlich nur begrenzt überprüfbarer Beurteilungsspielraum zu.

VerfGH Münster, Beschluss vom 25.10.2016, Az.: VerfGH 6/16
Die in Art. 38 I 1 Verf NRW gründende Wahlfreiheit der Abgeordneten unterliegt keinen anderweitigen verfassungsrechtlichen Bindungen aus Art. 30 II Verf NRW. Das daraus folgende Recht der Fraktionen auf formal gleiche Teilhabe am politisch-parlamentarischen Willensbildungsprozess ergibt keinen Anspruch jeder Fraktion, aus ihren Reihen einen Vizepräsidenten stellen zu können. Ungeschriebene Vorgaben für die Wahl des Vizepräsidenten sind auch nicht aus dem Demokratie- und dem Rechtsstaatsprinzip abzuleiten.

2. Art. 41 GG
Wahlprüfungsrecht des einzelnen Wählers. Detailregelungen in WahlprüfungsG und § 48 BVerfGG.
Wahlprüfungsbeschwerde ist lex specialis gegenüber der VB. Es gibt keine vorbeugende Wahlprüfungsbeschwerde vor der Wahl, sie ist nur nach der Wahl möglich. Beim BVerfG können zudem nur Fehler gerügt werden, die schon beim BT geltend gemacht wurden.

3. Art. 44 GG
Art. 44 I 1 1. Fall GG ist die sog. **Mehrheitsenquete**,
Art. 44 I 1 2. Fall GG ist die sog. **Minderheitsenquete**.

Formelle Voraussetzung für die Einsetzung eines Untersuchungsausschusses (UA) ist die Bestimmtheit des Untersuchungsauftrags, d.h. seine Zielrichtung muss erkennbar und er muss innerhalb der Legislaturperiode abzuarbeiten sein. Weiterhin darf die Parlamentsmehrheit den Untersuchungsauftrag nur mit solchen Erweiterungen versehen, die erforderlich sind, um ein vollständiges Bild der Verhältnisse zu ermöglichen. Der Kern des Untersuchungsauftrags muss unangetastet bleiben.

Materielle Voraussetzung ist zunächst, dass sich ein UA des Bundes auf den Kompetenzbereich des Bundes, ein UA des Landes auf den Kompetenzbereich des Landes beschränkt. Weiterhin muss ein hinreichendes öffentliches Interesse an der Untersuchung bestehen. Schließlich darf durch den UA nicht in den Kompetenzbereich eines anderen Verfassungsorgans eingegriffen werden.

Probleme:

a) Kernbereich exekutiver Eigenverantwortung
Erfasst nur die regierungsinterne Willensbildung. Sie darf von der Opposition nicht mittels eines UA ausgeforscht werden. Gilt jedoch nur für aktuelle Vorgänge, nicht für in der Vergangenheit liegende, abgeschlossene Verfahren.

b) Verhältnis zur Judikative

Ein UA kann einen Sachverhalt zum Gegenstand haben, der gleichzeitig auch in einem Gerichtsverfahren untersucht wird, da UA und Judikative unterschiedliche Zielrichtungen verfolgen. Der UA dient der Aufdeckung von Missständen und soll politische Konsequenzen ziehen. Im Gerichtsverfahren geht es hingegen um die Sanktionierung eines Fehlverhaltens.

c) Untersuchungsausschuss gegen die Opposition

Grds. darf ein Untersuchungsausschuss auch gegen eine Oppositionsfraktion eingesetzt werden, auch in der Vorwahlzeit. Allerdings muss ein hinreichend konkreter Verdacht für das Bestehen von Missständen oder Rechtsverletzungen bestehen. Zudem darf die innere Willensbildung der Fraktion, insbes. Überlegungen zur politischen Strategie, nicht ausgeforscht werden.

d) Änderungen des Untersuchungsauftrags

Der Untersuchungsauftrag eines von der parlamentarischen Minderheit beantragten Untersuchungsausschusses darf von der parlamentarischen Mehrheit nur insoweit ergänzt werden, als dies erforderlich ist, um ein objektiveres und wirklichkeitsgetreueres Bild des angeblichen Missstandes zu vermitteln.

Art. 44 II 1 GG räumt dem UA mit dem Verweis auf die StPO ähnliche Rechte ein wie der Staatsanwaltschaft. Maßnahmen, die unter einem Richtervorbehalt stehen (z.B. § 161a II 2 StPO), müssen vom UA bei einem Gericht beantragt werden.

Probleme:

a) Beweisanträge

Den Beweisanträgen der Ausschussminderheit muss grundsätzlich Folge geleistet werden. Ausnahmen gelten nur, wenn die beantragte Beweiserhebung außerhalb des Untersuchungsauftrags liegt oder aus anderen Gründen rechtswidrig ist, ferner wenn sie lediglich der Verzögerung dient oder offensichtlich missbräuchlich ist.

b) Verweigerung der Herausgabe von Beweismitteln

Werden einem Untersuchungsausschuss aus Gründen der Geheimhaltung Informationen verweigert, dann muss dies gegenüber den Parlamentariern detailliert begründet werden.

> **Examenstipp:**
> **BVerwG, Beschluss vom 2.9.2019, Az.: 6 VR 2/19**
> Untersuchungsgegenstände parlamentarischer Landesuntersuchungsausschüsse müssen einen Landesbezug aufweisen, haben also die sich aus dem Bundesstaatsprinzip des Grundgesetzes ergebenden Kompetenzgrenzen zu wahren. Die mit Blick auf das Bundesstaatsprinzip gebotene Beschränkung zulässiger Untersuchungsgegenstände auf solche mit Landesbezug setzt auch der Beweiserhebungsbefugnis eines zur Kontrolle von Landesbehörden eingesetzten Landesuntersuchungsausschusses Grenzen. Diese sind nur dann gewahrt, wenn sich eine Aktenanforderung gegenüber Bundesbehörden auf Dokumente mit einem inhaltlichen Bezug zum Verhalten der eigenen Landesbehörden beschränkt.
> Hält eine um Amtshilfe ersuchte Stelle in Ausübung ihres Prüfungsrechts, ob sich die durch einen parlamentarischen Untersuchungsausschuss eines anderen Rechtsträgers angeordnete Beweiserhebung innerhalb des Untersuchungsauftrags hält, Beweismittel aus Kompetenzgründen zurück, hat sie das substantiiert und nachvollziehbar zu begründen.
> Im Bund-Länder-Verhältnis verpflichtet der Grundsatz bundesfreundlichen Verhaltens eine um Aktenvorlage ersuchte Stelle, eine Vollständigkeitserklärung abzugeben.

Art. 44 IV 1 GG erfasst nur die verfahrensabschließenden Beschlüsse, also die Beschlüsse, mit denen das Ergebnis des UA festgestellt wird.

4. Art. 46 GG

Indemnität gem. Art. 46 I GG ist persönlicher Strafausschließungsgrund.

Immunität gem. Art. 46 II GG ist persönliches Strafverfolgungshindernis.
Geschützt wird die Funktionsfähigkeit des BT. Abgeordnete sollen nicht unter einem Vorwand strafverfolgt und dadurch die Mehrheitsverhältnisse im BT beeinflusst werden.
Daneben beinhaltet Art. 46 I, II GG auch ein Organrecht des einzelnen Abgeordneten.

II. Bundesrat, Art. 50 ff. GG

1. Art. 50 GG

Da im BRat die Länder vertreten sind, wird dieses Organ auch „Länderkammer" genannt.

2. Art. 51 GG

BRat besteht aus Mitgliedern der LReg., ist daher keine „echte" zweite parlamentarische Kammer. Da es sich um Abgesandte der Exekutive handelt, haben sie nicht wie die BT-Abgeordneten ein freies Mandat, sondern sind weisungsabhängig (sog. **imperatives Mandat**). Das folgt im Umkehrschluss aus Art 77 II 3 GG.

Problem: Verstoß gegen Art. 51 III 2 GG (uneinheitliche Abstimmung im BRat); s.u. die Ausführungen zum Gesetzgebungsverfahren/Beschluss im BRat.

Anm.: Gemeinsamer Ausschuss, Art. 53a GG, ist für das Examen uninteressant.

III. Bundespräsident, Art. 54 ff. GG

1. Art. 54 GG

Wahl durch Bundesversammlung (= Verfassungsorgan), keine Direktwahl durch das Volk. Letzteres würde dem BPräs. eine bessere demokratische Legitimation verleihen als dem BKanzler, der gem. Art. 63 I GG vom BT gewählt wird. Das wäre mit der repräsentativen Funktion des BPräs. schwer zu vereinbaren.

2. Art. 58 GG

Problem: Auslegung des Merkmals „Anordnungen und Verfügungen"

Ansicht 1: Alle Handlungen des BPräs. in der Öffentlichkeit, nicht nur solche, die Rechtswirkungen haben.

Arg.: Sinn und Zweck des Art. 58 GG, eine eigenständige Politik des BPräs. zu verhindern.

Ansicht 2: Nur Handlungen, die Rechtswirkungen haben.

Arg.: Wortlaut: „Verfügungen" steht typischerweise für Handlungen, die Rechtswirkungen haben. „Gültig" können nur Rechtsakte sein.

Beachte: Art. 58 S. 2 GG ist nicht abschließend. Gegenzeichnungserfordernis entfällt z.B. auch, wenn BPräs. zur Verteidigung seiner Organrechte ein Organstreitverfahren beim BVerfG einleiten will.

3. Art. 59 GG

a) Art. 59 I GG

Art. 59 I 2 GG ist nicht so zu verstehen, dass der BPräs. eigenständig die Außenpolitik gestaltet. Das widerspricht seiner repräsentativen Funktion. Die Gestaltung der Außenpolitik einschließlich des Aushandelns völkerrechtlicher Verträge ist Sache der BReg. Der BPräs. bestätigt lediglich formal mit seiner Unterschrift den ausgehandelten und abgeschlossenen Vertrag, ggf. nach der parlamentarischen Zustimmung gem. Art. 59 II 1 GG (= Ratifizierung).

b) Art. 59 II GG

Da Art. 59 II 1 GG nur für ganz bestimmte völkerrechtliche Verträge eine parlamentarische Zustimmung fordert, kann der Norm im Umkehrschluss entnommen werden, dass die Außenpolitik grds. Sache der BReg. ist bzw. der BT sie in diesem Bereich rechtlich nicht binden kann.

„Politische Beziehungen des Bundes" =	Verträge, welche die Stellung Deutschlands in der Völkergemeinschaft betreffen, z.B. Beitritt zur UNO, Gründung der EU.
„Gegenstände der Bundesgesetzgebung"	• Vertragsinhalt ist so wesentlich, dass er innerstaatlich nur per Parlamentsgesetz geregelt werden könnte (Wesentlichkeitstheorie). Es geht also nicht um die Abgrenzung der Bundes- von der Landesgesetzgebung gem. Art. 70 ff. GG, sondern um die Abgrenzung der Legislative von der Exekutive.

Die Mitwirkung des BRates bestimmt sich nach den üblichen Regeln. D.h. für den BRat handelt es sich grds. um ein Einspruchsgesetz. Nur wenn der Vertrag Regelungen enthält, die innerstaatlich zustimmungspflichtig sind, ist es für den BRat ein Zustimmungsgesetz.

Beachte: Auch jede Änderung dieser Verträge bedarf der parlamentarischen Zustimmung, z.B. jede Änderung des EU-/AEU-Vertrages. Art. 59 II 1 GG greift hingegen nicht im vorvertraglichen Bereich, d.h. wenn ein bestehender völkerrechtlicher Vertrag von der BReg. extensiv ausgelegt wird und dadurch neue Pflichten entstehen (Bsp.: Auslegung des NATO-Vertrages dergestalt, dass er auch sog. out of area-Einsätze erfasst). Dafür spricht zum einen der Wortlaut der Norm („Verträge"), der einen Vertragsschluss oder zumindest eine Vertragsänderung verlangt. Zum anderen ließe sich der Anwendungsbereich des Art. 59 II 1 GG sonst nicht mehr sicher bestimmen.

IV. Bundesregierung, Art. 62 ff. GG

1. Art. 64 GG

Minister werden im Gegensatz zum BKanzler nicht gewählt, sondern ernannt. Der BKanzler hat somit die bessere demokratische Legitimation. Das ist der Grund für seine herausgehobene Stellung in der BReg.

BPräs. darf bei Ernennung der Minister nur prüfen, ob sie die rechtlichen Voraussetzungen erfüllen, z.B. Art. 66 GG (sog. **rechtliches Prüfungsrecht**). Ihm steht hingegen keine Beurteilung ihrer politischen Fähigkeiten zu (sog. **politisches Prüfungsrecht**). Das würde seiner repräsentativen Funktion sowie dem Umstand widersprechen, dass der BKanzler die Verantwortung für die Politik der BReg. trägt und damit auch frei entscheiden kann, mit wem er diese Politik gestaltet.

2. Art. 65 GG

Richtlinienkompetenz nach Art. 65 S. 1 GG und **Ressortprinzip** nach Art. 65 S. 2 GG greifen ineinander. Da der BKanzler mit den Richtlinien der Politik die Grundsätze festlegt, bedarf er seiner Minister, die diese Grundsätze eigenverantwortlich umsetzen. BKanzler hat den Entscheidungsspielraum der Minister zu respektieren, kann sie also nicht zu „Frühstücksdirektoren" degradieren.

Kollegialprinzip nach Art. 65 S. 3 GG fordert einheitliches Auftreten nach außen, auch wenn innerhalb der BReg. gestritten wurde, um die Beschlüsse der BReg. effektiv umzusetzen. Kann zu Spannungen mit Art. 38 I 2 GG führen, wenn ein Minister als Abgeordneter gegen einen solchen Beschluss der BReg. vorgehen will. Hier geht das Kollegialprinzip vor, solange der Betreffende Mitglied der BReg. ist. Er kann sich dieser Bindung durch Rücktritt entziehen.

Geschäftsführungsprinzip nach Art. 65 S. 4 GG zeigt neben der Richtlinienkompetenz die herausgehobene Stellung des BKanzlers gegenüber den Ministern. BKanzler ist bei der Verteilung der Geschäfte auf die Minister rechtlich weitgehend frei, d.h. er kann Ministerien schaffen, auflösen und zusammenlegen sowie ihren Geschäftsbereich verändern. Grenzen können ihm nur andere Verfassungsnormen setzen, z.B. Art. 65a, 112 S. 1 GG, die zwingend ein Verteidigungs- und Finanzministerium vorsehen.

Problem: Staatliche Informationen und Warnungen

Nach h.M. ergibt sich aus Art. 65 S. 2 GG das Recht der Minister, Öffentlichkeitsarbeit zu leisten. Daraus soll auch die Befugnis abzuleiten sein, bei länderübergreifenden Sachverhalten die Bevölkerung zu informieren und zu warnen (Bsp.: Minister informiert über einen Lebensmittelskandal). Um die Kompetenzen der Länder (vgl. Art. 83 GG) nicht übermäßig zu beschneiden, soll daneben auch noch der Landesminister zuständig sein.

Examenstipps:

BVerfG, Urteil vom 9.6.2020, Az.: 2 BvE 1/19, RA 2020, 370 ff.

Die Befugnis der Bundesregierung und einzelner Minister zur Öffentlichkeitsarbeit endet dort, wo Werbung für oder Einflussnahme gegen einzelne Parteien beginnt.

Die Bundesregierung ist zwar berechtigt, Angriffe gegen ihre Politik öffentlich zurückzuweisen, muss dabei aber die gebotene Sachlichkeit wahren. Das schließt die klare und unmissverständliche Zurückweisung fehlerhafter Sachverhaltsdarstellungen oder diskriminierender Werturteile nicht aus.

BVerfG, Urteil vom 27.2.2018, Az.: 2 BvE 1/16, RA 2018, 193 ff.

Auch außerhalb von Wahlkampfzeiten erfordert der Grundsatz der Chancengleichheit der Parteien die Beachtung des Gebots staatlicher Neutralität.

Die negative Bewertung einer politischen Veranstaltung durch staatliche Organe, die geeignet ist, abschreckende Wirkungen zu entfalten und dadurch das Verhalten potentieller Veranstaltungsteilnehmer zu beeinflussen, greift in das Recht der betroffenen Partei auf Chancengleichheit aus Art. 21 I 1 GG ein.

Die Befugnis der Bundesregierung zur Erläuterung von ihr getroffener Maßnahmen und künftiger Vorhaben schließt das Recht ein, sich mit darauf bezogenen kritischen Einwänden sachlich auseinanderzusetzen. Ein „Recht auf Gegenschlag" dergestalt, dass staatliche Organe auf unsachliche oder diffamierende Angriffe in gleicher Weise reagieren dürfen, besteht nicht.

3. Art. 66 GG

Da die Inkompatibilitätsvorschrift des Art. 66 GG keine Regelungen wie Art. 55 I GG enthält, können die Mitglieder der BReg. zugleich Mitglieder im Bundestag oder in einem Landtag sein. Das stellt eine Durchbrechung des Gewaltenteilungsprinzips dar.

4. Art. 67 GG

Sog. **konstruktives Misstrauensvotum**. Das „konstruktive" an diesem Misstrauensvotum ist, dass zugleich mit der Abwahl des alten BKanzlers ein neuer BKanzler gewählt wird (Gegenbegriff: Destruktives Misstrauensvotum). Es kommt jedoch nicht zu einer Auflösung des BT.

5. Art. 68 GG

Sog. **Vertrauensfrage**.

Problem: Unechte bzw. auflösungsgerichtete Vertrauensfrage

= BKanzler stellt die Vertrauensfrage mit dem Ziel, sie nicht zu gewinnen, um eine Auflösung des BT zu erreichen.

Ungeschriebenes Tatbestandsmerkmal: Politisch instabile Lage, d.h. BReg. hat keine dauerhafte Mehrheit im BT. Weiter Einschätzungsspielraum des BKanzlers, der erst überschritten ist, wenn eindeutig feststeht, dass die BReg. noch eine dauerhafte Mehrheit im BT hat. Es genügt sogar eine sog. verdeckte Minderheitssituation, d.h. Verlust der Mehrheit muss noch nicht nach außen durch Abstimmungsniederlagen zutage getreten sein, sondern lediglich aufgrund interner Unstimmigkeiten drohen.

Fazit: Rechtsverstoß nur noch bei Missbrauch des Auflösungsrecht, z.B. BKanzler will wegen günstiger Wahlprognosen zeitnah eine Neuwahl erreichen.

C. Gesetzgebungskompetenzen und Gesetzgebungsverfahren, Art. 70 ff. GG

I. Gesetzgebungskompetenzen, Art. 70-74 GG

<u>Grds.:</u>   Gesetzgebungskompetenz liegt bei den Ländern, Art. 70 I GG.

<u>Ausn.:</u>   GG weist dem Bund das Gesetzgebungsrecht zu.

<u>Beachte:</u> Übergangsregelung des Art. 125a I GG.

1. Ausschließliche Kompetenz des Bundes
= Länder dürfen gar nicht gesetzgeberisch tätig werden, es sei denn, der Bund hat sie dazu ausdrücklich ermächtigt, Art. 71 GG.
Kompetenztitel in Art. 73 I, 105 I GG. Ferner liegt eine ausschließliche Kompetenz des Bundes vor, wenn das GG ausdrücklich ein Bundesgesetz fordert, z.B. Art. 4 III 2 GG.

2. Konkurrierende Kompetenz des Bundes
= Länder dürfen Gesetze erlassen, solange und soweit der Bund noch nicht tätig geworden ist, Art. 72 I GG.

„**Solange**" ist eine zeitliche Sperrwirkung, die eintritt, sobald das Bundesgesetz vom BPräs. ausgefertigt und verkündet wurde.

„**Soweit**" ist eine inhaltliche Sperrwirkung. Hier ist zu prüfen, ob der Bund von seiner Gesetzgebungskompetenz abschließend Gebrauch machen wollte oder ob den Ländern daneben noch Gesetzgebungsrechte verbleiben sollten.
Kompetenztitel in Art. 74, 105 II i.V.m. Art. 106 GG.

a) Erforderlichkeit, Art. 72 II GG

- **Herstellung gleichwertiger Lebensverhältnisse**
  = Lebensverhältnisse müssen sich in erheblicher Weise auseinanderentwickelt haben. <u>Bsp.:</u> Einheitliche Sozialversicherung.

- **Wahrung der Rechtseinheit**
  = es droht eine unzumutbare Behinderung des länderübergreifenden Rechtsverkehrs. <u>Bsp.:</u> Einheitliches Straßenverkehrsrecht.

- **Wahrung der Wirtschaftseinheit**
  = Gefährdung der Funktionsfähigkeit der Gesamtwirtschaft. <u>Bsp.:</u> Einheitlichkeit der beruflichen Ausbildung.

Alle Varianten setzen eine „Erforderlichkeit" voraus. Das ist primär ein gesteigertes Begründungserfordernis. Der Bund muss nachvollziehbar darlegen, welche Ziele er mit dem Gesetz erreichen will. Er muss den zugrunde liegenden Sachverhalt sorgfältig ermitteln. Prognosen für die Zukunft müssen auf einem angemessenen Prognoseverfahren beruhen. Sollte sich herausstellen, dass das angestrebte Ziel mit dem Gesetz nicht erreicht werden kann, muss der Bundesgesetzgeber nachbessern. Folglich muss die „Erforderlichkeit" fortdauernd vorliegen und nicht nur bei Erlass des Gesetzes, vgl. Art. 72 IV GG.
Die bloße Möglichkeit, dass die Länder gleichlautende Gesetze erlassen, genügt nicht, um die Erforderlichkeit zu verneinen. Das ist erst der Fall, wenn die Länder bereits koordiniert Landesgesetze erlassen haben.

b) Abweichungsbefugnis, Art. 72 III GG
Um den Ländern die Möglichkeit zu geben, auf die speziellen Verhältnisse vor Ort zu reagieren, und als gewisse Kompensation für den Verlust ihrer Gesetzgebungsbefugnisse im Zusammenhang mit der früheren Rahmengesetzgebungskompetenz nach Art. 75 GG, können die Länder von bestimmten Bundesgesetzen abweichen, Art. 72 III 1 GG. Es gibt allerdings sog. **abweichungsfeste Kerne**, die einer Landesregelung entzogen sind.

      Autor: Dr. Dirk Kues

Art. 72 III 2 GG soll kurzfristige Änderungen der Rechtslage und damit Irritationen beim Rechtsanwender verhindern.

Art. 72 III 3 GG ist eine Spezialbestimmung gegenüber Art. 31 GG und sieht vor, dass das jeweils jüngere Recht gilt. Normiert ist ein Anwendungsvorrang, d.h. das alte Recht ist nicht nichtig, sondern wird nur verdrängt. Gefahr der sog. **"Ping-Pong-Gesetzgebung"**.

> **Examenstipp:**
> **VerfGH München, Entscheidung vom 16.7.2020, Az.: Vf. 32-IX-20, RA 2020, 533 ff.**
> Durch die in §§ 556 d ff. BGB enthaltenen Regelungen zur Miethöhe sowohl bei Mietbeginn (sog. Mietpreisbremse) als auch während eines laufenden Mietverhältnisses (sog. Kappungsgrenze) hat der Bundesgesetzgeber von der ihm nach Art. 74 Abs. 1 Nr. 1 GG zustehenden konkurrierenden Gesetzgebungszuständigkeit für das bürgerliche Recht erschöpfend Gebrauch gemacht. Für den Landesgesetzgeber ergeben sich auch aus den in § 556 d Abs. 2 und § 558 Abs. 3 BGB vorgesehenen Ermächtigungen der Landesregierungen zum Erlass von Rechtsverordnungen keine Abweichungsmöglichkeiten im Hinblick auf die Festlegung der zulässigen Miethöhe.
> Auf die gem. Art. 70 GG gegebene Zuständigkeit der Länder für Bereiche des Wohnungswesens kann der Gesetzentwurf des Volksbegehrens nicht gestützt werden, weil es an einem öffentlich-rechtlichen Gesamtkonzept fehlt. Die Mietpreisregelungen des Entwurfs stellen im Ergebnis nichts anderes dar als eine Verschärfung der geltenden Bestimmungen zur Mietpreisbremse und zur Kappungsgrenze.

3. Ungeschriebene Kompetenzen des Bundes

a) Kraft Natur der Sache
= Landesgesetz ist denkgesetzlich ausgeschlossen und es besteht ein zwingendes Erfordernis für eine bundesrechtliche Regelung (restriktive Auslegung). Bsp.: Gesetzliche Festlegung der Nationalhymne.

b) Annexkompetenz bzw. Kompetenz kraft Sachzusammenhang
= Bund darf einen nicht ausdrücklich zugewiesenen Sachbereich regeln, wenn er ansonsten von einem Kompetenztitel nicht sinnvoll Gebrauch machen kann.
Damit handelt es sich genau besehen nicht um eine echte ungeschriebene Kompetenz, sondern um die erweiternde Auslegung eines ausdrücklichen Kompetenztitels. Bsp.: Schaffung der Bundeswehruniversitäten durch ein Bundesgesetz als Annexkompetenz bzw. Kompetenz kraft Sachzusammenhang zu Art. 73 I Nr. 1 GG ("Verteidigung").

II. Gesetzgebungsverfahren, Art. 76-78 GG

1. Einleitungsverfahren, Art. 76 GG

Probleme:

a) „Mitte des BT" i.S.d. Art. 76 I GG
Erfasst grds. auch den einzelnen Abgeordneten, da zu seinen zentralen Rechten aus Art. 38 I 2 GG das Recht gehört, sich aktiv am Gesetzgebungsverfahren zu beteiligen.

Aber: Nach h.M. verfassungskonforme Konkretisierung durch § 76 I GO BT, um die Funktionsfähigkeit des BT zu schützen. Folglich führt ein Verstoß gegen § 76 I GO BT mittelbar zu einem Verfassungsverstoß. Allerdings tritt eine Heilung des Verstoßes ein, wenn der BT den Gesetzesvorschlag mehrheitlich annimmt.

b) Umgehung des Art. 76 II GG durch die BReg.
BReg. kann das Beteiligungsrecht des BRat dadurch umgehen, dass sie einen Gesetzentwurf durch die Regierungsfraktionen und damit durch die „Mitte des BT" einbringt. Ist nach h.M. zulässig, weil es nach dem Wortlaut des Art. 76 I, II GG nicht auf die geistige Urheberschaft ankommt. Lässt sich auch nicht immer sicher feststellen, da die Mitglieder der BReg. i.d.R. auch Mitglieder im BT sind und umgekehrt die Abgeordneten durchaus an Gesetzentwürfen der BReg. mitarbeiten.

2. Hauptverfahren, Art. 77 GG

a) Beschluss im BT

Probleme:

aa) Nur eine Beratung

Verstoß gegen § 78 I GO BT. Führt jedoch nicht zu einem Verfassungsverstoß, weil die GO BT im Rang unter dem GG steht. Im Gegensatz zu Art. 76 I GG („Mitte des BT") gibt es hier auch keinen konkretisierungsbedürftigen Begriff. Zudem sind auch bei nur einer Beratung die Mitwirkungsmöglichkeiten der Abgeordneten gewahrt.

bb) Beschlussfähigkeit des BT

Setzt gem. § 45 I GO BT die Anwesenheit der Hälfte der Abgeordneten voraus. Wird gem. § 45 II 1 GO BT jedoch vermutet, solange die Beschlussunfähigkeit nicht ausdrücklich festgestellt wird. Ist gedeckt durch die Geschäftsordnungsautonomie des BT gem. Art. 40 I 2 GG. Nach h.M. kein Verstoß gegen die Grundsätze der repräsentativen Demokratie (Art. 20 II, 38 I 1 GG), da die Parlamentarier im Gesetzgebungsverfahren ausreichend mitwirken können, auch wenn sie an der Schlussabstimmung nicht teilnehmen. Ist wegen der vielfältigen Verpflichtungen der Abgeordneten faktisch auch nicht immer möglich.

cc) Wertung von Stimmenthaltungen

Stimmenthaltungen zählen nach h.M. nicht als „abgegebene Stimmen" i.S.d. Art. 42 II 1 GG, weil sie ansonsten zur Erhöhung der erforderlichen Abstimmungsmehrheit führen und damit faktisch wie eine Nein-Stimme wirken würden (anders im BRat wegen Art. 52 III 1 GG).

dd) Verzögerte Weiterleitung an den BRat

Verstoß gegen Art. 77 I 2 GG führt nicht zu einem Verfassungsverstoß, weil es sich nur um eine Ordnungsvorschrift handelt. Dient nur der Verfahrensbeschleunigung.

Examenstipp:
BVerfG, Beschluss vom 14.6.2017, Az.: 2 BvQ 29/17, RA-Telegramm 8/2017, S. 58
Aus dem Gesetzesinitiativrecht (Art. 76 I GG) folgt das Recht des Initianten, dass das Gesetzgebungsorgan sich mit seinem Vorschlag beschäftigt. Von einer Verletzung des Befassungsanspruchs ist auszugehen, wenn die Beratung und Beschlussfassung eines Gesetzentwurfs ohne sachlichen Grund gänzlich oder auf unbestimmte Zeit verweigert wird.

b) Beschluss im BRat

Probleme:

aa) Rechte des Vermittlungsausschusses

Darf nicht etwas vorschlagen, was nicht vorher Gegenstand des Gesetzgebungsverfahrens war.

Arg.: Wahrung der Rechte der Abgeordneten sowie der demokratischen Kontrolle, da der Vermittlungsausschuss nicht-öffentlich tagt. Zudem hätte der Vermittlungsausschuss ansonsten ein Gesetzesinitiativrecht, das ihm nach Art 76 I GG gar nicht zusteht.

bb) **Differenzierung** zwischen Einspruch- und Zustimmungsgesetzen/teilweise zustimmungspflichtige Gesetze

Grds. besteht nur ein Einspruchsrecht des BRates, über das der BT sich gem. Art. 77 IV GG hinwegsetzen kann. Ein Zustimmungsgesetz, das dem BRat ein echtes Vetorecht verleiht, liegt nur vor, wenn es im GG ausdrücklich angeordnet ist, z.B. Art. 73 II, 74 II, 79 II GG. Eine nachträgliche Änderung eines Zustimmungsgesetzes ist selbst nicht zwingend zustimmungspflichtig, sondern nur in folgenden Fällen: Änderungsgesetz enthält selbst zustimmungspflichtige Vorschriften oder ändert eine zustimmungspflichtige Vorschrift oder ändert nur nicht-zustimmungspflichtige Vorschriften, wodurch jedoch zustimmungspflichtige Vorschriften eine wesentlich andere Bedeutung und Tragweite erhalten.

Ist ein Gesetz nur teilweise zustimmungspflichtig, soll es nach h.M. insgesamt zustimmungspflichtig sein. Anderenfalls besteht die Gefahr, dass der BRat seine Zustimmung teilweise verweigert und damit ein „Gesetzestorso" entsteht. Zudem sieht Art. 78 GG, der das Zustandekommen der Gesetze regelt, die Gesetze als Einheit an. Schließlich hat es der BT in der Hand, sein Gesetz ist zwei selbständige Teile zu trennen, bei dem einer zustimmungspflichtig ist, während der BRat beim anderen Teil nur ein Einspruchsrecht hat.

cc) Umdeutung einer verweigerten Zustimmung in einen Einspruch
Ist nach h.M. nicht möglich, widerspricht dem im BRat geltenden Grundsatz der Formenstrenge, vgl. § 30 I GO BRat. Ferner kann der BRat vorsorglich Einspruch einlegen, wenn er sich nicht sicher ist, ob es sich um ein Zustimmungs- oder Einspruchsgesetz handelt. Schließlich droht bei einer Umdeutung eine Umgehung des Vermittlungsausschusses, der vor Einlegung eines Einspruchs vom BRat gem. Art. 77 III 1 GG zwingend angerufen werden muss.

Anm.: Umgekehrt kann der Einspruch als „Weniger" nicht in das „Mehr" einer verweigerten Zustimmung umgedeutet werden.

dd) Uneinheitliche Abstimmung im BRat
Stimmt ein Bundesland im BRat uneinheitlich ab, liegt ein Verstoß gegen Art. 51 III 2 GG vor. Das führt nach ganz h.M. dazu, dass die Stimmen des betreffenden Landes nicht gewertet werden. Eine „Stimmführerschaft" des Ministerpräsidenten ist Art. 51 III GG nicht zu entnehmen. Sie könnte nur durch einen Rückgriff auf die jeweilige Landesverfassung hergeleitet werden. Es ist aber unzulässig, das höherrangige GG unter Zuhilfenahme einer nachrangigen Landesverfassung auszulegen. Schließlich wäre bei Annahme einer „Stimmführerschaft" des Ministerpräsidenten auch unklar, was gilt, wenn der Ministerpräsident bei einer Sitzung des BRates nicht anwesend ist.

III. Ausfertigung und Verkündung, Art. 82 I 1 GG

Problem: Verweigerung der Ausfertigung/Prüfungsrecht des BPräs.
BPräs. darf Ausfertigung verweigern, wenn ihm ein Prüfungsrecht zusteht.

Differenzierung:

- **Formelles Prüfungsrecht**
  = Prüfung von Gesetzgebungskompetenzen und Gesetzgebungsverfahren.
  Steht dem BPräs. zu, da er gem. Art. 82 I 1 GG nur die nach dem GG „zustande gekommenen", also formell verfassungsmäßigen Gesetze ausfertigen muss. Zudem ist es sinnvoll, wenn am Ende des Gesetzgebungsverfahrens mit dem BPräs. eine neutrale Instanz die formelle Seite der Gesetzgebung überprüft.

- **Materielles Prüfungsrecht**
  = Prüfung der materiellen Verfassungsmäßigkeit des Gesetzes.
  Strittig. Wortlaut des Art. 82 I 1 GG ist offen. „Zustande gekommen" spricht für formelles Prüfungsrecht. „Nach den Vorschriften dieses GG" erfasst auch die materiell-rechtlichen Normen des GG. Systematische Stellung im 7. Abschnitt des GG spricht für formelles Prüfungsrecht. Systematischer Vergleich mit dem Amtseid hilft hingegen nicht weiter, weil ein Amtseid keine Kompetenzen begründet, sondern solche voraussetzt. Auch kommt es bei Bejahung eines Prüfungsrechts nicht zwingend zu einer Kollision mit den Kompetenzen des BVerfG, da das BVerfG erst zuständig ist, wenn das Gesetz existiert, also ausgefertigt und verkündet ist.
  In teleologischer Hinsicht prallt die Gesetzesbindung des BPräs. aus Art. 20 III GG auf seine eher repräsentative Funktion. Zudem soll der BPräs. die Ausfertigung der Gesetze nicht dazu nutzen dürfen, politisch unliebsame Gesetze zu stoppen. Daher steht ihm nach h.M. ein materielles Prüfungsrecht nur bei evidenter materieller Verfassungswidrigkeit zu.

Beachte: Verstöße gegen das EU-Recht hat der Bundespräsident nach h.M. nicht zu prüfen, weil Art. 82 I 1 GG nur auf die Vorschriften „dieses Grundgesetzes" verweist und ein Verstoß gegen das EU-Recht nicht zur Nichtigkeit des Gesetzes führt, sondern nur zu dessen Unanwendbarkeit (Anwendungsvorrang des EU-Rechts). Der Bundespräsident muss also nicht sehenden Auges ein nichtigen ausfertigen.

D. Verwaltungskompetenzen, Art. 83 ff. GG

I. Grundsatz, Art. 83, 84 GG

Ausführung von Landesgesetzen durch die Länder (Selbstverständlichkeit, keine Regelung im GG). Ausführung von Bundesgesetzen durch die Länder als eigene Angelegenheit, Art. 83, 84 GG. D.h. die Länder regeln grds. das Verwaltungsverfahren und die Zuständigkeit der Behörden, Art. 84 I 1 GG. Trifft der Bund selbst Regelungen, können die Länder gem. Art. 84 I 2, 3 GG davon abweichen. Der Bund übt nur eine Rechtsaufsicht aus, Art. 84 III 1 GG. Er hat kein Weisungsrecht gegenüber den Ländern, vgl. Art. 84 IV GG.

II. Ausnahmen

1. Bundesauftragsverwaltung, Art. 85 GG

Muss ausdrücklich im GG angeordnet sein, z.B. Art. 104a III 2 GG. Bund übt eine Fachaufsicht aus gem. Art. 85 IV 1 GG. Er besitzt ein Weisungsrecht gegenüber dem Land gem. Art. 85 III 1 GG.

Problem: Differenzierung Sachkompetenz ←→ Wahrnehmungskompetenz

Bei der Auftragsverwaltung hat der Bund die Aufgabenwahrnehmung nur „auftragsweise" auf die Länder übertragen. Mit einer Weisung nach Art. 85 III 1 GG zieht er die Aufgabenwahrnehmung wieder an sich und greift damit nicht in fremde Rechtspositionen der Länder ein, sondern übt eigene Rechte aus. Daher kann auch eine inhaltlich falsche Weisung die Länder nicht in ihren Rechten verletzen, so dass sie auch nicht rügen können. In Betracht kommt in Ausnahmefällen nur ein Verstoß gegen das Gebot der Bundestreue, wenn die Weisung rechtsmissbräuchlich ist (z.B. BMin. erteilt die Weisung nur, um den LMin. öffentlich vorzuführen).

Die Wahrnehmungskompetenz betrifft das Recht, nach außen handeln zu dürfen. Sie liegt unentziehbar beim jeweiligen Land. Der Bund darf also dem Land bis ins letzte Detail vorgeben, wie es zu handeln hat, die Handlung nach außen selbst muss aber das Land vornehmen. Ansonsten bestünde kein Unterschied zur bundeseigenen Verwaltung.

2. Bundeseigene Verwaltung

a) Grundsätzliches

Muss ausdrücklich im GG angeordnet sein, z.B. Art. 87 I 1 GG. Der Bund regelt dann das Verwaltungsverfahren und die Zuständigkeit der Behörden. Eine übergeordnete Bundesbehörde kann einer nachgeordneten Bundesbehörde auch Weisungen erteilen. Diese können von der nachgeordneten Behörde jedoch nicht angegriffen werden, weil sie als Behörde keine eigenen Rechtspositionen geltend machen kann.

b) Problemfall: Art. 87a GG/Einsätze der Bundeswehr

Art. 87a I GG stellt sicher, dass der BT stets eine genaue Kenntnis über die Organisation und den Zustand der Bundeswehr hat. Damit wird verhindert, dass sich die Bundeswehr zum „Staat im Staate" entwickelt.

Art. 87a II GG beschränkt die Einsatzmöglichkeiten der Bundeswehr.

Autor: Dr. Dirk Kues

Probleme:

aa) Anwendbarkeit auf Auslandseinsätze/Verhältnis zu Art. 24 II GG

Nach h.M. schränkt Art. 87a II GG nicht die Pflichten aus Art. 24 II GG ein. D.h. wenn die Bundeswehr im Rahmen eines Systems gegenseitiger kollektiver Sicherheit i.S.d. Art. 24 II GG tätig wird (UNO, NATO), gelangt Art. 87a II GG nicht zur Anwendung, weil die Norm nicht zu diesem Zweck in das GG eingefügt wurde.

Zudem sprechen generell gegen eine Anwendung auf Auslandseinsätze der Bundeswehr die systematische Stellung im 8. Abschnitt des GG, der sich nur mit internen Angelegenheiten beschäftigt, sowie der Vergleich mit Art. 87a III, IV GG, der ebenfalls nur Inlandseinsätze der Bundeswehr erfasst. Für eine Anwendung auf Auslandseinsätze, die nicht Art. 24 II GG unterfallen (z.B. Geiselbefreiungen im Ausland), spricht hingegen der einschränkungslose Wortlaut. Zudem lässt sich argumentieren, dass die ausdrückliche Begrenzung auf Inlandseinsätze in Art. 87a III, IV GG bei Art. 87a II GG gerade nicht erfolgt ist.

bb) „Einsatz" i.S.d. Art. 87a II GG

= jede funktionsgerechte Verwendung einer Bundeswehreinheit im Rahmen der militärischen Befehlsgewalt.

Auf eine Bewaffnung kommt es nach h.M. nicht an. Jedoch muss das Droh- und Einschüchterungspotential der Streitkräfte genutzt werden, um einen „Einsatz" annehmen zu können. Anderenfalls würde der Anwendungsbereich des Art. 87a II GG zu weit geraten, da sonst z.B. das Auftreten einer Ehrenformation der Bundeswehr bei einem Staatsbesuch auch ein „Einsatz" wäre.

> **Examenstipp:**
> **BVerwG, Urteil vom 25.10.2017, Az.: 6 C 46/16, RA 2018, 141 ff.**
> Der unangekündigte Tiefflug eines Kampfflugzeuges in einer Höhe von 114 m über ein Camp, das potentiellen Teilnehmern einer bevorstehenden Demonstration als ortsnahe Unterkunft dient, hat aus der Sicht eines durchschnittlichen Betroffenen einschüchternde Wirkung und ist deshalb als faktischer Eingriff in die Versammlungsfreiheit zu werten.
> Führt die Bundeswehr in Amtshilfe für die zuständige Polizeibehörde eine Maßnahme der Gefahrerforschung im Vorfeld einer konkreten Gefahr durch, handelt es sich auch dann nicht um einen nach Art. 87a II GG unzulässigen Einsatz der Streitkräfte im Innern, wenn sie dafür spezifisch militärisches Gerät nutzt.

cc) Zulassung des Einsatzes

„Ausdrückliche Zulassung im GG"	= Art. 35 II 2+III 1, 87a III+IV GG.
„Verteidigung"	= Landesverteidigung sowie Verteidigung des NATO-Bündnisgebietes. Fraglich, ob auch weltweite Defensiveinsätze erfasst sind. Der Wortlaut spricht dafür. Dagegen spricht der Zusammenhang mit Art. 115a I 1 GG. Terroristische Angriffe lösen das Merkmal „Verteidigung" grds. nicht aus. Eine Ausnahme ist nur erwägenswert, wenn der Terrorakt Ausmaße annimmt, die einem mit Armeen ausgetragenen zwischenstaatlichen Konflikt gleichkommt.

dd) Ungeschriebener wehrverfassungsrechtlicher Parlamentsvorbehalt
Einer Gesamtschau des GG (Art. 45a, 45b, 87a I GG) ist zu entnehmen, dass die Bundeswehr unter einer umfassenden parlamentarischen Kontrolle steht (Bundeswehr ist ein „Parlamentsheer"). Daher muss der BT grds. jedem bewaffneten Auslandseinsatz der Bundeswehr vorher zustimmen. Dafür spricht auch die Wesentlichkeitstheorie. Eine Ausnahme gilt in Notsituationen (z.B. Geiselbefreiung im Ausland). Hier genügt eine nachträgliche Genehmigung durch den BT.
Für einen bewaffneten Einsatz ist es ausreichend, dass ein bewaffneter Konflikt konkret zu erwarten ist. Hingegen liegt kein bewaffneter Einsatz vor, wenn die Waffen nur der Selbstverteidigung dienen.
Der BT entscheidet nur über das grds. „OB" des Einsatzes. Die konkrete Einsatzplanung (das „WIE") obliegt der BReg. Daher hat der BT auch kein Initiativrecht, kann also die BReg. nicht von sich aus zu einem Einsatz der Bundeswehr verpflichten.
Die erteilte Zustimmung fällt wegen veränderter Einsatzumstände nur dann nachträglich automatisch weg, wenn das Vorliegen dieser Umstände im Zustimmungsbeschluss des BT als Bedingung formuliert ist oder wenn es evident ist, dass die Voraussetzungen für die früher erteilte Zustimmung jetzt nicht mehr vorliegen. Ansonsten, d.h. im Regelfall, muss der B□ seine Zustimmung durch einen sog. Rückholbeschluss rückgängig machen.
Für Inlandseinsätze gilt der wehrverfassungsrechtliche Parlamentsvorbehalts hingegen nicht, weil die Mitwirkungsbefugnisse des Bundestages insoweit abschließend in Art. 87a III (i.V.m. Art.80a I 1, 115a I GG) und Art. 87a IV 2 GG geregelt sind.

> **Examenstipp:**
> **BVerfG, Urteil vom 23.9.2015, Az.: 2 BvE 6/11, RA 2015, 545 ff.**
> Der wehrverfassungsrechtliche Parlamentsvorbehalt ist nicht auf Einsätze bewaffneter Streitkräfte innerhalb von Systemen gegenseitiger kollektiver Sicherheit beschränkt, sondern gilt allgemein für bewaffnete Einsätze deutscher Soldaten im Ausland und unabhängig davon, ob diese einen kriegerischen oder kriegsähnlichen Charakter haben. Bei Gefahr im Verzug ist die Bundesregierung ausnahmsweise berechtigt, den Einsatz bewaffneter Streitkräfte vorläufig allein zu beschließen. In diesem Fall muss sie das Parlament umgehend mit dem fortdauernden Einsatz befassen und die Streitkräfte auf Verlangen des Bundestages zurückrufen. Die Voraussetzungen dieser Eilentscheidungsbefugnis der Bundesregierung sind verfassungsgerichtlich voll überprüfbar. Ist ein von der Bundesregierung bei Gefahr im Verzug beschlossener Einsatz zum frühestmöglichen Zeitpunkt einer nachträglichen Parlamentsbefassung bereits beendet und eine rechtserhebliche parlamentarische Einflussnahme auf die konkrete Verwendung der Streitkräfte deshalb nicht mehr möglich, verpflichtet der wehrverfassungsrechtliche Parlamentsvorbehalt die Bundesregierung nicht, eine Entscheidung des Deutschen Bundestages über den Einsatz herbeizuführen. Die Bundesregierung muss den Bundestag jedoch unverzüglich und qualifiziert über den Einsatz unterrichten.

III. Ungeschriebene Kompetenzen

Wie bei den Gesetzgebungskompetenzen gibt es auch bei den Art. 83 ff. GG sog. ungeschriebene Kompetenzen, die allerdings äußerst selten in Klausuren in Betracht kommen. Annexkompetenz und Kompetenz kraft Sachzusammenhang gestatten dem Bund die Wahrnehmung von Hilfs- und untergeordneten Nebentätigkeiten, die mit den ausdrücklich zugewiesenen Aufgaben in einem ganz engen Zusammenhang stehen (z.B. Schutz der Bundesministerien durch die Bundespolizei; Verwaltung des Bundesvermögens durch den Bund). Kraft Natur der Sache ist eine Aufgabenwahrnehmung durch den Bund nur möglich, wenn die Länder die Aufgabe selbst dann nicht bewältigen können, wenn sie abgestimmt zusammenwirken (z.B. Bundesbehörde „Treuhandanstalt" zur Privatisierung der DDR-Staatsbetriebe).

E. Rechtsprechung, Art. 92 ff. GG

Die wichtigsten Verfahren vor dem BVerfG
(mit Ausnahme der Verfassungsbeschwerde):

Abstrakte Normenkontrolle, Art. 93 I Nr. 2 GG, §§ 13 Nr. 6, 76 ff. BVerfGG	Konkrete Normenkontrolle, Art. 100 I GG, §§ 13 Nr. 11, 80 ff. BVerfGG	Organstreitverfahren, Art. 93 I Nr. 1 GG, §§ 13 Nr. 5, 63 ff. BVerfGG	Bund-Länder-Streit, Art. 93 I Nr. 3 GG, §§ 13 Nr. 7, 68 ff. BVerfGG
A. Zulässigkeit **I. Zust. Gericht** Abgrenzung zum LVerfG.	**A. Zulässigkeit** **I. Zust. Gericht** Abgrenzung zum LVerfG.	**A. Zulässigkeit** **I. Zust. Gericht** Abgrenzung zum LVerfG.	**A. Zulässigkeit** **I. Zust. Gericht** Überflüssig, zuständig kann nur das BVerfG sein.
II. Ordnungsgemäßer Antrag, § 23 I BVerfGG	**II. Ordnungsgemäßer Antrag, § 80 II BVerfGG**	**II. Ordnungsgemäßer Antrag, §§ 23 I, 64 II BVerfGG**	**II. Ordnungsgemäßer Antrag, §§ 23 I, 69, 64 II BVerfGG**
III. Antragsberechtigung, Art. 93 I Nr. 2 GG 1/4 der MdB dient dem Minderheitenschutz	**III. Vorlageberechtigung** Gericht = sachlich unabhängig staatliche Spruchstelle, die in einem Gesetz mit den Aufgaben eines Gerichts betraut ist und als Gericht bezeichnet wird.	**III. Beteiligungsfähigkeit, Art. 93 I Nr. 1 GG** **Probleme:** **1. Art. 93 I Nr. 1 GG und § 63 BVerfGG sind nicht deckungsgleich** Nach h.M. ist § 63 BVerfGG eine nicht abschließende Konkretisierung des Art. 93 I Nr. 1 GG, d.h. es ist ausreichend, wenn der Ast. nach Art. 93 I Nr. 1 GG oder nach § 63 BVerfGG beteiligungsfähig ist. **2. Parteien** Sind als Vereine organisiert und weder ein Verfassungsorgan noch Teil davon (**nicht mit Fraktionen verwechseln**). Daher lehnt eine M.M. ihre Beteiligungsfähigkeit ab und verweist sie auf die Verfassungsbeschwerde. Die h.M. bejaht die Beteiligungsfähigkeit, soweit es um die Rechte der Parteien aus Art. 21 GG geht. Diese Norm können die Parteien nämlich nicht mit der Verfassungsbeschwerde rügen. Ferner handelt es sich nicht um „normale" Vereine, da sie Einfluss	**III. Beteiligungsfähigkeit, § 68 BVerfGG** **Problem:** Ist § 68 BVerfGG abschließend? Nach h.M. (+), BT und LT sind also nicht antragsberechtigt. Arg.: Systematischer Vergleich mit Art. 93 I Nr. 2a, II GG, die eine Antragsberechtigung der Landesparlamente ausdrücklich vorsehen. Drohende gegensätzliche Anträge der Parlamente und der Regierungen. Schließlich können die Parlamente ihre Regierungen zur Einleitung eines Bund-Länder-Streits zwingen.

auf die Zusammensetzung des Parlaments und der Regierung sowie auf das Regierungsprogramm haben.

Examenstipp: BVerfG, Beschluss vom 20.9.2016, Az.: 2 BvE 5/15, RA 2016, 589 ff. Die G 10-Kommission ist ein Kontrollorgan eigener Art und im Organstreitverfahren nicht parteifähig.

IV. Antragsgegenstand, Art. 93 I Nr. 2 GG	**IV. Vorlagegegenstand**	**IV. Antragsgegenstand**	**IV. Antragsgegenstand, §§ 69, 64 I BVerfGG**
Problem: Vorbeugende Normenkontrolle bei Vertragsgesetzen Grds. können Gesetze erst angegriffen werden, wenn sie ausgefertigt und verkündet sind. Eine Ausnahme gilt bei Vertragsgesetzen i.S.d. Art. 59 II 1 GG. Sobald sie existieren, ist der völkerrechtliche Vertrag wirksam und damit bindend. Eine nachträgliche Aufhebung des Vertragsgesetzes durch das BVerfG ändert daran nichts (pacta sunt servanda). Daher dürfen Vertragsgesetze nach dem Beschluss im BT und BRat angegriffen werden.	Gesetz = formelles, nachkonstitutionelles Gesetz. **Hintergrund:** Formelle Gesetze haben eine besondere demokratische Legitimation, weil sie von einem Parlament stammen, also von dem Staatsorgan, das die beste demokratische Legitimation hat. Daher sollen sie nur vom BVerfG verworfen werden dürfen (sog. Verwerfungsmonopol des BVerfG).	= rechtserhebliche Maßnahme. Folgt aus § 64 I BVerfGG, der eine mögliche Rechtsverletzung fordert. Diese kann nur durch eine Maßnahme verursacht werden, die Rechtswirkungen hat.	= rechtserhebliche Maßnahme (s. Organstreitverfahren).
Examenstipp: VerfGH Weimar, Urteil vom 13.4.2016, Az.: VerfGH 11/15, RA 2016, 253 ff. Verwaltungsvorschriften können nicht Gegenstand einer abstrakten Normenkontrolle sein. Die Auslegung einfachen Bundesrechts durch ein oberstes Bundesgericht kann auch Bindungswirkung für Landesverfassungsgerichte entfalten.			

  Autor: Dr. Dirk Kues

V. Antragsbefugnis

Mögliche Verletzung eines subj.-öff. Rechts ist nicht erforderlich.

Problem:
Verfassungsmäßigkeit des § 76 I BVerfGG Bejaht die h.M. Es handele sich um eine auf Art. 94 II 1 GG gestützte zulässige Konkretisierung des Art. 93 I Nr. 2 GG.
Die M.M. verweist darauf, dass ein „für nichtig halten" etwas ganz anderes ist als „Meinungsverschiedenheiten und Zweifel". Das zeige auch der Vergleich mit Art. 100 I 1 GG, der eine Überzeugung von der Verfassungswidrigkeit verlangt.

V. Überzeugung von der Verfassungswidrigkeit

V. Antragsbefugnis, § 64 I BVerfGG

= mögliche Verletzung eines Rechts oder einer Pflicht aus dem GG (Rechte aus GO genügen hier nicht). Ast. muss selbst, gegenwärtig und unmittelbar betroffen sein.
Beachte: Da der Ast. in hoheitlicher Funktion auftritt, kann er nur sog. Organrechte geltend machen, nicht hingegen Grundrechte (dafür gibt es die Verfassungsbeschwerde). § 64 I BVerfGG ist zudem ein gesetzlicher Fall der Prozessstandschaft („oder das Organ, dem er angehört"). Dient dem Minderheitenschutz. Hat primär Bedeutung im Verhältnis BT<->BReg. Hier können auch die Oppositionsfraktionen Rechte des BT gegenüber der BReg. geltend machen. Dies gilt hingegen nicht für den einzelnen Abgeordneten, er kann keine Rechte des BT rügen. Der Gesetzgeber wollte nur die organisierten Minderheiten im BT (= Fraktionen und Gruppen) berechtigen, auch um übermäßig viele Organstreitverfahren zu verhindern.

V. Antragsbefugnis, §§ 69, 64 I BVerfGG

= mögliche Verletzung von Rechten aus dem Bundesstaatsverhältnis, z.B. Art. 70 ff., 83 ff. GG, Gebot der Bundestreue. Gesetzliche Prozessstandschaft (-), ist auf Organstreit zugeschnitten, bei dem ein Organteil Rechte des Gesamtorgans geltend macht. Passt nicht beim Bund-Länder-Streit.

VI. Entscheidungserheblichkeit

= der Ausgangsrechtsstreit wird von dem vorlegenden Gericht im Falle der Ungültigkeit der Vorschrift anders entschieden als im Falle ihrer Gültigkeit.

VI. Antragsgegner

= das Organ/der Organteil, der für die beanstandete Maßnahme oder Unterlassung die Verantwortung trägt. Kann auch bereits i.R.d. Beteiligungsfähigkeit geprüft werden.

VI. Antragsgegner, § 68 BVerfGG

		VII. Antragsfrist, § 64 III BVerfGG	**VII. Antragsfrist, §§ 69, 64 III BVerfGG**
		Bei einem Unterlassen startet die Frist, wenn die Erfüllung der Handlungspflicht ernsthaft und endgültig verweigert wird.	
		VIII. Allg. RSB	**VIII. Allg. RSB**
		Fehlt z.B., wenn Ast. das gerügte Verhalten verhindern kann oder keine Wiederholungsgefahr besteht.	Fehlt z.B., wenn keine Wiederholungsgefahr besteht.
B. Begründetheit Prüfungsmaßstab: Gesamtes GG.	**B. Sachentscheidung des BVerfG/ Begründetheit der Vorlage** Prüfungsmaßstab: Gesamtes GG.	**B. Begründetheit** **Problem:** Prüfungsumfang Kontradiktorischer Charakter des Verfahrens und Vergleich mit Kommunalverfassungsstreit spricht dafür, nur die Organrechte zu prüfen. § 67 S. 1 BVerfGG spricht für objektive Prüfung, weil die Norm keine Rechtsverletzung verlangt.	**B. Begründetheit** = Verstoß gegen eine bundesstaatliche Vorschrift, z.B. Art. 70 ff., 83 ff. GG.

Grundrechte

A. Prüfungsaufbau einer Verfassungsbeschwerde

I. Zulässigkeit

1. Zuständigkeit des Bundesverfassungsgerichts, Art. 93 I Nr. 4a GG, §§ 13 Nr. 8a, 90 ff. BVerfGG
2. Beschwerdefähigkeit bzw. Grundrechtsfähigkeit, Art. 93 I Nr. 4a GG
3. Prozessfähigkeit bzw. Grundrechtsmündigkeit
4. Beschwerdegegenstand, Art. 93 I Nr. 4a GG
5. Beschwerdebefugnis, Art. 93 I Nr. 4a GG
6. Rechtswegerschöpfung/Subsidiarität, § 90 II BVerfGG
7. Form und Frist, §§ 23, 92, 93 I, III BVerfGG

II. Begründetheit (bei Freiheitsgrundrechten)

1. Eingriff in den Schutzbereich
   a) Persönlicher Schutzbereich
   b) Sachlicher Schutzbereich
   c) Eingriff
2. Verfassungsrechtliche Rechtfertigung
   a) Festlegung der Schranke
   b) Schranken-Schranken

II. Begründetheit (bei Gleichheitsgrundrechten)

1. Ungleichbehandlung
2. Verfassungsrechtliche Rechtfertigung der Ungleichbehandlung
   a) Formelle Verfassungsmäßigkeit des formellen Gesetzes
   b) Materielle Verfassungsmäßigkeit des formellen Gesetzes
   c) Ggf. Verfassungsmäßigkeit eines materiellen Gesetzes
   d) Ggf. Verfassungsmäßigkeit des Einzelaktes

I. Zulässigkeit

1. **Zuständigkeit des Bundesverfassungsgerichts, Art. 93 I Nr. 4a GG, §§ 13 Nr. 8a, 90 ff. BVerfGG**
   Grenzt ab von der Zuständigkeit der Landesverfassungsgerichte. Da es in Nordrhein-Westfalen jedoch keine Landesverfassungsbeschwerde gibt, ist stets das BVerfG zuständig (**NRW:** VB beim VerfGH gem. Art. 75 Nr. 5 Verf NRW i.V.m. §§ 12 Nr. 9, 53 ff. VGHG NRW, allerdings gem. § 53 I VGHG NRW unzulässig, wenn bereits VB beim BVerfG erhoben wurde.).

2. **Beschwerdefähigkeit bzw. Grundrechtsfähigkeit, Art. 93 I Nr. 4a GG**

   „**Jedermann**" = jeder, der Träger von Grundrechten oder grundrechtsgleichen Rechten ist.

   Differenziere nach Menschen-/Jedermannrechten (z.B. Art. 2 I, 3 I, 4 I+II, 5 I+III GG) und Deutschen-/Bürgerrechten (z.B. Art. 8 I, 12 I GG).

Problem: Anwendung der Deutschenrechte auf EU-Bürger
Wenn das EU-Recht eine Gleichbehandlung des Unionsbürgers mit einem Deutschen gebietet (insbes. über Art. 18 I AEUV, ggf. i.V.m. Art. 21 I AEUV, oder die Grundfreiheiten), muss diese im Ergebnis auch erfolgen. Strittig ist allein die dogmatische Begründung. Nach einer Ansicht ist das Deutschenrecht direkt anzuwenden, das Tatbestandsmerkmal „Deutscher" wird infolge des Anwendungsvorrangs des EU-Rechts verdrängt. Nach a.A. ist das Deutschenrecht wegen der Legaldefinition in Art. 116 I GG nicht anwendbar. Stattdessen ist auf das Auffanggrundrecht des Art. 2 I GG zurückzugreifen in europarechtskonformer Auslegung, d.h. Art. 2 I GG gewährt den gleichen Schutz wie das Deutschenrecht.

Zum Prüfungsaufbau: Ist fraglich, ob das EU-Recht eine Gleichbehandlung des Unionsbürgers fordert, genügt an dieser Stelle im Prüfungsaufbau die bloße Möglichkeit, dass dem so ist. Eine detaillierte Prüfung des EU-Rechts erfolgt erst in der Begründetheit im persönlichen Schutzbereich.

Sonderfälle:

a) Nasciturus
Beim ungeborenen Leben ist strittig, wann der Schutz beginnt. Im Interesse eines effektiven Grundrechtsschutzes sollte dies möglichst früh der Fall sein, d.h. mit der Verschmelzung von Ei und Samenzelle. Als einschlägige Grundrechte kommen Art. 1 I 1, 2 II 1, 14 I 1 GG (Erbrecht) in Betracht.

b) Leichnam
Mit dem Tod endet grds. die Grundrechtsfähigkeit. Eine Ausnahme gilt für das postmortale Persönlichkeitsrecht, d.h. der Ehr- und Achtungsanspruch über den Tod hinaus aus Art. 1 I 1 GG.

c) Juristische Personen, Art. 19 III GG

Juristische Person	= Personenvereinigung oder Vermögensmasse, die voll- oder teilrechtsfähig ist, z.B. OHK, KG, GbR, e.V.
Inländisch	= tatsächliches Aktionszentrum im Inland. Deutschenrechte sind nur anwendbar, wenn die juristische Person nicht von Ausländern beherrscht wird. EU-Gesellschaften werden behandelt wie EU-Bürger, d.h. wenn das Europarecht eine Gleichbehandlung fordert, werden die EU-Gesellschaften im Ergebnis geschützt wie die deutschen Gesellschaften.
Wesensmäßige Anwendbarkeit	= das konkret einschlägige Grundrecht darf nicht an die natürlichen Eigenschaften des Menschen anknüpfen wie z.B. Art. 1 I 1, 2 II 1 GG.

Probleme:

aa) Juristische Personen des öffentlichen Rechts
Grds. nicht grundrechtsfähig, da sie als Träger hoheitlicher Gewalt grundrechtsverpflichtet sind und daher nicht zugleich grundrechtsberechtigt sein können (sog. **Konfusionsargument**). Ferner geht es ihnen nicht um die Verteidigung von Freiheitsbereichen, wie dies für die Grundrechte typisch ist, sondern sie üben Kompetenzen aus.

Ausn.: Rundfunkanstalten bzgl. Rundfunkfreiheit (Art. 5 I 2 2. Fall GG), staatliche Kunsteinrichtungen bzgl. Kunstfreiheit (Art. 5 III 1 1. Fall GG) und Universitäten bzgl. Wissenschaftsfreiheit (Art. 5 III 1 2. Fall GG).

<u>Hintergrund:</u> Der Bürger bedarf dieser staatlichen Einrichtungen, um seine entsprechenden Grundrechte ausüben zu können. Daher müssen diese Einrichtungen selbst auch geschützt werden.

Umfassend grundrechtsberechtigt sind die Religionsgemeinschaften, auch wenn sie als Körperschaften öffentlich-rechtlich organisiert sind. Diese Organisationsform haben sie nur, um Steuern erheben zu dürfen. Sie werden dadurch jedoch nicht Teil der Staatsverwaltung. Das zeigt sich schon daran, dass es keine staatliche Aufsichtsbehörde gibt, die die Religionsgemeinschaften überwacht. Daher können sie sich auf alle Grundrechte berufen.

bb) Juristische Personen des Zivilrechts mit staatlicher Beteiligung
Hat der Staat einen maßgeblichen Einfluss auf die Geschäftsleitung der juristischen Person des Zivilrechts (= i.d.R. mehr als 50% der Gesellschaftsanteile), fehlt die Beschwerdefähigkeit. Art. 1 III GG sieht eine umfassende Grundrechtsbindung der staatlichen Gewalt in jeglicher Erscheinungsform vor. Das gilt auch hier. Dann kann aber nicht gleichzeitig eine Grundrechtsberechtigung bestehen. Zudem ist es die freie Entscheidung der privaten Anteilseigner, sich zusammen mit dem Staat an einer Gesellschaft zu beteiligen. Sie sind daher nicht schutzwürdig.
Weiterhin fehlt einer juristischen Person des Zivilrechts die Beschwerdefähigkeit, wenn sie öffentliche Aufgaben erfüllt (z.B. Stromversorgung).

<u>Beachte:</u> Alle juristischen Personen (inländisch und ausländisch, privat und öff.-rechtlich) können sich auf Art. 101 I 2, 103 I GG berufen, weil die einschränkenden Voraussetzungen des Art. 19 III GG wegen der systematischen Stellung dieser Normen nicht gelten.
Str. bzgl. Art. 19 IV GG. Einerseits steht die Norm hinter Art. 19 III GG, was gegen die Anwendung von dessen Voraussetzungen spricht. Andererseits steht Art. 19 IV GG systematisch im Abschnitt über die Grundrechte.

3. Prozessfähigkeit bzw. Grundrechtsmündigkeit
Keine feste Altersgrenze im GG und BVerfGG. Daher kommt es auf die individuelle Einsichtsfähigkeit des Bf. an. Sollte diese bei Minderjährigen fehlen, werden sie durch ihren Erziehungsberechtigten vertreten.

4. Beschwerdegegenstand, Art. 93 I Nr. 4a GG

Akt öffentlicher Gewalt = jedes Verhalten der (deutschen) Legislative, Exekutive oder Judikative, vgl. §§ 93 I+III, 95 I-III BVerfGG.
Damit wird dieser Begriff weiter ausgelegt als in Art. 19 IV 1 GG. Dort erfasst das Merkmal „öffentliche Gewalt" nach h.M. nur Maßnahmen der Exekutive.

Problem: VB gegen zivilgerichtliche Entscheidung, weil die Grundrechte zwischen Privatpersonen nicht unmittelbar wirken (vgl. Art. 1 III GG, der nur den Staat an die Grundrechte bindet; ferner Umkehrschluss aus Art. 9 III 2 GG). Aber mittelbare Drittwirkung/Ausstrahlungswirkung der Grundrechte, d.h. der Zivilrichter hat bei seiner Entscheidung die Wertungen der Grundrechte zu beachten. Er ist also an die Grundrechte gebunden, so dass seine Entscheidung auch ein tauglicher Beschwerdegegenstand ist
(<u>zum Prüfungsaufbau:</u> kann alternativ auch erst beim Eingriff thematisiert werden).

Sind juristische Personen des Zivilrechts mit staatlicher Beteiligung unter den oben genannten Voraussetzungen (s.o. Beschwerdefähigkeit) nicht grundrechtsberechtigt, dann sind sie spiegelbildlich in diesen Fällen grundrechtsverpflichtet. Ihre Handlungen können dann tauglicher Beschwerdegegenstand sein.

Rechtslage in **NRW**:
Beschwerdegegenstand sind gem. § 53 I VGHG NRW Hoheitsakte des Landes NRW.
§ 53 II 1. Hs. VGHG NRW schränkt den Anwendungsbereich der Landesverfassungsbeschwerde ein, weil die Überprüfung von Hoheitsakten des Landes, die auf Bundesrecht
beruhen, inzident zu einer unzulässigen Kontrolle des höherrangigen Bundesrechts am Maßstab der nachrangigen Verf NRW führt. Allerdings gilt diese Beschränkung des Anwendungsbereichs der Landesverfassungsbeschwerde gem. § 53 II 2. Hs. VGHG NRW nicht, wenn mit
der Landesverfassungsbeschwerde gerügt wird, ein Gericht des Landes habe durch die Anwendung von Prozessrecht des Bundes die Rechte des Beschwerdeführers verletzt. Konkret
bedeutet dies, dass der Beschwerdeführer die Verletzung seiner Justizgrundrechte (z.B.
Recht auf den gesetzlichen Richter) durch ein Landesgericht geltend machen darf und der
Verfassungsgerichtshof deshalb die Entscheidung des Landesgerichts aufheben darf, auch
wenn die Entscheidung auf Bundesrecht beruht.

5. Beschwerdebefugnis, Art. 93 I Nr. 4a GG

Vor.: Substanziierte Behauptung des Beschwerdeführers, in Grundrechten oder grundrechtsgleichen Rechten verletzt zu sein.

Zudem muss der Beschwerdeführer selbst, gegenwärtig und unmittelbar betroffen sein.

Selbst = mögliche Verletzung in eigenen Grundrechten oder grundrechtsgleichen Rechten. Damit werden Popularbeschwerden und die
gewillkürte Prozessstandschaft ausgeschlossen. Möglich ist hingegen die gesetzliche Prozessstandschaft (z.B. Insolvenzverwalter,
Testamentsvollstrecker).

Gegenwärtig = aktuelle Betroffenheit. Sie darf nicht irgendwann in der Zukunft
liegen (sog. **virtuelle Betroffenheit**). Es genügen allerdings zukünftige Belastungen, wenn sie heute bereits zu Entscheidungen
zwingen, die später nicht mehr zu korrigieren sind (Bsp.: Festlegung eines zwingenden Renteneintrittsalters für Rechtsanwälte
hat auch Auswirkungen auf einen 45-jährigen Rechtsanwalt, weil
er seine Altersvorsorge ändern muss). Liegt die Belastung in der
Vergangenheit, kann sie unter entsprechender Anwendung der
Fallgruppen der FFK noch angegriffen werden, d.h.: Wiederholungsgefahr; beeinträchtigende Wirkung dauert noch an; Beeinträchtigung ist so kurzfristig, dass der Beschwerdeführer sie nicht
rechtzeitig beim BVerfG angreifen kann; Grundrechtseingriff ist
besonders schwerwiegend und es geht um grundsätzliche verfassungsrechtliche Probleme (zum Prüfungsaufbau: kann alternativ
auch als RSB geprüft werden).

Unmittelbar = kein weiterer Vollzugsakt. Gerade bei Gesetzen problematisch, da
sie i.d.R. eines konkretisierenden Einzelaktes bedürfen. Es muss
sich um self-executing-law handeln.

Ausn.: Abwarten eines Vollzugsaktes ist unzumutbar, z.B.
drohende Bestrafung durch den Vollzugsakt. Fehlende
Kenntnis vom Vollzugsakt, z.B. VB gegen Observations-
vorschriften, weil der Beschwerdeführer von der Obser-
vation selbst regelmäßig nichts merken wird.

Probleme:

a) Verletzung spezifischen Verfassungsrechts
Die VB ist kein Rechtsmittel, sondern ein außerordentlicher Rechtsbehelf, das BVerfG ist
keine „Superrevisionsinstanz". Daher kann mit der VB nicht die Verletzung des einfachen
Rechts gerügt werden, sondern nur, dass der angegriffene Akt der öffentlichen Gewalt ein
Grundrecht übersehen oder falsch angewendet hat (zum Prüfungsaufbau: kann alternativ
auch erst am Anfang der Begründetheit oder beim Eingriff geprüft werden).

b) Besonderes Gewaltverhältnis

Fraglich ist, ob diejenigen, die sich in einer besonderen Nähebeziehung zum Staat befinden (z.B. Richter, Beamte, Soldaten), nur einen beschränkten oder gar keinen Grundrechtsschutz genießen. Die h.M. lehnt dies ab. Sie beruft sich auf die umfassende Grundrechtsbindung des Staates gem. Art. 1 III GG. Damit ist die Existenz grundrechtsfreier Räume unvereinbar. Ferner ist ein totaler Grundrechtsverlust nicht erforderlich, um den Interessen des Staates gerecht zu werden. Vielmehr kann auch bei Anwendung der Grundrechte unter Anwendung des Verhältnismäßigkeitsprinzips von einem Beamten, Richter, Soldaten verlangt werden, dass er sich im Dienst mit seiner Grundrechtsausübung mehr zurückhält als im Privatbereich. Zumal er bei seiner Dienstausübung die Grundrechte der betroffenen Bürger beachten muss. Schließlich lässt sich die Grundrechtsberechtigung im Dienst für das besonders relevante Grundrecht des Art. 4 I, II GG im Umkehrschluss aus Art. 33 III GG herleiten.

Rechtslage in **NRW**:

Gem. § 53 I VGHG NRW können alle Rechte aus der LV gerügt werden, nicht nur die Grundrechte. Gleichwohl geht der Landesgesetzgeber davon aus, dass mit der Landesverfassungsbeschwerde primär die durch Art. 4 I Verf NRW inkorporierten Grundrechte und staatsbürgerlichen Rechte des Grundgesetzes sowie die spezifischen Landesgrundrechte (z.B. Art. 6 IV Verf NRW) geltend gemacht werden.

Examenstipp:

BVerfG, Beschluss vom 6.11.2019, Az.: 1 BvR 276/17 („Recht auf Vergessen II"), RA 2020, 29 ff.

Soweit die Grundrechte des Grundgesetzes durch den Anwendungsvorrang des Unionsrechts verdrängt werden, kontrolliert das Bundesverfassungsgericht dessen Anwendung durch deutsche Stellen am Maßstab der Unionsgrundrechte. Das Gericht nimmt hierdurch seine Integrationsverantwortung nach Art. 23 Abs. 1 GG wahr.

Bei der Anwendung unionsrechtlich vollständig vereinheitlichter Regelungen sind nach dem Grundsatz des Anwendungsvorrangs des Unionsrechts in aller Regel nicht die Grundrechte des Grundgesetzes, sondern allein die Unionsgrundrechte maßgeblich. Der Anwendungsvorrang steht unter anderem unter dem Vorbehalt, dass der Schutz des jeweiligen Grundrechts durch die stattdessen zur Anwendung kommenden Grundrechte der Union hinreichend wirksam ist.

Soweit das Bundesverfassungsgericht die Charta der Grundrechte der Europäischen Union als Prüfungsmaßstab anlegt, übt es seine Kontrolle in enger Kooperation mit dem Europäischen Gerichtshof aus. Nach Maßgabe des Art. 267 Abs. 3 AEUV legt es dem Gerichtshof vor.

Wie die Grundrechte des Grundgesetzes gewährleisten auch die Grundrechte der Charta nicht nur Schutz im Staat-Bürger-Verhältnis, sondern auch in privatrechtlichen Streitigkeiten. Auf der Basis des maßgeblichen Fachrechts sind daher die Grundrechte der Beteiligten miteinander in Ausgleich zu bringen. Insoweit prüft das Bundesverfassungsgericht – wie bei den Grundrechten des Grundgesetzes – nicht das Fachrecht, sondern allein, ob die Fachgerichte den Grundrechten der Charta hinreichend Rechnung getragen und einen vertretbaren Ausgleich gefunden haben.

6. Rechtswegerschöpfung/Subsidiarität, § 90 II BVerfGG

Sinn und Zweck: BVerfG soll auf einen juristisch aufbereiteten Sachverhalt treffen und zudem entlastet werden (Vorrang der Fachgerichtsbarkeit).

Beschwerdeführer muss daher alle Rechtsmittel und Rechtsbehelfe ausschöpfen, bevor er die Verfassungsbeschwerde erhebt (z.B. Berufung, Revision, Nichtzulassungsbeschwerde, Anhörungsrüge gem. § 152a VwGO, Wiedereinsetzung in den vorigen Stand).

Darüber hinaus muss der Beschwerdeführer nach dem Grundsatz der Subsidiarität alle ihm zumutbaren Maßnahmen ergreifen, um die gerügte Grundrechtsbeeinträchtigung zu beseitigen, bevor er die VB erhebt.

Bsp.: Abwarten des Hauptsacheverfahrens nach Erschöpfung des Rechtsweges im vorläufigen Rechtsschutz, es sei denn, der Grundrechtsverstoß beschränkt sich auf das vorläufige Rechtsschutzverfahren wie etwa fehlendes rechtliches Gehör; wurden Rügen bei den Fachgerichten nicht vorgebracht, obwohl sie vorgebracht werden konnten, sind sie i.R.d. VB nicht berücksichtigungsfähig.

Ausnahmen von Rechtswegerschöpfung und Subsidiarität in § 90 II 2 BVerfGG, z.B. Unzumutbarkeit bei drohender Bestrafung.

Problem: Subsidiarität der VB gegen formelle Gesetze

Gegen formelle Gesetze steht dem Bürger kein Rechtsweg zur Verfügung. Der Grundsatz der Subsidiarität verlangt nach h.M. jedoch, dass der Betroffene ein Gesetz inzident angreift und auf diesem Weg eine grundrechtliche Überprüfung herbeiführt, soweit dies möglich und zumutbar ist. In Betracht kommt eine Feststellungsklage gem. § 43 I VwGO, wenn ein feststellungsfähiges Rechtsverhältnis vorliegt. Dann kann der Kläger behaupten, das umstrittene Rechtsverhältnis bestehe ihm gegenüber nicht, weil die zugrunde liegende Norm verfassungswidrig sei. Folgt das VG diesem Vorbringen, setzt es das Verfahren aus und legt dem BVerfG die Norm gem. Art. 100 I GG vor. Damit trifft das BVerfG auf einen juristisch aufbereiteten Sachverhalt. Folgt das VG dem Vorbringen nicht, muss der Kläger den Rechtsweg erschöpfen und dann die VB erheben. Auch in diesem Fall trifft das BVerfG auf einen juristisch aufbereiteten Sachverhalt.

Vor diesem Hintergrund lässt die h.M. eine direkte VB gegen formelle Gesetze nur in zwei Konstellationen zu:

1. Die fachgerichtliche Prüfung des formellen Gesetzes verbessert die Entscheidungsgrundlage des BVerfG nicht. Das ist der Fall, wenn der zu beurteilende Sachverhalt allein spezifisch verfassungsrechtliche Fragen aufwirft, deren Beantwortung weder von der näheren Sachverhaltsermittlung noch von der Auslegung und Anwendung von Vorschriften des einfachen Rechts durch die Fachgerichte abhängt.

2. Die vorherige Anrufung der Fachgerichte ist unzumutbar, insbes. weil dem Betroffenen bei Missachtung des umstrittenen formellen Gesetzes ein Straf- oder Bußgeldverfahren droht.

Form und Frist, §§ 23, 92, 93 I, III BVerfGG

Autor: Dr. Dirk Kues

II. Begründetheit

Prüfungsaufbau der <u>Freiheitsgrundrechte</u>:

1. Eingriff in den Schutzbereich

a) Persönlicher Schutzbereich

b) Sachlicher Schutzbereich

c) Eingriff

    aa) Klassischer Eingriff

        <u>Kumulative Voraussetzungen</u>:

- Zielgerichtet auferlegte Belastung (Finalität)
- Belastung ist unmittelbare Folge des hoheitlichen Handelns
- Auferlegung einer Rechtspflicht
- Zwangsweise Durchsetzbarkeit der auferlegten Rechtspflicht (z.B. Verw.-Vollstreckung)

<u>Bsp.:</u> VA; Sanktionierung eines geschützten Verhaltens.

    bb) Mittelbarer/moderner Eingriff

        <u>Fallgruppen</u>:

- Finalität
- Bagatellgrenze, d.h. Belastung muss gewisses Gewicht besitzen

        Problem: Staatliche Informationen und Warnungen
                     Eingriff nach h.M. (-), wenn nur wahre Tatsachen verbreitet werden, die nicht bestimmte Marktteilnehmer diskriminieren.

<u>Examenstipp:</u>
BVerfG, Urteil vom 19.5.2020, Az.: 1 BvR 2835/17, RA 2020, 365 ff.
Die Bindung der deutschen Staatsgewalt an die Grundrechte nach Art. 1 Abs. 3 GG ist nicht auf das deutsche Staatsgebiet begrenzt.
Der Schutz der einzelnen Grundrechte kann sich im Inland und Ausland unterscheiden.
Jedenfalls der Schutz des Art. 10 Abs. 1 und des Art. 5 Abs. 1 Satz 2 GG als Abwehrrechte gegenüber einer Telekommunikationsüberwachung erstreckt sich auch auf Ausländer im Ausland.

2. Verfassungsrechtliche Rechtfertigung

a) Festlegung der Schranke

    <u>Mögliche Schranken:</u>

- **Einfacher Gesetzesvorbehalt**
  = Eingriff kann durch jedes Gesetz gerechtfertigt werden, z.B. Art. 2 I GG.
- **Qualifizierter Gesetzesvorbehalt**
  = GG stellt besondere Anforderungen an das einschränkende Gesetz, z.B. Art. 5 II GG.

- **Verfassungsimmanente Schranken**
  = fehlt ein ausdrücklicher Gesetzesvorbehalt (z.B. Art. 5 III 1 GG), greifen als Schranken die kollidierenden Grundrechte Dritter und anderen Rechtsgüter mit Verfassungsrang.

  <u>Beachte:</u> Wegen der Wesentlichkeitstheorie bedarf es einer Konkretisierung der verfassungsimmanenten Schranken durch ein Parlamentsgesetz. Das Parlamentsgesetz muss den Grundrechtskonflikt zudem nach dem Prinzip der praktischen Konkordanz lösen (= Verhältnismäßigkeit).

- **Verfassungsunmittelbare Schranke**
  Sonderfall des Art. 13 VII 1. Hs. GG. Eingriff kann direkt auf diese Einschränkungsmöglichkeit im Grundrecht selbst gestützt werden.

Probleme:

aa) Gesetzesvorbehalt bei mittelbaren, nicht finalen (ungewollten) Eingriffen durch Warnungen eines BMin. oder LMin.
Gesetzesvorbehalt greift nach h.M. nicht, d.h. es genügt eine Zuständigkeitsvorschrift als Rechtfertigung. Denn nicht gewollte Eingriffe könne der Gesetzgeber nicht vorhersehen, weil sie in der Regel vom Verhalten Dritter abhängen (<u>Bsp.:</u> Staatliche Warnungen vor einem Produkt führen nicht direkt zu einem Umsatzrückgang bei diesem Produkt, sondern nur, wenn sich der Verbraucher entsprechend reagiert). Was der Gesetzgeber aber nicht vorhersehen könne, das könne er auch nicht regeln. Zudem sei der Tätigkeitsbereich der BReg. und LReg. zu groß für eine Normierung. Alternativ käme nur eine so weit gefasste Generalklausel in Betracht, dass sie kein Mehr an Rechtssicherheit bringt.
Dagegen ist einzuwenden, dass diese Rechtsansicht dem Gesetzgeber einen weiten Bereich eröffnet, in dem er untätig bleiben kann. Zudem sind Generalklauseln, wie sie in vielen Gesetzen vorhanden sind, dann an sich überflüssig. Denn Generalklauseln dienen gerade dazu, Situationen zu erfassen, die der Gesetzgeber im Einzelnen nicht vorhersehen kann. Schließlich ist nicht einsichtig, wieso für nachgeordnete Behörden Generalklauseln erlassen werden können, für BMin. und LMin. jedoch nicht, zumal auch nachgeordnete Behörden ein durchaus weites Tätigkeitsfeld haben können.

bb) Rechtsgrundlage bei ungewollten Eingriffen durch Warnungen eines BMin. oder LMin.
Da die h.M., wie gerade gezeigt, den Gesetzesvorbehalt nicht für einschlägig hält, genügt ihr als Rechtsgrundlage eine Zuständigkeitsvorschrift. Diese erblickt sie in der sog. **gubernativen Staatsleitungskompetenz**. Art. 65 S. 2 GG bzw. der entsprechenden Regelung in der LV sei zu entnehmen, dass der jeweilige Minister Öffentlichkeitsarbeit leisten dürfe. Dazu gehöre auch, Informationen zu geben und Warnungen auszusprechen. Für den BMin. gilt das allerdings nur, wenn ein länderübergreifender Sachverhalt vorliegt. Es handele sich hier um eine „andere Bestimmung" i.S.d. Art. 83 GG.
Die M.M., die den Gesetzesvorbehalt für einschlägig hält, verlangt eine „echte" EGL. Diese wird regelmäßig nicht vorliegen, weil die einschlägigen EGL nicht den Minister, sondern in der Regel nur die untere Behördenebene zu einem Handeln berechtigen.

b) Schranken-Schranken

aa) Verfassungsmäßigkeit des eingreifenden formellen Gesetzes

    (1)   Formelle Verfassungsmäßigkeit

        (a)   Gesetzgebungskompetenz, Art. 70 ff. GG

        (b)   Gesetzgebungsverfahren, Art. 76 ff. GG

        (c)   Ausfertigung und Verkündung, Art. 82 I GG

    (2)   Materielle Verfassungsmäßigkeit

        (a)   Verhältnismäßigkeit

        (b)   Ggf. Anforderungen eines qualifizierten Gesetzesvorbehalts

        (c)   Ggf. Art. 80 I 2 GG

        (d)   Ggf. Art. 19 I, II GG

            Art. 19 I 2 GG (Zitiergebot) hat Warnfunktion für den Gesetzgeber und Hinweisfunktion für den Rechtsanwender. Gilt daher nur für nachkonstitutionelle Gesetze. Wegen des Zusammenhangs mit Art. 19 I 1 GG soll das Zitiergebot zudem nur bei Grundrechten anwendbar sein, die durch oder aufgrund eines Gesetzes eingeschränkt werden können (z.B. Art. 2 II 3, 8 II, 10 II, 11 II GG, nicht hingegen Art. 12 I, 14 I GG).

        (e)   Ggf. sonstige Verfassungsprinzipien (z.B. Rückwirkungsverbot)

> **Examenstipps:**
> **BVerfG, Urteil vom 24.7.2018, Az.: 2 BvR 309/15, RA 2018, 477 ff.**
> Die Fixierung eines Patienten stellt einen Eingriff in dessen Grundrecht auf Freiheit der Person (Art. 2 II 2 i.V.m. Art. 104 GG) dar.
> Sowohl bei einer 5-Punkt- als auch bei einer 7-Punkt-Fixierung von nicht nur kurzfristiger Dauer handelt es sich um eine Freiheitsentziehung im Sinne des Art. 104 II GG, die von einer richterlichen Unterbringungsanordnung nicht gedeckt ist. Von einer kurzfristigen Maßnahme ist in der Regel auszugehen, wenn sie absehbar die Dauer von ungefähr einer halben Stunde unterschreitet.
> Aus Art. 104 II 4 GG folgt ein Regelungsauftrag, der den Gesetzgeber verpflichtet, den Richtervorbehalt verfahrensrechtlich auszugestalten, um den Besonderheiten der unterschiedlichen Anwendungszusammenhänge gerecht zu werden.
> Um den Schutz des von einer freiheitsentziehenden Fixierung Betroffenen sicherzustellen, bedarf es eines täglichen richterlichen Bereitschaftsdienstes, der den Zeitraum von 6:00 Uhr bis 21:00 Uhr abdeckt.
>
> **BVerwG, Urteil vom 13.9.2017, Az.: 10 C 7/16, RA-Telegramm 1/2018, S. 5**
> Die Einzäunung und Bewirtschaftung nahezu des gesamten Meeresstrandes einer Gemeinde als kostenpflichtiges kommunales Strandbad ist rechtswidrig und verletzt Nutzer in ihrem Grundrecht aus Art. 2 I GG. Nicht von der Bade-Infrastruktur (z.B. Rettungsstationen, Sanitärgebäude) geprägte Flächen dürfen unentgeltlich zum Baden und Spazierengehen betreten werden.

OVG Bautzen, Beschluss vom 7.4.2020, Az.: 3 B 111/20, RA 2020, 258 ff.
Die Ausgangsbeschränkung des § 2 I SächsCoronaSchVO gilt zu Recht auch für bereits immunisierte Personen, weil es derzeit keinen mit verhältnismäßigem Aufwand zu erbringenden sicheren Nachweis über einen wissenschaftlich belegten Immunisierungsschutz gibt.
Der Verordnungsgeber durfte auch den allgemeinen Kfz-Verkehr der Ausgangsbeschränkung des § 2 I SächsCoronaSchVO unterwerfen.
Die Formulierung „vorrangig im Umfeld des Wohnbereichs" i.S.v. § 2 II Nr. 14 SächsCoronaSchVO meint den Bereich, der zu Fuß oder per Fahrrad erreicht werden kann, d.h. einen Umkreis ca. 10 bis 15 Kilometer um die Wohnung.
Die Formulierung „im Ausnahmefall mit einer weiteren nicht im Hausstand lebenden Person" i.S.v. § 2 II Nr. 14 SächsCoronaSchVO erfasst Personen, die sich aufgrund körperlicher Gebrechen / Behinderungen nicht alleine fortbewegen können, sowie Personen, denen soziale Isolation oder eine Gefährdung der psychischen Gesundheit droht.

VGH München, Beschluss vom 30.3.2020, Az.: 20 NE 20.632, RA 2020, 253 ff.
§ 32 S. 1 i.V.m. § 28 I 1 IfSG genügen dem Bestimmtheitsgebot aus Art. 80 I 2 GG.
Die Aufforderung, soziale Kontakte auf das absolut nötige Minimum zu reduzieren, ist keine Rechtspflicht, sondern lediglich ein Appell. Ausgestaltet als Rechtspflicht wäre ein Verbot jeglichen sozialen Kontakts rechtswidrig.
Das Gebot, einen Mindestabstand von 1,5 m zu wahren, ist ebenfalls keine Rechtspflicht, sondern nur eine Empfehlung. Ausgestaltet als Rechtspflicht würde eine solche Pflicht gegen das Bestimmtheitsgebot verstoßen.
Das Verlassen der eigenen Wohnung unter ein präventives Verbot mit Erlaubnisvorbehalt zu stellen wahrt das Verhältnismäßigkeitsprinzip.
Der Verordnungsgeber hat für die Dauer der Gültigkeit der CoronaV ständig zu überwachen, ob deren Aufrechterhaltung noch erforderlich und angemessen ist.

bb) Ggf. Verfassungsmäßigkeit des eingreifenden materiellen Gesetzes
Verhältnismäßigkeit

cc) Ggf. Verfassungsmäßigkeit des Einzelaktes
Verhältnismäßigkeit

Prüfungsaufbau der <u>Gleichheitsgrundrechte</u>:

1. Ungleichbehandlung
= wesentlich Gleiches muss ungleich oder wesentlich Ungleiches muss gleich behandelt werden. Also Bildung von Vergleichsgruppen, die einem gemeinsamen Oberbegriff unterfallen.
Nicht vergleichbar sind von vornherein Gesetze, die von verschiedenen Gesetzgebern stammen. Ferner sind die meisten Berufe nicht miteinander vergleichbar.

2. Verfassungsrechtliche Rechtfertigung der Ungleichbehandlung
= Vorliegen eines sachlichen Grundes.
Der sachliche Grund muss in einem Parlamentsgesetz konkretisiert werden. Dieses Parlamentsgesetz muss - wie bei den Freiheitsgrundrechten - verfassungsmäßig sein.

a) Formelle Verfassungsmäßigkeit des formellen Gesetzes

b) Materielle Verfassungsmäßigkeit des formellen Gesetzes

    aa)   Verhältnismäßigkeit
           Verhältnismäßigkeitsprüfung nur bei wesentlicher Ungleichbehandlung, d.h.:

- unterschiedliche Behandlung verschiedener Personengruppen, oder
- Unterscheidungsmerkmal ähnelt einem der in Art. 3 III GG genannten Kriterien, oder
- gleichzeitiger Eingriff in ein Freiheitsgrundrecht.

           Falls **Fallgruppen** nicht vorliegen, erfolgt reine Willkürprüfung.

        (1)   Legitimes Ziel der Ungleichbehandlung

        (2)   Verwendung eines verbotenen Differenzierungskriteriums
               Art. 3 III, 6 I, V, 33 I-III, 38 I 1 GG.
               Sachlicher Grund in diesen Fällen grds. (-)

               <u>Ausnahmen:</u> → Objektive biologische Unterschiede zwingen zur Ungleichbehandlung, z.B. Mutterschutz
                                   → Kollidierendes Verfassungsrecht, z.B. Art. 3 II 2, 12a IV 2 GG

        (3)   Geeignetheit

        (4)   Erforderlichkeit

        (5)   Angemessenheit

    bb)   Ggf. Art. 80 I 2 GG

    cc)   Ggf. Art. 19 I, II GG

    dd)   Ggf. sonstige Verfassungsprinzipien (z.B. Rückwirkungsverbot)

Examenstipps:
BVerfG, Beschluss vom 26.3.2019, Az.: 1 BvR 673/17, RA 2019, 309 ff.
Der Ausschluss der Stiefkindadoption allein in nichtehelichen Familien verstößt gegen das allgemeine Gleichbehandlungsgebot.
Gegen die Stiefkindadoption vorgebrachte allgemeine Bedenken rechtfertigen nicht, sie nur in nichtehelichen Familien auszuschließen.
Es ist ein legitimes gesetzliches Ziel, eine Stiefkindadoption nur dann zuzulassen, wenn die Beziehung zwischen Elternteil und Stiefelternteil Bestand verspricht.
Der Gesetzgeber darf im Adoptionsrecht die Ehelichkeit der Elternbeziehung als positiven Stabilitätsindikator verwenden. Der Ausschluss der Adoption von Stiefkindern in allen nichtehelichen Familien ist hingegen nicht zu rechtfertigen. Der Schutz des Stiefkindes vor einer nachteiligen Adoption lässt sich auf andere Weise hinreichend wirksam sichern.
Auch jenseits der Regelung von Vorgängen der Massenverwaltung kommen gesetzliche Typisierungen in Betracht, etwa wenn eine Regelung über ungewisse Umstände oder Geschehnisse zu treffen ist, die sich selbst bei detaillierter Einzelfallbetrachtung nicht mit Sicherheit bestimmen lassen. Die damit verbundene Ungleichbehandlung ist jedoch nur unter bestimmten Voraussetzungen verfassungsrechtlich zu rechtfertigen.

BVerfG, Urteil vom 18.7.2018, Az.: 1 BvR 1675/16 u.a., RA 2018, 425 ff.
Das Grundgesetz steht der Erhebung von Vorzugslasten in Form von Beiträgen nicht entgegen, die diejenigen an den Kosten einer öffentlichen Einrichtung beteiligen, die von ihr - potentiell - einen Nutzen haben. Der mit der Erhebung des Rundfunkbeitrags ausgeglichene Vorteil liegt in der Möglichkeit, den öffentlich-rechtlichen Rundfunk nutzen zu können.
Auch eine unbestimmte Vielzahl oder gar alle Bürgerinnen und Bürger können zu Beiträgen herangezogen werden, sofern ihnen jeweils ein Vorteil individuell-konkret zugerechnet werden kann und soweit dessen Nutzung realistischerweise möglich erscheint.
Die Landesgesetzgeber durften die Rundfunkbeitragspflicht im privaten Bereich an das Innehaben von Wohnungen in der Annahme anknüpfen, das Programmangebot des öffentlich-rechtlichen Rundfunks werde typischerweise in der Wohnung in Anspruch genommen. Auf das Vorhandensein von Empfangsgeräten oder einen Nutzungswillen kommt es nicht an. Die Nutzungsmöglichkeit zu betrieblichen Zwecken rechtfertigt die gesonderte Inanspruchnahme von Inhabern von Betriebsstätten und von nicht ausschließlich zu privaten Zwecken genutzten Kraftfahrzeugen zusätzlich zur Rundfunkbeitragspflicht im privaten Bereich.
Ein Beitragsschuldner darf zur Abschöpfung desselben Vorteils nicht mehrfach herangezogen werden. Inhaber mehrerer Wohnungen dürfen für die Möglichkeit privater Rundfunknutzung nicht mit insgesamt mehr als einem vollen Rundfunkbeitrag belastet werden.

BVerwG, Beschluss vom 31.1.2019, Az.: 1 WB 28.17, RA 2019, 365 ff.
Die Vorgaben für die Haartracht von Soldaten finden im Soldatengesetz keine hinreichend bestimmte Ermächtigungsgrundlage. Allerdings darf der Parlamentsgesetzgeber, wenn er eine Regelung trifft, die weiblichen Soldaten besser stellen als die männlichen Soldaten. Weiterhin kommt ein Vergleich mit der sog. Hemdkragengrenze bei Polizisten nicht in Betracht, weil es an der Vergleichbarkeit der Sachverhalte fehlt.

BVerwG, Urteil vom 4.5.2017, Az.: 2 C 45/16, RA-Telegramm 10/2017, S. 77
Das Auftreten eines in den Ruhestand versetzten Richters als Rechtsanwalt vor dem Gericht, an der er zuvor tätig war, begründet die Besorgnis der Beeinträchtigung dienstlicher Belange und rechtfertigt es, ihm diese Tätigkeit für eine Übergangszeit zu untersagen.
Die für eine Untersagungsverfügung erforderliche Besorgnis liegt nur bei einer nach außen erkennbaren Tätigkeit als Prozessbevollmächtigter vor. Hintergrundberatungen oder andere „of counsel"-Aktivitäten dürfen nicht untersagt werden.

c) Ggf. Verfassungsmäßigkeit eines materiellen Gesetzes
Verhältnismäßigkeit.
Prüfung ist nur sinnvoll, wenn die Ungleichbehandlung nicht durch das formelle Gesetz zwingend vorgegeben ist. Anderenfalls steht die Verfassungsmäßigkeit der Ungleichbehandlung schon nach der Prüfung des formellen Gesetzes fest.

Examenstipps:
VGH Kassel, Beschluss vom 28.4.2020, Az.: 8 B 1039/20.N, RA 2020, 314 ff.
Die für Verkaufsstellen des Einzelhandels geltende Begrenzung der Verkaufsfläche auf 800 qm verstößt nicht gegen Art. 12 I GG und verletzt – auch in Anbetracht der Befreiung z.B. von Buchhandlungen von dieser Flächenbegrenzung – nicht den allgemeinen Gleichheitssatz des Art. 3 I GG.

OVG Koblenz, Beschluss vom 12.6.2019, Az.: 10 B 10515/19, RA 2019, 482 ff.
Das Burkiniverbot in einer Badeordnung für gemeindliche Schwimmbäder, das eine Kontrolle ermöglichen soll, ob gesundheitsgefährdende Krankheiten bestehen, verstößt gegen das allgemeine Gleichbehandlungsgebot, wenn gleichzeitig das Tragen von Neoprenanzügen erlaubt ist.

OVG Münster, Beschluss vom 12.9.2018, Az.: 6 A 2272/18
Die Bestimmung einer Einstellungsvoraussetzung für das Beamtenverhältnis bedarf dann eines Parlamentsgesetzes, wenn eine dem Gesetzgeber vorbehaltene Abwägung des Bestenauslesegrundsatzes des Art. 33 II GG mit anderen verfassungsrechtlichen Gewährleistungen geboten ist.
Die Versagung der Einstellung eines Bewerbers in den Polizeivollzugsdienst wegen einer Tätowierung bedarf einer hinreichend bestimmten gesetzlichen Grundlage.

OVG Münster, Urteil vom 21.9.2017, Az.: 6 A 916/16
Die Festlegung einer Mindestkörpergröße von 163 cm als Eignungskriterium für den Zugang zum gehobenen Polizeivollzugsdienst in NRW ist aus Rechtsgründen nicht zu beanstanden. Die Bestimmung einer darüber hinausgehenden Mindestkörpergröße von 168 cm nur für männliche Bewerber, die der Vermeidung einer Benachteiligung von Frauen dienen soll, ist aber schon deshalb rechtswidrig, weil das beklagte Land sie, ohne vom Parlamentsgesetzgeber dazu ermächtigt worden zu sein, lediglich durch Erlass vorgenommen hat.

d) Ggf. Verfassungsmäßigkeit des Einzelaktes
Verhältnismäßigkeit.
Prüfung ist nur sinnvoll, wenn die Ungleichbehandlung nicht durch das formelle Gesetz zwingend vorgegeben ist. Anderenfalls steht die Verfassungsmäßigkeit der Ungleichbehandlung schon nach der Prüfung des formellen Gesetzes fest.

Examenstipp:
BVerfG, Beschluss vom 30.1.2020, Az.: 2 BvR 1005/18, RA 2020, 309 ff.
Art. 3 III 2 GG hat zu einem Paradigmenwechsel geführt. Die individuelle Autonomie behinderter Menschen und ihre Freiheit, eigene Entscheidungen zu treffen, sind zu achten. Deshalb muss sich ein behinderter Mensch auch nicht gegen seinen Willen von einer anderen Person anfassen, führen oder im Rollstuhl schieben lassen.

B. Einzelne examensrelevante Grundrechte

I. Allgemeines Persönlichkeitsrecht (APR), Art. 2 I i.V.m. Art. 1 I 1 GG

1. Eingriff in den SB

   a) Sachlicher SB
      = Schutz der persönlichen Lebenssphäre.
      Wegen der ständig neu auftretenden Gefahrensituationen für die Persönlichkeitsentwicklung ist der SB „offen", d.h. Erweiterungen zugänglich.

      <u>Fallgruppen:</u>
      - Schutz der Privatsphäre, z.B.:
        - Recht auf Kenntnis der eigenen Abstammung
        - Schutz von Tagebuchaufzeichnungen
      - Öffentliche Darstellung, z.B.:
        - Recht am eigenen Bild und Wort
        - Recht auf Gegendarstellung
        - Recht auf informationelle Selbstbestimmung (= Datenschutz)
        - Vertraulichkeit und Integrität informationstechnischer Systeme (sog. Computergrundrecht/Online-Durchsuchung)

   b) Persönlicher SB
      Jedermannrecht.

      Problem: Juristische Personen
      Strittig, da das APR auch in Art. 1 I 1 GG verankert ist, den juristische Personen nicht geltend machen können. Richtigerweise kommt es auf die konkrete Einzelausprägung des APR an. Daher sind z.B. das Recht am eigenen Bild und Wort auf juristische Personen anwendbar, das Recht auf Kenntnis der eigenen Abstammung hingegen nicht.

   c) Eingriff

2. Rechtfertigung des Eingriffs

   a) Festlegung der Schranke
      Schrankentrias, weil das APR primär in Art. 2 I GG wurzelt.
      Verfassungsmäßige Ordnung = jedes Gesetz.

   b) Schranken-Schranken

      aa) Verfassungsmäßigkeit des eingreifenden formellen Gesetzes

         (1) Formelle Verfassungsmäßigkeit

         (2) Materielle Verfassungsmäßigkeit

            <u>Beachte:</u> Sphärentheorie i.R.d. Verhältnismäßigkeit/Angemessenheit. Danach sind zu trennen:
            - **Intimsphäre** = Wesensgehalt („Blick ins Schlafzimmer"). Eingriffe sind nie gerechtfertigt.
            - **Privatsphäre** = Privatbereich jenseits der Intimsphäre. Eingriff muss dem Schutz eines besonders wichtigen Rechtsguts dienen.
            - **Sozialsphäre** = Darstellung in der Öffentlichkeit. Keine besonderen Anforderungen an die Rechtfertigung.

Examenstipps:
BVerfG, Urteil vom 26.2.2020, Az.: 2 BvR 2347/15 u.a., RA 2020, 197 ff.
Das allgemeine Persönlichkeitsrecht umfasst als Ausdruck persönlicher Autonomie ein Recht auf selbstbestimmtes Sterben. Das Recht auf selbstbestimmtes Sterben schließt die Freiheit ein, sich das Leben zu nehmen. Die Entscheidung des Einzelnen, seinem Leben entsprechend seinem Verständnis von Lebensqualität und Sinnhaftigkeit der eigenen Existenz ein Ende zu setzen, ist im Ausgangspunkt als Akt autonomer Selbstbestimmung von Staat und Gesellschaft zu respektieren. Die Freiheit, sich das Leben zu nehmen, umfasst auch die Freiheit, hierfür bei Dritten Hilfe zu suchen und Hilfe, soweit sie angeboten wird, in Anspruch zu nehmen.
Die Achtung vor dem grundlegenden, auch das eigene Lebensende umfassenden Selbstbestimmungsrecht desjenigen, der sich in eigener Verantwortung dazu entscheidet, sein Leben selbst zu beenden, und hierfür Unterstützung sucht, tritt in Kollision zu der Pflicht des Staates, die Autonomie Suizidwilliger und darüber auch das hohe Rechtsgut Leben zu schützen.
Wenn die Rechtsordnung bestimmte, für die Autonomie gefährliche Formen der Suizidhilfe unter Strafe stellt, muss sie sicherstellen, dass trotz des Verbots im Einzelfall ein Zugang zu freiwillig bereitgestellter Suizidhilfe real eröffnet bleibt.
Das Verbot der geschäftsmäßigen Förderung der Selbsttötung in § 217 I StGB verengt die Möglichkeiten einer assistierten Selbsttötung in einem solchen Umfang, dass dem Einzelnen faktisch kein Raum zur Wahrnehmung seiner verfassungsrechtlich geschützten Freiheit verbleibt.
Niemand kann verpflichtet werden, Suizidhilfe zu leisten.

BVerfG, Beschlüsse vom 18.12.2018, 1 BvR 142/15 und 1 BvR 2795/09, 1 BvR 3187/10, RA-Telegramm 3/2019, S. 26, 29
In automatisierten Kfz-Kennzeichenkontrollen liegen Grundrechtseingriffe gegenüber allen Personen, deren Kraftfahrzeugkennzeichen erfasst und abgeglichen werden, unabhängig davon, ob die Kontrolle zu einem Treffer führt.

BVerfG, Beschluss vom 10.10.2017, Az.: 1 BvR 2019/16, RA-Telegramm 12/2017, S. 97
Die Regelungen des Personenstandsrechts sind mit den grundgesetzlichen Anforderungen insoweit nicht vereinbar, als § 22 III Personenstandsgesetz (PStG) neben dem Eintrag „weiblich" oder „männlich" keine dritte Möglichkeit bietet, ein Geschlecht positiv eintragen zu lassen. Das allgemeine schützt auch die geschlechtliche Identität derjenigen, die sich dauerhaft weder dem männlichen noch dem weiblichen Geschlecht zuordnen lassen. Darüber hinaus verstößt das geltende Personenstandsrecht auch gegen das Diskriminierungsverbot (Art. 3 III GG), soweit die Eintragung eines anderen Geschlechts als „männlich" oder „weiblich" ausgeschlossen wird.

BVerwG, Urteil vom 14.5.2020, Az.: 2 C 13.19, RA-Telegramm 6/2020, S. 78
Das in Art. 75 II 2 BayBG normierte Verbot für Polizeivollzugsbeamte, sich an Kopf, Hals, Händen und Unterarmen im sichtbaren Bereich tätowieren oder vergleichbar behandeln zu lassen, verletzt weder das allgemeine Persönlichkeitsrecht dieser Beamten noch verstößt es gegen den Grundsatz der Verhältnismäßigkeit. Denn dieses Verbot ist geeignet und erforderlich, das vom Gesetzgeber vorgegebene Ziel eines einheitlichen und neutralen Erscheinungsbildes der Polizei zu fördern.

BVerwG, Urteil vom 26.9.2019, Az.: 2 C 33.18, RA 2020, 34 ff.
Die Pflicht für Polizisten, im Einsatz Namensschilder oder Kennnummern zu tragen, ist verfassungsgemäß.

bb) Verfassungsmäßigkeit des eingreifenden materiellen Gesetzes

> **Examenstipp:**
> **OVG Münster, Beschluss vom 23.6.2020, Az.: 13 B 695/20.NE, RA 2020, 427 ff.**
> Die in der nordrhein-westfälischen Coronaschutzverordnung vorgesehene Daten-
> erhebung zum Zweck der Kontaktpersonennachverfolgung im Bereich der Gastronomie,
> des Friseurhandwerks und der Fitnessstudios ist voraussichtlich rechtmäßig.

cc) Verfassungsmäßigkeit des Einzelakts

> **Examenstipp:**
> **BVerwG, Urteil vom 2.3.2017, Az.: 3 C 19.15**
> Der Erwerb eines Betäubungsmittels zum Zweck der Selbsttötung ist grundsätzlich
> nicht erlaubnisfähig.
> Das allgemeine Persönlichkeitsrecht aus Art. 2 I i.V.m. Art. 1 I 1 GG umfasst auch
> das Recht eines schwer und unheilbar kranken Menschen, zu entscheiden, wie und
> zu welchem Zeitpunkt sein Leben enden soll, vorausgesetzt, er kann seinen Willen
> frei bilden und entsprechend handeln.
> Im Hinblick auf dieses Grundrecht ist § 5 I Nr. 6 BtMG dahin auszulegen, dass der
> Erwerb eines Betäubungsmittels für eine Selbsttötung mit dem Zweck des Gesetzes
> ausnahmsweise vereinbar ist, wenn sich der suizidwillige Erwerber wegen einer
> schweren und unheilbaren Erkrankung in einer extremen Notlage befindet.
> Eine extreme Notlage ist gegeben, wenn - erstens - die schwere und unheilbare
> Erkrankung mit gravierenden körperlichen Leiden, insbesondere starken Schmerzen
> verbunden ist, die bei dem Betroffenen zu einem unerträglichen Leidensdruck führen
> und nicht ausreichend gelindert werden können, - zweitens - der Betroffene entschei-
> dungsfähig ist und sich frei und ernsthaft entschieden hat, sein Leben beenden zu
> wollen und ihm - drittens - eine andere zumutbare Möglichkeit zur Verwirklichung des
> Sterbewunsches nicht zur Verfügung steht.

II. Glaubens- und Gewissensfreiheit, Art. 4 I, II GG

1. Eingriff in den SB

a) Persönlicher SB
Jedermannrecht

> **Problem:** Kollektive Glaubensfreiheit
> Glaube wird i.d.R. in Gruppenform gelebt. Auch die kollektive Glaubensfreiheit ist deshalb geschützt. Das wird teilweise aus Art. 4 I, II GG direkt hergeleitet. Danach soll es sich um ein Doppelgrundrecht handeln, das die individuelle und kollektive Glaubensfreiheit schützt. Die h.M. verweist jedoch auf Art. 19 III GG als Spezialvorschrift. Diese Vorschrift normiere abschließend, ob ein Grundrecht auf Personenmehrheiten anwendbar ist. Auswirkungen hat diese Streitfrage bei ausländischen Personenmehrheiten. Sie werden von Art. 4 I, II GG als Jedermannrecht erfasst, nicht aber von Art. 19 III GG.

b) Sachlicher SB
Einheitlicher SB der Glaubens- und Gewissenfreiheit in Art. 4 I+II GG, weil ansonsten nur hinsichtlich der Religionsfreiheit die Ausübung des Grundrechts gem. Art. 4 II GG geschützt wäre, was eine unzulässige Privilegierung der Religion darstellen würde.

Glauben = jede Überzeugung des Einzelnen von der Stellung des Menschen in der Welt und seinen Beziehungen zu höheren Mächten und tieferen Seinsschichten (transzendenter Bezug).

Gewissen = jede ernstlich an den Kategorien „gut/böse" und „gerecht/ungerecht" orientierte Überzeugung, die der Einzelne für sich als verbindlich erfährt.

Geschützt ist das Recht, einen Glauben/ein Gewissen zu bilden und zu haben (forum internum) sowie das Recht, nach seinem Glauben/Gewissen zu leben (forum externum). Ebenfalls geschützt ist - wie bei jedem Grundrecht - die negative Freiheit, d.h. das Recht, einen Glauben/Gewissen nicht zu bilden/haben/leben.

> Beachte: Entscheidend für die Eröffnung des sachlichen SB ist die individuelle Glaubensüberzeugung. Ob andere Personen den Glauben teilen, spielt keine Rolle. Allerdings schützt Art. 4 I, II GG auch die kollektive Glaubensfreiheit und damit die Betätigung von Religionsgemeinschaften. Bestätigt wird dies durch Art. 140 GG i.V.m. Art. 137 WRV. Art. 137 III WRV gewährt den Religionsgemeinschaften ein Selbstverwaltungsrecht, das so weit geht, dass es auch eine eigene Kirchengerichtsbarkeit erfasst.
> Erforderlich ist eine substantiierte Darlegung der Glaubens- bzw. Gewissensgeleitetheit des Handelns, bloße Verbalbehauptungen genügen nicht. Daher fällt ein lediglich religiös motiviertes wirtschaftliches Handeln, bei dem primär finanzielle Interessen verfolgt werden, nicht in den Schutzbereich (Bsp.: Verkauf von Kaffee und Kuchen auf einem Pfarrfest; Kauf eines Grundstücks durch eine Kirchengemeinde zwecks Errichtung einer religiösen Begegnungsstätte).

c) Eingriff

2. Rechtfertigung des Eingriffs

a) Festlegung der Schranke
Für die Gewissensfreiheit existiert kein Gesetzesvorbehalt, es greifen nur die verfassungs-immanenten Schranken.

Problem: Schranke der Glaubensfreiheit
Nach einer M.M. existiert ein Gesetzesvorbehalt gem. Art. 140 GG i.V.m. Art. 136 I WRV. Über den Anwendungsbefehl des Art. 140 GG handelt es sich bei Art. 136 I WRV um voll gültiges Verfassungsrecht. Zudem akzeptiert auch die h.M. Art. 136 III 2 WRV als Gesetzesvorbehalt. Es gibt keinen Grund, dies bei Art. 136 I WRV anders zu sehen.
Die h.M. geht gleichwohl von einem vorbehaltlos geschützten Grundrecht aus. Die Glaubensfreiheit sei bewusst vom Verfassungsgesetzgeber an die Spitze des GG gestellt worden, um ihre starke Stellung zu betonen. Art. 4 I, II GG überlagere und verdränge deshalb Art. 136 I WRV (sog. „Überlagerungs-theorie"). Zudem bestehe kein sachlicher Grund, die Glaubensfreiheit anders zu behandeln als die ebenfalls in Art. 4 I, II GG geschützte Gewissensfreiheit, die keinen Gesetzesvorbehalt hat.

Beachte: **Prüfungsablauf bei verfassungsimmanenten Schranken:**

1. Feststellen, dass kein ausdrücklicher Gesetzvorbehalt existiert (die wichtigs-ten Fälle: Art. 4 I, II GG, Art. 5 III 1 GG, Art. 8 I GG für Versammlungen in geschlossenen Räumen).

2. Sodann klarstellen, dass die verfassungsimmanenten Schranken greifen = kollidierende Grundrechte Dritter und andere Rechtsgüter von Verfas-sungsrang.
Die Existenz der verfassungsimmanenten Schranken ist so anerkannt, dass sie in der Klausur nicht hergeleitet werden müssen.

3. Benennung der kollidierenden Grundrechte Dritte oder anderen Rechtsgüter von Verfassungsrang. Sollte es Zweifel an ihrer Beeinträchtigung geben, muss dies an dieser Stelle genauer geprüft werden.

4. Parlamentsgesetz erforderlich, dass die verfassungsimmanenten Schranken konkretisiert. Dieses Erfordernis folgt aus der Wesentlichkeitstheorie sowie aus einem erst recht-Schluss. Bedarf es für eine Einschränkung der Grund-rechte mit Gesetzesvorbehalt einer gesetzlichen Regelung, muss dies erst recht für Grundrechte ohne Gesetzesvorbehalt gelten. Anderenfalls könnten Exekutive und Judikative ohne jede gesetzliche Grundlage in vorbehaltlos geschützte Grundrechte eingreifen.

5. Dieses Parlamentsgesetz muss den Grundrechtskonflikt nach dem Prinzip der praktischen Konkordanz lösen. D.h. es muss die kollidierenden Grund-rechte bzw. Rechtsgüter von Verfassungsrang so in Beziehung zueinander setzen, dass sie ein möglichst hohes Maß an Wirksamkeit behalten (= Verhältnismäßigkeit).

b) Schranken-Schranken

aa) Verfassungsmäßigkeit des eingreifenden formellen Gesetzes

> **Examenstipp:**
> **BVerfG, Beschluss vom 14.1.2020, Az.: 2 BvR 1333/17, RA 2020, 203 ff.**
> Die Rechtsreferendaren auferlegte Pflicht, bei Tätigkeiten, bei denen sie als Repräsentanten des Staates wahrgenommen werden, keine religiösen Symbole zu tragen, greift in die Glaubensfreiheit ein.
> Verfassungsimmanente Schranken, die den Eingriff rechtfertigen können, sind: der Grundsatz der weltanschaulich-religiösen Neutralität des Staates, der Grundsatz der Funktionsfähigkeit der Rechtspflege und die negative Glaubensfreiheit Dritter. Keine verfassungsimmanenten Schranken sind hingegen das Gebot richterlicher Unparteilichkeit und der Gedanke der Sicherung des weltanschaulich-religiösen Friedens.
> Der Staat muss sich nicht jede bei Gelegenheit der Amtsausübung getätigte private Grundrechtsausübung seiner Amtsträger als eigene zurechnen lassen. Eine Zurechnung kommt aber insbesondere dann in Betracht, wenn der Staat - wie im Bereich der Justiz - auf das äußere Gepräge einer Amtshandlung besonderen Einfluss nimmt. Anders als im Bereich der Schule, in der sich gerade die religiös-pluralistische Gesellschaft widerspiegeln soll, tritt der Staat dem Bürger in der Justiz klassisch-hoheitlich und daher mit größerer Beeinträchtigungswirkung gegenüber.
> Das Verwenden eines religiösen Symbols im richterlichen Dienst ist für sich genommen nicht geeignet, Zweifel an der Objektivität der betreffenden Richter zu begründen.
> Die Entscheidung des Gesetzgebers für eine Pflicht, sich im Rechtsreferendariat in weltanschaulich-religiöser Hinsicht neutral zu verhalten, ist aus verfassungsrechtlicher Sicht zu respektieren.
>
> **VerfGH München, Entscheidung vom 14.3.2019, Az.: Vf. 3-VII-18, RA 2019, 252 ff.**
> Eine Vorschrift, die Richtern, Staatsanwälten und Landesanwälten unter bestimmten Voraussetzungen das Tragen religiös oder weltanschaulich geprägter Symbole oder Kleidungsstücke in Verhandlungen sowie bei Amtshandlungen mit Außenkontakt verbietet, ist verfassungskonform.
> Das Verbot greift in die Glaubens- und Gewissensfreiheit der betroffenen Amtsträger ein. Im Widerstreit hierzu stehen die negative Glaubens- und Bekenntnisfreiheit der Prozessbeteiligten und die Pflicht des Staates zu weltanschaulich-religiöser Neutralität im Bereich der Justiz. Bei der Abwägung der kollidierenden Verfassungsgüter durfte der Gesetzgeber insbesondere berücksichtigen, dass die Person des Amtsträgers bei der Ausübung der übertragenen Funktion tendenziell hinter dem Amt zurücktritt.
>
> **VGH Kassel, Beschluss vom 23.5.2017, Az.: 1 B 1056/17, RA 2017, 421 ff.**
> Das staatliche Neutralitätsgebot rechtfertigt ein Kopftuchverbot für Rechtsreferendarinnen bei Tätigkeiten, bei denen sie die Justiz oder den Staat repräsentieren (z.B. Durchführung einer Beweisaufnahme oder Sitzungsvertretung für die Staatsanwaltschaft).

bb) Verfassungsmäßigkeit des Einzelakts

> **Examenstipp:**
> **VGH Mannheim, Urteil vom 4.9.2017, Az.: 10 S 30/16, RA 2017, 650 ff.**
> Das der Straßenverkehrsbehörde durch § 46 I 1 Nr. 5b Alt. 2 StVO hinsichtlich Befreiungen von der Schutzhelmpflicht des § 21a II 1 StVO eingeräumte Ermessen ist nicht bereits deswegen auf Null reduziert, weil einem Kraftradfahrer das Tragen eines Schutzhelms wegen der religiösen Pflicht zum Tragen eines Turbans nicht möglich ist.

III. Art. 5 GG

1. Meinungsfreiheit, Art. 5 I 1 1. Hs. GG

a) Eingriff in den SB

aa) Persönlicher SB
Jedermannrecht. Gem. Art. 19 III GG auch auf juristische Personen anwendbar.

bb) Sachlicher SB

Meinung = jedes Werturteil, unabhängig davon, ob es vernünftig oder unvernünftig ist. Erfasst sind auch Beleidigungen einschließlich der sog. **Schmähkritik** (Umkehrschluss aus der Schranke „Recht der persönlichen Ehre" in Art. 5 II GG).
Weiterhin erfasst sind verfassungsfeindliche Äußerungen sowie Werbeaussagen, wenn sie über die bloße Imageförderung hinausgehen. Sachlicher SB ist hingegen nicht eröffnet, wenn der Zwang besteht, erkennbar fremde Meinungen wiederzugeben (z.B. Warnhinweise auf Produkten ➜ Art. 12 I GG).

Problem: Tatsachen
Sind nach h.M. geschützt, wenn sie Voraussetzung für die Bildung einer Meinung und weder bewusst noch erwiesen unwahr sind (kein Schutz der sog. „Auschwitz-Lüge").
Bei Vermengung von Tatsachen und Werturteilen kommt es darauf an, wo der Schwerpunkt liegt.
Geschützt ist jede Form der Meinungsäußerung, die Aufzählung in Art. 5 I 1 1. Hs. GG ist nur exemplarisch. Eine Grenze ist erreicht, wenn dem anderen die eigene Meinung aufgezwungen wird.
(<u>Bsp.:</u> Androhung wirtschaftlicher Sanktionen, wenn der andere die eigene Meinung nicht teilt).

cc) Eingriff

b) Rechtfertigung des Eingriffs

aa) Festlegung der Schranke
Qualifizierter Gesetzesvorbehalt in Art. 5 II GG.

„Allgemeines Gesetz"
= Gesetz, das sich nicht gegen eine bestimmte Meinung als solche richtet, sondern dem Schutz eines höherrangigen Rechtsguts dient.

<u>Beachte:</u> Wechselwirkungslehre, d.h. das einschränkende Gesetz muss seinerseits die besondere Bedeutung der Meinungsfreiheit in einem demokratischen Rechtsstaat beachten. Das einschränkende Gesetz wird also seinerseits begrenzt durch die besondere Wertigkeit der Meinungsfreiheit. Die Wechselwirkungslehre gilt für alle Grundrechte aus Art. 5 I 1, 2 GG und für alle Schranken des Art. 5 II GG.

Probleme:

(1) Gilt das Gebot der Meinungsneutralität auch für die Schranken des Jugend- und Ehrenschutzes?

    H.M.:   (+)

    Arg.:   Erfordernis der Allgemeinheit gewährleistet einen Schutz vor Diskriminierungen bzgl. bestimmter Meinungen. Speziell für politische Meinungen folgt dies aus Art. 3 III 1 GG. Das muss auch beim Jugend- und Ehrenschutz gelten.
Bereits zurzeit der WRV waren Jugend- und Ehrenschutz nur Unterfälle der allgemeinen Gesetze.

    Kritik: Damit sind Jugend- und Ehrenschutz obsolet, obwohl sie als eigenständige Schranken in Art. 5 II GG genannt werden.

(2) Gibt es Ausnahmen vom Gebot der Allgemeinheit der beschränkenden Gesetze?

    H.M.:   (+), wenn es um die Sanktionierung der propagandistischen Gutheißung der NS-Gewaltherrschaft geht.

    Arg.:   Solche Äußerungen stellen wegen der Einmaligkeit der Verbrechen während der NS-Zeit eine Sonderkonstellation dar. Es liegt hier eine immanente Ausnahme vom Gebot der Allgemeinheit der Gesetze vor, weil das GG gerade ein Gegenentwurf zu den Zuständen während der NS-Zeit ist. Daher ist diese Ausnahme auch nicht auf andere Konstellationen übertragbar (wie z.B. das stalinistische Terrorregime).

    Kritik: Nicht erkennbar, dass das GG nur ein Gegenentwurf zum NS-Terrorregime sein soll.
Einer immanenten Ausnahme vorzuziehen wäre die subsidiäre Anwendung der verfassungsimmanenten Schranken.
Die Schranke des Ehrenschutzes wird zunächst faktisch beseitigt und dann „durch die Hintertür" zugunsten der Opfer der NS-Gewaltherrschaft wieder eingeführt.

bb) Schranken-Schranken

(1) Verfassungsmäßigkeit des eingreifenden formellen Gesetzes

    (a) Formelle Verfassungsmäßigkeit

    (b) Materielle Verfassungsmäßigkeit

        (aa) Verhältnismäßigkeit

            Beachte: Wechselwirkungslehre i.R.d Angemessenheit, d.h. Betonung der besonderen Bedeutung der Meinungsfreiheit.

        (bb) Zensurverbot, Art. 5 I 3 GG

            Zensur = Pflicht, Äußerungen oder Medienprodukte vorab einer Behörde vorzulegen, die über die Zulässigkeit der Verbreitung und Verwendung entscheidet.

            Gemeint ist nur die Vorzensur. Wäre auch jede nachträgliche Einschränkung der Meinungsfreiheit gem. Art. 5 I 3 GG verboten, dann wären die Schranken in Art. 5 II GG überflüssig.

(2) Verfassungsmäßigkeit des Einzelakts
Verhältnismäßigkeit.

    Beachte: Wechselwirkungslehre i.R.d Angemessenheit, d.h. Betonung der besonderen Bedeutung der Meinungsfreiheit.
Für die Abwägung spielt eine Rolle, ob sich die Meinungsäußerung mit privaten oder öffentlichen Themen beschäftigt, ob es sich um einen Erstschlag oder um einen Gegenschlag handelt. Im Zweifel besteht eine Vermutung für die Zulässigkeit der freien Rede.

Problem: Mehrdeutige Äußerungen

Differenzierung:

- **Repression** (z.B. strafrechtliche Verurteilung, Schadensersatz-ansprüche, Gegendarstellung): Ist nur zulässig, wenn jede für den Betroffenen günstigere Auslegung seiner Äußerung plausibel ausgeschlossen werden kann.
Bsp.: „Soldaten sind Mörder", „Benetton-Respr.".

- **Prävention** (z.B. zivilrechtliche Unterlassungsklagen): Hier kann ohne weiteres die ungünstigste Auslegung zugrunde gelegt werden, weil es dem Äußernden freisteht, sich in Zukunft eindeutig auszudrücken und damit klarzustellen, wie er seine Äußerung versteht. Bsp.: „IM Sekretär-Entscheidung".

Beachte: Die Auslegung der Äußerung ist nur der 1. Schritt. Danach muss noch die eigentliche Abwägung erfolgen.

Examenstipps:
BVerfG, Beschluss vom 19.5.2020, Az.: 1 BvR 2397/19, RA 2020, 421 ff.
Bei herabsetzenden Äußerungen, die die Menschenwürde eines anderen antasten oder sich als Formalbeleidigung oder Schmähung darstellen, tritt die Meinungsfreiheit ausnahmsweise hinter den Ehrschutz zurück, ohne dass es einer Einzelfallabwägung bedarf. Es handelt sich dabei um eng begrenzte Ausnahmekonstellationen.
Die Menschenwürde ist verletzt, wenn sich eine Äußerung gegen den Kern der Persönlichkeit richtet, d.h. der Betroffene wird nicht als gleichwertige Persönlichkeit, sondern als unterwertiges Wesen behandelt.
Schmähkritik zeichnet sich dadurch aus, dass ihr jeglicher Sachbezug fehlt und es allein um die grundlose Verächtlichmachung einer Person geht, wie dies bei einer Privatfehde der Fall ist.
Eine Formalbeleidigung verlangt die Verwendung gesellschaftlich absolut missbilligter und tabuisierter Begrifflichkeiten, etwa aus der Fäkalsprache.
Liegt keine dieser eng begrenzten Ausnahmekonstellationen vor, überwiegt nicht automatisch die Meinungsfreiheit, auch nicht aufgrund der Vermutung zugunsten der freien Rede. Es bedarf dann aber einer Abwägung der Meinungsfreiheit mit dem Ehrschutz, die eine umfassende Auseinandersetzung mit den konkreten Umständen des Falles und der Situation, in der die Äußerung erfolgte, verlangt.
Zu den Abwägungskriterien zählen insbesondere Inhalt, Form, Anlass und Wirkung der Äußerung sowie Person und Anzahl der Äußernden, der Betroffenen und der Rezipienten.
BVerfG, Beschluss vom 22.6.2018, Az.: 1 BvR 2083/15, RA 2018, 537 ff.
Eine Verurteilung nach § 130 III StGB wegen Billigung, Leugnung oder Verharmlosung bestimmter unter der Herrschaft des Nationalsozialismus begangener Verbrechen kommt in allen Varianten - und damit auch in der Form des Verharmlosens - nur bei Äußerungen in Betracht, die geeignet sind, den öffentlichen Frieden zu gefährden. Dies ist bei der Verharmlosung eigens festzustellen und nicht wie bei anderen Varianten indiziert.
Die mögliche Konfrontation mit beunruhigenden Meinungen, auch wenn sie in ihrer gedanklichen Konsequenz gefährlich und selbst wenn sie auf eine prinzipielle Umwälzung der geltenden Ordnung gerichtet sind, gehört zum freiheitlichen Staat. Eine Verharmlosung des Nationalsozialismus als Ideologie oder eine anstößige Geschichtsinterpretation dieser Zeit allein begründen eine Strafbarkeit nicht.

2. Pressefreiheit, Art. 5 I 2 1. Fall GG

a) Eingriff in den SB

aa) Persönlicher SB
Jedermannrecht. Gem. Art. 19 III GG auch auf juristische Personen anwendbar.

bb) Sachlicher SB
Presse = jedes zur Verbreitung geeignete und bestimmte Druckerzeugnis, unabhängig davon, ob sie einmalig oder periodisch wiederkehrend erscheinen.
Adressat muss die Masse sein, nicht ein Individuum (dann Art. 10 I GG).

Probleme:

(1) Internetausgaben von Zeitungen und Zeitschriften
Str. Nach einer Ansicht ist der Pressebegriff entsprechend zu erweitern, so dass er auch digitale Ausgaben erfasst. Nach a.A. ist hier die Rundfunkfreiheit einschlägig, Art. 5 I 2 2. Fall GG.

(2) Verhältnis zur Meinungsfreiheit
Meinungsfreiheit schützt den Inhalt des Presseartikels, also das „OB" der Meinungskundgabe. Die Pressefreiheit schützt die Form der Verbreitung, das „WIE" der Meinungskundgabe, also z.B. die Redakteure bei ihrer Arbeit, das Presseerzeugnis als solches.
Geschützt ist der komplette Vorgang des Erstellens und des Vertriebs des Presseerzeugnisses. Beginnt mit dem Sammeln von Informationen (Stichwort: Informantenschutz), setzt sich fort mit der Produktion und endet beim Verkauf. Folglich ist auch der Druckereimitarbeiter geschützt, der ein Presseerzeugnis druckt, sowie der Straßenverkäufer, der Zeitungen verkauft (daneben ist häufig auch Art. 12 I GG anwendbar).

cc) Eingriff

b) Rechtfertigung des Eingriffs
Siehe die Ausführungen zur Meinungsfreiheit.

Examenstipp:
BVerfG, Beschluss vom 9.2.2017, Az.: 1 BvR 967/15, RA 2017, 200 ff.
Die Zivilgerichte müssen im Rahmen der vorzunehmenden Abwägung das Gewicht der Pressefreiheit bei der Berichterstattung über Ereignisse, die von großem öffentlichen Interesse sind, ausreichend berücksichtigen. Von Bedeutung ist dabei u.a., ob sich die abgebildete Person im öffentlichen Raum bewegt. Betrifft die visuelle Darstellung die Privatsphäre oder eine durch räumliche Privatheit geprägte Situation, ist das Gewicht der Belange des Persönlichkeitsschutzes erhöht.

3. Kunstfreiheit, Art. 5 III 1 1. Fall GG

a) Eingriff in den SB

aa) Persönlicher SB
Jedermannrecht. Gem. Art. 19 III GG auch auf juristische Personen anwendbar, wenn sie eine geschützte Tätigkeit ausüben.

bb) Sachlicher SB

Problem: Definition des Merkmals „Kunst"
Nach einer Ansicht ist nur Kunst, was zu den klassischen Kunstrichtungen wie Theater, Malerei etc. gehört (sog. **formaler Kunstbegriff**).
Nach a.A. zeichnet sich Kunst durch eine freie schöpferische Gestaltung aus, in der Eindrücke, Erfahrungen und Erlebnisse des Künstlers mittels einer Formensprache zur Anschauung gebracht werden (sog. **materieller Kunstbegriff**).

Schließlich sieht eine letzte Ansicht das Wesen der Kunst darin, dass sie einer fortdauernden Interpretation offen steht (sog. **offener Kunstbegriff**). Diese Auffassungen schließen sich nicht gegenseitig aus, sondern ergänzen sich.

Erfasst ist auch die sog. **unfriedliche Kunst**, die in Rechte Dritter eingreift (z.B. Sprayer), weil Art. 5 III 1 GG keine Schutzbereichsausschlüsse hat.
In Zweifelsfällen ist darauf abzustellen, ob ein in Kunstfragen sachverständiger Dritter das Werk als Kunst einstufen würde.
Geschützt ist der Werk- und Wirkbereich (= Darstellung und Verbreitung der Kunst). Eine Grenze ist erst erreicht, wenn es nur noch um Kommerz geht.

cc) Eingriff

b) Rechtfertigung des Eingriffs

    aa)   Festlegung der Schranke
           Qualifizierter Gesetzesvorbehalt greift nach Wortlaut („diese Rechte") und systematischer Stellung nicht, so dass nur verfassungsimmanente Schranken gelten (s. dazu oben Art. 4 GG).

    bb)   Schranken-Schranken

         (1)   Verfassungsmäßigkeit des eingreifenden formellen Gesetzes

         (2)   Verfassungsmäßigkeit des Einzelakts

IV. Versammlungsfreiheit, Art. 8 GG

1. Eingriff in den SB

a) Persönlicher SB
Deutschenrecht. Personen, die nicht EU-Bürger sind, können sich auf Art. 2 I GG berufen. Gem. Art. 19 III GG auch auf juristische Personen anwendbar, wenn sie z.B. eine Versammlung veranstalten.

b) Sachlicher SB

    aa)   Versammlung
          = Zusammentreffen mehrerer Personen, zwischen denen eine innere Verbindung besteht.
          Innere Verbindung bedeutet, dass die Personen einander brauchen, um das verfolgte Ziel zu erreichen. Fehlt die innere Verbindung, handelt es sich nur um eine Ansammlung.

    Probleme:
         (1)   Anzahl der Personen
             Nach h.M. genügen wegen des individualbezogenen Schutzzwecks des Art. 8 I GG 2 Personen. Nach a.A. müssen es mindestens 3 Personen sein, weil 2 Personen keine Versammlung, sondern ein „Paar" sind.
         (2)   Gemeinsamer Zweck
             Nach h.M. muss mit der Zusammenkunft der Zweck verfolgt werden, öffentliche Angelegenheiten zu diskutieren (sog. **enger Versammlungsbegriff**). Damit sollen Veranstaltungen wie die „Love-Parade" ausgeschlossen werden, bei denen es primär nur um Konsum (Spaß und Unterhaltung) geht. Ferner ergebe die historische Auslegung, dass Art. 8 GG in Reaktion auf die Weimarer und NS-Zeit primär dem Schutz politischer Versammlungen diene. Problematisch ist, dass dadurch der Anwendungsbereich des Art. 8 I GG sehr verengt wird. Ferner versursacht das Merkmal „öffentliche Angelegenheiten" Abgrenzungsschwierigkeiten.

Eine Gegenauffassung lässt deshalb jede kollektive Meinungsbildung und Meinungsäußerung genügen, unabhängig davon, ob es um öffentliche oder private Angelegenheiten geht (sog. **erweiterter Versammlungsbegriff**). Zur Begründung wird darauf verwiesen, dass Art. 8 I GG in einer engen Beziehung zur Meinungsfreiheit nach Art. 5 I 1 1. Fall GG stehe. Es gehe deshalb bei Art. 8 I GG darum, jede Meinungsbildung in Gruppenform zu schützen.

Eine noch weitergehende M.M. lässt jeden Zweck genügen, gibt das Merkmal der Zwecksetzung also faktisch auf. Das verursacht allerdings Abgrenzungsprobleme zur Ansammlung.

<u>Beachte:</u> Geschützt ist nicht nur die Abhaltung der Versammlung selbst, sondern auch deren Vorbereitung (Festlegung von Ort, Zeit, Motto der Versammlung) sowie der Weg zur Versammlung sowie das Verlassen der Versammlung. Auch die „kritische Teilnahme" an einer Versammlung (Buhrufe, Trillerpfeifen etc.) ist grds. geschützt. Eine Grenze ist erst erreicht, wenn die Handlung darauf ausgerichtet ist, die Versammlung zu verhindern.

Die Versammlungsfreiheit gewährt kein Zutrittsrecht zu beliebigen Orten. Art. 8 I GG schützt jedoch die Durchführung von Versammlungen an solchen Orten, die dem allgemeinen öffentlichen Verkehr und der allgemeinen Kommunikation dienen. Das gilt zum einen im öffentlichen Straßenraum. Zum anderen können auch andere Orte der allgemeinen Kommunikation erfasst sein wie Einkaufszentren und Ladenpassagen (<u>Bsp.:</u> Für die Terminals des Frankfurter Flughafens ist das insoweit zu bejahen, als sie frei zugänglich sind. Für die Bereiche hinter den Sicherheitsschleusen und die Gepäckausgabe liegt diese Voraussetzung nicht vor. Hier wird der Zugang individuell kontrolliert bzw. diese Bereiche dienen nur einer ganz bestimmten Funktion. <u>Gegenbsp.:</u> Der Stuttgarter Hauptbahnhof ist wegen seiner Bauweise und der Anordnung des Gastronomie- und Geschäftsangebots nicht dem allgemeinen öffentlichen Verkehr eröffnet, sondern dient primär der Abwicklung des Reiseverkehrs.).

bb) Schutzbereichsausschlüsse

Waffe	=	jeder gefährliche Gegenstand, der mit Verwendungsabsicht mitgeführt wird.
Unfriedlich	=	gewalttätiger und aufrührerischer Verlauf (vgl. § 5 Nr. 3 VersG). Gewalt i.S.d. § 240 StGB ist nicht ausreichend.

c) Eingriff

Versammlungstypische Gefahr muss vorliegen, d.h. das staatliche Handeln muss sich gegen die Versammlungsfreiheit richten und darf nicht andere Ziele verfolgen. Fehlt z.B., wenn ein Versammlungsraum von der Polizei geräumt wird, weil die Decke einzustürzen droht.

Hingegen liegt ein Eingriff vor, wenn die Wahrnehmbarkeit der Versammlung behindert wird, z.B. durch Sichtblenden. Ein Eingriff ist ferner die Videoüberwachung wegen der Gefahr der Einschüchterung der Versammlungsteilnehmer.

2. Rechtfertigung des Eingriffs

a) Festlegung der Schranke

Einfacher Gesetzesvorbehalt in Art. 8 II GG.

<u>Voraussetzung</u>: Versammlung „**unter freiem Himmel**"
= keine feste seitliche Begrenzung (Bauzäune, Mauern etc.).
Letztlich ist für das Vorliegen einer Versammlung unter freiem Himmel entscheidend, ob die Versammlung inmitten des allgemeinen Publikumsverkehrs stattfinde, d.h. ob eine unmittelbare Auseinandersetzung mit

einer unbeteiligten Öffentlichkeit gewollt ist. Deshalb sind z.B. auch Versammlungen in einem Flughafenterminal „unter freiem Himmel". Staatlich beherrschte juristische Personen des Zivilrechts können sich für eine Rechtfertigung auf die Bestimmungen des Zivilrechts, z.B. auf das zivile Hausrecht berufen.

Bei Versammlungen, die nicht unter freiem Himmel, sondern in geschlossenen Räumen stattfinden, greifen nur die verfassungsimmanenten Schranken (s. dazu oben Art. 4 GG).

Probleme:

aa)   Verhältnis VersG ←→ allg. POR/Vorfeld- und Standardmaßnahmen
Das VersG ist spezielles Polizeirecht und deshalb gegenüber dem allg. POR lex specialis (sog. **Polizeifestigkeit von Versammlungen**).
Bei Maßnahmen im Vorfeld einer Versammlung (z.B. Personenkontrollen auf der Anfahrt) ist ein Rückgriff auf das allg. POR möglich, soweit das VersG keine Regelung enthält (wie z.B. für das Versammlungsverbot in § 15 I, II VersG). Das POR ist dabei im Lichte des Art. 8 GG auszulegen und anzuwenden (verfassungskonforme Auslegung), der auch die Vorbereitungsmaßnahmen zu einer Versammlung erfasst (s.o. sachlicher SB). Problematisch an diesem Rückgriff auf das PolG NRW bzw. OBG ist, dass § 7 PolG NRW und § 44 OBG nicht Art. 8 GG als eingeschränktes Grundrecht zitieren. Nach h.M. ist dies aber unschädlich, weil Vorfeldmaßnahmen nur als unbeabsichtigte Nebenfolge Einschränkungen des Art. 8 I GG in Kauf nähmen und daher nicht dem Zitiergebot genügen müssten.
Hat die Versammlung hingegen bereits begonnen, scheidet nach h.M. ein Rückgriff auf das allg. POR aus. Stattdessen sollen behördliche Handlungen, die im VersG nicht ausdrücklich normiert sind, als sog. **minus-Maßnahmen** gerechtfertigt werden. Legitimiere das VersG nämlich mit §§ 13 I, 15 III VersG sogar die Auflösung einer Versammlung, gestatte es erst recht auch weniger eingriffsintensive Maßnahmen.

bb)   §§ 5 ff. VersG
Können sich nicht auf die Schranke des Art. 8 II GG stützen. Sind deshalb gesetzliche Konkretisierung der verfassungsimmanenten Schranken.

cc)   Schranke bei nicht-öffentlichen Versammlungen
Nicht öffentlich sind Versammlung, zu denen nicht jedermann Zutritt hat (z.B. Parteitage). Sie unterfallen nicht der Schranke des Art. 8 II GG. Zudem ist nach h.M. das VersG nicht anwendbar, weil es nur für öffentliche Versammlungen gilt (vgl. § 1 I VersG). Daher Rückgriff auf die polizeiliche Generalklausel in verfassungskonformer Auslegung, d.h. es muss eine Gefahr für die verfassungsimmanenten Schranken bestehen.

b) Schranken-Schranken

aa)   Verfassungsmäßigkeit des eingreifenden formellen Gesetzes
Beachte: Art. 125a I 1 GG.

bb)   Verfassungsmäßigkeit des Einzelakts
Verhältnismäßigkeit

Probleme:

(1)   Unfriedliche Gegendemonstranten
Gegen diese muss eingeschritten werden. Ein Handeln gegen die friedliche Ausgangsversammlung ist nur möglich bei Vorliegen der Voraussetzungen des polizeilichen Notstands.

(2) Spontan- und Eilversammlungen
Anmeldefrist des § 14 I VersG gilt bei Spontanversammlungen (= entstehen aus einem momentanen Anlass, haben keinen Veranstalter) gar nicht. Bei Eilversammlungen (= haben Veranstalter, jedoch wird Versammlungszweck vereitelt, wenn die Anmeldefrist beachtet werden muss) wird § 14 I VersG von der h.M. verfassungskonform so ausgelegt, dass sie möglichst früh angemeldet werden müssen. Bloßer Verstoß gegen Anmeldepflicht legitimiert im Übrigen keine Auflösung der Versammlung (unangemessen).

(3) Öffentliche Ordnung als Verbots- bzw. Auflösungsgrund
Grds. nicht, weil Art. 8 GG wegen seiner besonderen Bedeutung für die Demokratie ein zu wichtiges Grundrecht, Verbot und Auflösung ein zu erheblicher Eingriff und die öffentliche Ordnung ein zu unbestimmter Rechtsbegriff ist. Zulässig sind nur Auflagen wie z.B. Verlegung der Demonstrationsroute.
Strittig ist, ob für rechtsextreme Versammlungen eine Ausnahme gilt. Das wird teilweise vertreten, weil eine Gesamtschau des GG zeige, dass derartiges Gedankengut vom GG missbilligt werde und solche Versammlungen daher weniger schutzwürdig seien. Die h.M. lehnt dies ab. Es bestehe ansonsten die Gefahr, dass missliebige Meinungen unterdrückt werden. Auch sehe das GG mit Art. 18, 21 II GG Sanktionen für Personen und Parteien vor, die sich gegen die verfassungsmäßige Ordnung auflehnen.

Examenstipp:
OVG Münster, Beschluss vom 3.11.2017, Az.: 15 B 1370/17, RA 2018, 33 ff.
Das Interesse des Veranstalters einer Versammlung und der Versammlungsteilnehmer an der ungehinderten Nutzung einer Bundesfernstraße hat je nach Lage der Dinge im Einzelfall hinter die Belange der Sicherheit und Leichtigkeit des Verkehrs zurückzutreten. Für Bundesautobahnen gilt dies in herausgehobener Weise, weil sie gem. § 1 III FStrG nur für den Schnellverkehr mit Kraftfahrzeugen bestimmt sind.

V. Vereinigungsfreiheit, Art. 9 GG

1. Eingriff in den SB

a) Persönlicher SB
Deutschenrecht. Personen, die nicht EU-Bürger sind, können sich auf Art. 2 I GG berufen.

Problem: Gilt Art. 19 III GG für Vereinigungen?
Nach einer Ansicht ist Art. 19 III GG anwendbar, weil er die Grundrechtsberechtigung von Vereinigungen abschließend regele. Die h.M. geht hingegen davon aus, dass die Anwendung des Art. 19 III GG nicht erforderlich sei. Art. 9 I, III GG sei ein Doppelgrundrecht, das die individuelle und kollektive Vereinigungsfreiheit gewährleiste. Nur so sei für Vereinigungen ein effektiver Grundrechtsschutz gewährleistet.

b) Sachlicher SB
„Vereine" und „Gesellschaften" sind Unterfälle des Oberbegriffs „Vereinigung"

Vereinigungen = Zusammenschlüsse, zu denen sich eine Mehrheit natürlicher oder juristischer Personen für längere Zeit zu einem gemeinsamen Zweck freiwillig zusammengeschlossen und einer organisierten Willensbildung unterworfen haben.
Zweck und Rechtsform der Vereinigung sind unerheblich. Zwangszusammenschlüsse werden nicht erfasst, können nur durch staatlichen Hoheitsakt vorgenommen werden.
Geschützt ist die Freiheit, eine Vereinigung zu gründen bzw. ihr beizutreten und (negativ) das Recht zum Fernbleiben bzw. Austritt.

Probleme:

aa) Schützt die negative Vereinigungsfreiheit vor Zwangsmitgliedschaften in öff.-recht-lichen Vereinigungen?

H.M.: (-)

Arg.: Art. 9 I GG schützt positiv nicht das Recht, eine öff.-rechtliche Vereinigung zu gründen. Also ist auch negativ nicht das Recht geschützt, ihr fernzu-bleiben. Schutz gewährt hier nur Art. 2 I GG.

M.M.: (+)

Arg.: Kein sachlicher Grund ersichtlich, weshalb die Zwangsmitgliedschaft in privat-rechtlichen Vereinigungen über Art. 9 I GG angegriffen werden kann, dies aber bei öff.-rechtlichen Vereinigungen nicht der Fall sein soll.

bb) Schutzumfang des Art. 9 I, III GG bzgl. Vereinigungen
Geschützt sind die Tätigkeiten der Vereinigung zur Sicherung ihrer Existenz- und Funktionsfähigkeit, ihre Selbstbestimmung über die eigene Organisation, das Verfah-ren ihrer Willensbildung und die Führung der Geschäfte (Bsp.: Aufnahme und Ausschluss von Mitgliedern, Mitgliederwerbung, Selbstdarstellung nach außen sowie - bzgl. Art. 9 III GG - die Durchführung von Arbeitskampfmaßnahmen).
Nicht geschützt sind Tätigkeiten, die auch Einzelpersonen in gleicher Weise vorneh-men können, z.B. Beantragung eines VA.

c) Eingriff

2. Rechtfertigung des Eingriffs

a) Festlegung der Schranke

- Qualifizierter Gesetzesvorbehalt in Art. 9 II GG (h.M.)
Könnte vom Wortlaut auch Schutzbereichsausschluss sein. Dann müsste sich die Regelung aber systematisch in Art. 9 I GG befinden, da dort der SB beschrieben wird. Schutzbereichsausschluss ohne vorheriges behördliches Verbot würde zudem zu Rechtsunsicherheiten führen.

Anforderungen des **qualifizierten** Gesetzesvorbehalts:

Strafgesetze	= Strafvorschriften, die sich nicht speziell gegen die Vereinigungsfreiheit richten. Ordnungswidrigkeiten genügen nicht. Das Verhalten einzelner Mitglieder ist nur relevant, wenn es der Vereinigung zugerechnet werden kann.
Verfassungsmäßige Ordnung	= freiheitlich demokratische Grundordnung, d.h. die in Art. 20 GG normierten Strukturprinzipien des GG. Hiergegen muss die Vereinigung aktiv und aggressiv-kämpferisch vorgehen.
Völkerverständigung	= Vereinigung muss eine Störung des Friedens unter den Staaten und Völkern bezwecken. Auch hier ist ein aggressiv-kämpferisches Vorgehen notwendig.

- Verfassungsimmanente Schranken, soweit der qualifizierte Gesetzesvorbehalt nicht ein-schlägig ist.

Autor: Dr. Dirk Kues

b) Schranken-Schranken

aa)   Verfassungsmäßigkeit des eingreifenden formellen Gesetzes

> **Examenstipps:**
> **BVerfG, Urteil vom 12.6.2018, Az.: 2 BvR 1738/12 u.a., RA 2018, 374 ff.**
> Der persönliche Schutzbereich des Art. 9 III GG umfasst auch Beamte. Das Grundrecht der Koalitionsfreiheit ist vorbehaltlos gewährleistet.
> Das Streikverbot für Beamte stellt einen eigenständigen hergebrachten Grundsatz des Berufsbeamtentums im Sinne des Art. 33 V GG dar. Es erfüllt die für eine Qualifikation als hergebrachter Grundsatz notwendigen Voraussetzungen der Traditionalität und Substanzialität.
> Das Streikverbot für Beamte weist eine enge Verbindung auf mit dem beamtenrechtlichen Alimentationsprinzip, der Treuepflicht, dem Lebenszeitprinzip.
> Das Streikverbot für Beamtinnen und Beamte in Deutschland steht mit dem Grundsatz der Völkerrechtsfreundlichkeit des Grundgesetzes im Einklang und ist insbesondere mit den Gewährleistungen der Europäischen Menschenrechtskonvention vereinbar.
>
> **BVerfG, Urteil vom 11.7.2017, Az.: 1 BvR 1571/15 u.a., RA-Telegramm 8/2017, S. 60**
> Gesetzliche Regelungen, die in den Schutzbereich des Art. 9 III GG fallen, und die Funktionsfähigkeit des Systems der Tarifautonomie herstellen und sichern sollen, verfolgen einen legitimen Zweck. Dazu kann der Gesetzgeber nicht nur zwischen den sich gegenüberstehenden Tarifvertragsparteien Parität herstellen, sondern auch Regelungen zum Verhältnis der Tarifvertragsparteien auf derselben Seite treffen, um strukturelle Voraussetzungen dafür zu schaffen, dass Tarifverhandlungen auch insofern einen fairen Ausgleich ermöglichen und in Tarifverträgen mit der ihnen innewohnenden Richtigkeitsvermutung angemessene Wirtschafts- und Arbeitsbedingungen hervorbringen können.
>
> **BVerwG, Urteil vom 22.6.2020, Az.: 8 CN 1.19, RA-Telegramm 7/2020, S. 87 f.**
> Eine gesetzliche Ermächtigung zu Sonntagsöffnungen genügt dem verfassungsrechtlich geforderten Mindestniveau des Sonntagsschutzes gem. Art. 140 GG i.V.m. Art. 139 WRV nicht schon, wenn sie die Zahl der jährlich zulässigen gebietsweiten Öffnungen auf drei beschränkt, aber eine vielfache Zahl räumlich beschränkter, abwechselnder Öffnungen im selben Gemeindegebiet zulässt.
> Der Gesetzgeber darf nur zu Sonntagsöffnungen ermächtigen, die jeweils durch einen zureichenden Sachgrund von einem Gewicht getragen werden, das den zeitlichen und räumlichen Umfang der Öffnung rechtfertigt. Die Seltenheit einer zulässigen Sonntagsöffnung kann das Fehlen eines zureichenden Sachgrundes nicht ausgleichen.
> Anlassbezogene Sonntagsöffnungen müssen sich stets als Annex zur anlassgebenden Veranstaltung darstellen. Sie dürfen nur zugelassen werden, wenn die dem zuständigen Organ bei der Entscheidung über die Sonntagsöffnung vorliegenden Informationen und die ihm sonst bekannten Umstände die schlüssige und nachvollziehbare Prognose erlauben, die Zahl der von der Veranstaltung selbst angezogenen Besucher werde größer sein als die Zahl derjenigen, die allein wegen einer Ladenöffnung am selben Tag - ohne die Veranstaltung - kämen (prognostischer Besucherzahlenvergleich).
> Anlassbezogene Sonntagsöffnungen müssen in der Regel auf das räumliche Umfeld der Anlassveranstaltung beschränkt werden. Dieses Umfeld wird durch die Ausstrahlungswirkung der Veranstaltung bestimmt und entspricht dem Gebiet, das durch das Veranstaltungsgeschehen selbst - und nicht allein durch den Ziel- und Quellverkehr oder Werbemaßnahmen für die Veranstaltung - geprägt wird.

bb)   Verfassungsmäßigkeit des Einzelakts

VI.Brief-, Post- und Fernmeldegeheimnis, Art. 10 GG

1. Eingriff in den SB

   a) Persönlicher SB
      Jedermannrecht. Gem. Art. 19 III GG auch auf juristische Personen anwendbar.
      Geschützt werden nur die Kommunikationspartner, nicht das Kommunikationsunternehmen.

   b) Sachlicher SB

Briefgeheimnis	=	schützt alle erkennbar individuellen schriftlichen Mitteilungen davor, dass die öffentliche Gewalt von dem Inhalt Kenntnis erlangt. Erfasst im Interesse eines effektiven Grundrechtsschutzes wohl auch den offenen Versand, z.B. Postkarten. Nicht erfasst sind Massensendungen wie z.B. Zeitungen.
Postgeheimnis	=	schützt die körperliche Übermittlung von Informationen und Kleingütern durch Postdienstleister, z.B. Briefe, Pakte, Päckchen. Schützt im Gegensatz zum Briefgeheimnis auch Massensendungen.
Fernmeldegeheimnis	=	schützt die gesamte individuelle Kommunikation über das Medium drahtloser oder drahtgebundener elektromagnetischer Wellen, wobei es weder auf die konkrete Übermittlungsart noch auf die Ausdrucksform ankommt (Bsp.: Telefon- und Telegrammverkehr, Mobilfunk und Internet). Geschützt ist der gesamte laufende Kommunikationsvorgang, von der Absendung der Nachricht bis zu ihrem Empfang.

   c) Eingriff
      Jede Erfassung, Speicherung und Weitergabe von Kommunikationsinhalten und Kommunikationsdaten, insbes. das Abhören von Gesprächen. Hingegen kein Eingriff, wenn der Empfänger das Mithören/Mitschneiden gestattet. Dann ist Art. 2 I i.V.m. Art. 1 I 1 GG einschlägig. Ebenfalls kein Eingriff ist die Verhinderung der Kommunikation.

2. Rechtfertigung des Eingriffs

   a) Festlegung der Schranke
      Einfacher Gesetzesvorbehalt, Art. 10 II 1 GG. Wird durch Art. 10 II 2 GG erweitert. Zur Definition der Merkmale des Art. 10 II 2 GG siehe unten Art. 11 II GG.

   b) Schranken-Schranken

      aa) Verfassungsmäßigkeit des eingreifenden formellen Gesetzes

           Beachte: Bestimmtheitsgebot, d.h. Voraussetzungen und Umfang des Eingriffs müssen sich erkennbar aus dem Gesetz ergeben. Verwendungszweck muss bereichsspezifisch und präzise bestimmt werden. Betroffener ist zu informieren, sobald der Zweck der Maßnahme dadurch nicht gefährdet wird.

      bb) Verfassungsmäßigkeit des Einzelakts

Autor: Dr. Dirk Kues

VII. Freizügigkeit, Art. 11 GG

1. Eingriff in den SB

   a) Persönlicher SB
      Deutschenrecht. Personen, die nicht EU-Bürger sind, können sich auf Art. 2 I GG berufen. Art. 19 III GG ist nach h.M. einschlägig, weil auch juristische Personen einen Sitz innehaben, an dessen Beibehaltung oder Wechsel sie interessiert sein können.

   b) Sachlicher SB

Freizügigkeit =	Recht, an jedem Ort innerhalb des Bundesgebiets Aufenthalt und Wohnsitz zu nehmen.
Wohnsitz =	ständige Niederlassung an einem Ort.
Aufenthalt =	vorübergehendes Verweilen.

   Problem: Welche Anforderungen sind an das vorübergehende Verweilen zu stellen?
   Nach einer Ansicht sind keine besonderen Anforderungen an das Verweilen zu stellen. Lediglich wenn es um Freiheitsentziehung oder Freiheitsbeschränkungen geht, durch welche der Aufenthalt an einem anderen Ort unmöglich gemacht wird, ist Art. 2 II 2 GG spezieller.
   Nach a.A. muss das Verweilen von einer gewissen Dauer sein, der SB ist also restriktiv auszulegen. Zu einem weit gefassten SB würde nämlich der enge Gesetzesvorbehalt des Art. 11 II GG nicht passen.

   Geschützt ist die Fortbewegung zwecks Wohnsitz- und Aufenthaltsnahme innerhalb des Bundesgebiets, zwischen Gemeinden und innerhalb einer Gemeinde. Erfasst ist auch die Einreise und Einwanderung. Nicht geschützt sind hingegen Ausreise und Auswanderung. Das verdeutlicht einerseits der Wortlaut („im Bundesgebiet"). Andererseits differenziert auch Art. 73 I Nr. 3 GG zwischen Freizügigkeit und Auswanderung.

   c) Eingriff

2. Rechtfertigung des Eingriffs

   a) Festlegung der Schranke
      - Qualifizierter Gesetzesvorbehalt in Art. 11 II GG (h.M.)
        Anforderungen des qualifizierten Gesetzesvorbehalts:

Lebensgrundlage	= Der Betroffene kann seinen Lebensmindestbedarf nicht selbst verdienen und verursacht dadurch in besonderem Maße eine Belastung der öffentlichen Hand.
Freiheitlich demokratische Grundordnung	= die in Art. 20 GG normierten Grundsätze des GG.
Bestand des Bundes oder eines Landes	= eines der drei Elemente des Staates (Staatsvolk, Staatsgebiet, Staatsgewalt) muss infrage gestellt werden.
Seuchengefahr	= Bekämpfung schwerer übertragbarer Krankheiten.
Naturkatastrophen	= durch Naturgewalten hervorgerufene Ereignisse, die erhebliche Schäden für eine Vielzahl von Personen oder in einem größeren Gebiet verursachen.
Besonders schwere Unglücksfälle	= Auswirkungen wie Naturkatastrophen, beruhen jedoch auf einer technischen Ursache (sog. **Katastrophenvorbehalt**).

| Jugendschutz | = Konkretisierung durch Jugendschutzgesetz (sog. **Jugendschutzvorbehalt**). |
| Strafbare Handlungen | = hinreichende Wahrscheinlichkeit, dass Straftaten begangen werden (sog. **Kriminalvorbehalt**). |

- Verfassungsimmanente Schranken, soweit der qualifizierte Gesetzesvorbehalt nicht einschlägig ist.

b) Schranken-Schranken

    aa)   Verfassungsmäßigkeit des eingreifenden formellen Gesetzes

    bb)   Verfassungsmäßigkeit des Einzelakts

VIII. Berufsfreiheit, Art. 12 I GG

1. Eingriff in den SB

a) Persönlicher SB
Deutschenrecht. Personen, die nicht EU-Bürger sind, können sich auf Art. 2 I GG berufen. Gem. Art. 19 III GG auch auf juristische Personen anwendbar, können sich auch beruflich betätigen.

b) Sachlicher SB
Einheitliches Grundrecht der Berufsfreiheit. Art. 12 I GG normiert einzelne Facetten des Berufsbegriffs.

    Beruf = jede auf gewisse Dauer angelegte Tätigkeit, die der Schaffung und Erhaltung einer Lebensgrundlage dient.

    Problem: Erlaubte Tätigkeit
Strittig, ob die Tätigkeit erlaubt sein muss. Jedenfalls kann dies nicht so verstanden werden, dass der Gesetzgeber durch das Verbot bestimmter Tätigkeiten den Schutzbereich beeinflussen kann. Wenn überhaupt fallen nur solche Tätigkeiten aus dem SB, die schlechthin, also insgesamt gegen Straf- oder Bußgeldvorschriften verstoßen, z.B. Berufsdieb, Berufshehler.

c) Eingriff
Mittelbare Eingriffe sind bei Art. 12 I GG besonders häufig, weil der SB sehr weit ist und sehr viele staatliche Maßnahmen zumindest mittelbar Einfluss auf die Berufsausübung haben, z.B. Arbeitsschutzbestimmungen.

    Problem: **3 Stufen-Theorie**
Eingriffe in Art. 12 I GG lassen sich 3 Stufen zuordnen:

    Berufsausübungsregeln
= regeln die Art und Weise der Berufsausübung, das „WIE", z.B. LadenschlussG, Arbeitsschutzbestimmungen, Standesregeln für Rechtsanwälte.

    Subjektive Berufswahlregeln
= regeln den Zugang zum Beruf („OB"), der von persönlichen Merkmalen abhängig ist, z.B. Berufsabschlüsse. <u>Beachte:</u> Der Betroffene muss das Merkmal nach h.M. nicht beeinflussen können, z.B. das Lebensalter.

    Objektive Berufswahlregeln
= regeln den Zugang zum Beruf („OB"), der nicht von persönlichen Merkmalen abhängt, z.B. Bedürfnisklauseln im Taxigewerbe.

    Die Einordnung erfolgt hier ganz formal, also unabhängig von der Eingriffsintensität. Die Eingriffsintensität ist erst in der Verhältnismäßigkeit wichtig.

2. Rechtfertigung des Eingriffs

a) Festlegung der Schranke
   Einfacher Gesetzesvorbehalt des Art. 12 I 2 GG. Gilt auch für die Berufswahlregeln, weil Art. 12 I GG ein einheitliches Grundrecht ist.

b) Schranken-Schranken

   aa)　Verfassungsmäßigkeit des eingreifenden formellen Gesetzes

   <u>Beachte:</u>　Verhältnismäßigkeit/3 Stufen- Theorie
   In der Verhältnismäßigkeit ist die **3 Stufen-Theorie** inhaltlich zu prüfen bei:

   Erforderlichkeit:　Kann das verfolgte Ziel durch eine Maßnahme auf einer niedrigeren Stufe oder durch eine mildere Maßnahme auf der gleichen Stufe erreicht werden?

   Angemessenheit:　Je höher die Eingriffsstufe, desto höher die Rechtfertigungsanforderungen. Danach sind Berufsausübungsregeln schon angemessen, wenn für sie sachliche Gründe des Allgemeinwohls sprechen. Subjektive Berufswahlregeln sind angemessen, wenn sie dem Schutz wichtiger Gemeinschaftsgüter dienen. Objektive Berufswahlregeln sind angemessen, wenn sie zur Abwehr höchstwahrscheinlicher Gefahren für ein überragend wichtiges Gemeinschaftsgut zwingend geboten sind.
   Die Zuordnung zu einer Eingriffsstufe entbindet nicht von der Pflicht, die Eingriffsintensität genau zu untersuchen. Ist die Eingriffsintensität sehr hoch, müssen auch höhere Rechtfertigungsanforderungen erfüllt sein.

Examenstipps:
BVerwG, Urteil vom 27.2.2019, Az.: 6 C 3.18, RA 2019, 314 ff.
Sanktionsnormen im Rahmen berufsbezogener Prüfungen unterliegen nach dem Maßstab des Art. 12 I GG strengen Anforderungen in Bezug auf ihre Bestimmtheit und Verhältnismäßigkeit.

BVerfG, Beschluss vom 18.7.2019, Az.: 1 BvL 1/18 u.a., RA 2019, 529 ff.
Die mit dem Mietrechtsnovellierungsgesetz geschaffenen Vorschriften zur Regulierung der Miethöhe bei Mietbeginn im nicht preisgebundenen Wohnraum (sog. Mietpreisbremse) sind nicht verfassungswidrig. Sie verstoßen nicht gegen die Garantie des Eigentums, die Vertragsfreiheit oder den allgemeinen Gleichheitssatz.

BVerfG, Beschluss vom 21.3.2018, Az.: 1 BvF 1/13, RA 2018, 313 ff.
Staatliches Informationshandeln ist an Art. 12 Abs. 1 GG zu messen, wenn es in seiner Zielsetzung und seinen mittelbar-faktischen Wirkungen einem Eingriff in die Berufsfreiheit als funktionales Äquivalent gleichkommt. Amtliche Informationen kommen einem Eingriff in die Berufsfreiheit jedenfalls dann gleich, wenn sie direkt auf die Marktbedingungen konkret individualisierter Unternehmen zielen, indem sie die Grundlagen von Konsumentscheidungen zweckgerichtet beeinflussen und die Markt- und Wettbewerbssituation zum Nachteil der betroffenen Unternehmen verändern.

Verstößt ein Unternehmen gegen lebensmittel- oder futtermittelrechtliche Vorschriften, können seine durch die Berufsfreiheit geschützten Interessen auch dann hinter Informationsinteressen der Öffentlichkeit zurücktreten, wenn die Rechtsverstöße nicht mit einer Gesundheitsgefährdung verbunden sind. Individualisierte amtliche Informationen über konsumrelevante Rechtsverstöße im Internet sind aber regelmäßig durch Gesetz zeitlich zu begrenzen.

Das Bundesverfassungsgericht überprüft die Vereinbarkeit eines nationalen Gesetzes mit dem Grundgesetz auch, wenn zugleich Zweifel an der Vereinbarkeit des Gesetzes mit Sekundärrecht der Europäischen Union bestehen.

bb) Verfassungsmäßigkeit des eingreifenden materiellen Gesetzes

Examenstipp:
OVG Münster, Beschluss vom 6.4.2020, Az.: 13 B 398/20.NE
Die flächendeckende Betriebsuntersagung von Verkaufsstellen des Einzelhandels, die nicht nach der maßgeblichen Coronaschutz-Verordnung privilegiert sind, kann über § 32 S. 1 IfSG auf die Generalklausel in § 28 I 1 IfSG gestützt werden. Sie verstößt nicht gegen das Grundrecht aus Art. 12 I GG sowie das Verhältnismäßigkeitsprinzip.

cc) Verfassungsmäßigkeit des Einzelakts
Verhältnismäßigkeit/3 Stufen-Theorie (s.o.)

Examenstipp:
BVerfG, Beschluss vom 22.10.2017, Az.: 1 BvR 1822/16, RA-Telegramm 12/2017, S. 96
Die Versagung der Zulassung zur Rechtsanwaltschaft wegen Unwürdigkeit bedarf einer einzelfallbezogenen Abwägung der grundrechtlichen Belange der antragstellenden Person mit den ihrer Zulassung zur Rechtsanwaltschaft entgegenstehenden Gemeinwohlbelangen, insbesondere dem Interesse der Öffentlichkeit an einer funktionierenden Rechtspflege. Denn eine solche Versagung bedeutet einen schwerwiegenden Eingriff in das Grundrecht auf Freiheit der Berufswahl aus Art. 12 I 1 GG. Sie ist nur zum Schutz eines besonders wichtigen Gemeinschaftsguts und unter strikter Beachtung des Grundsatzes der Verhältnismäßigkeit statthaft.

IX. Unverletzlichkeit der Wohnung, Art. 13 GG

1. Eingriff in den SB

a) Persönlicher SB
Jedermannrecht, geschützt ist der Wohnungsinhaber. Gem. Art. 19 III GG auch auf juristische Personen anwendbar.

Problem: Hausbesetzer
SB wird teilweise abgelehnt, weil ein Rechtsbrecher nicht auch noch in den Genuss des Art. 13 GG kommen soll. Das müsse zumindest gelten, wenn die Illegalität des Aufenthalts evident ist. Die Gegenauffassung verweist darauf, dass Art. 13 I GG im Gegensatz zu Art. 14 I GG nicht auf die Berechtigung, sondern nur auf die tatsächliche Sachherrschaft abstellt.

b) Sachlicher SB

Wohnung = alle Räume, die der allgemeinen Zugänglichkeit durch räumliche Abschottung entzogen und zur Stätte privaten Lebens und Wirkens gemacht sind.

Problem: Betriebs- und Geschäftsräume
Dort wird im eigentlichen Wortsinne nicht gewohnt. Jedoch dient Art. 13 I GG nach seinem Sinn und Zweck dem Schutz der freien Entfaltung der Persönlichkeit. Die Persönlichkeitsentfaltung findet aber auch und gerade an der Arbeitsstätte statt. Daher hält die h.M. den sachlichen SB für eröffnet.
Damit fallen auch Treppenhäuser, Keller, Garagen, Terrassen, Gärten, Hotelzimmer in den sachlichen SB, nicht aber Strafgefangenenzellen.

c) Eingriff

Art. 13 II-VII GG differenziert bzgl. des Eingriffs:

- Durchsuchung, Art. 13 II GG
  = ziel- und zweckgerichtetes Suchen staatlicher Organe nach Personen oder Sachen, die der Wohnungsinhaber verborgen hält.
  Erforderlich ist also im wahrsten Sinne des Wortes ein <u>Durch</u>suchen, also das Öffnen verschlossener Türen und Behältnisse. Die einfache Nach- und Umschau ist folglich keine Durchsuchung.

- Akustische und optische Wohnraumüberwachung, Art. 13 III-VI GG

- Sonstige Eingriffe und Beschränkungen, Art. 13 VII GG

Problem: Betreten von Betriebs- und Geschäftsräumen
Da diese Räume weniger schutzwürdig sind, soll das bloße Betreten (gilt also nicht für Durchsuchung und Wohnraumüberwachung) nach umstrittener Rechtsauffassung unter folgenden Voraussetzungen kein Eingriff sein:

1. Es besteht eine EGL für das Betreten.

2. Das Betreten dient einem legitimen Zweck und ist dafür erforderlich.

3. Zweck, Gegenstand und Umfang des Betretens sind gesetzlich geregelt.

4. Das Betreten erfolgt nur zu den üblichen Betriebs- und Geschäftszeiten.

<u>Hintergrund:</u>   Betretungsrechte sind für eine effektive Kontrolle im Steuerrecht, Baurecht, Wirtschaftsverwaltungsrecht zwingend erforderlich. Sie genügen jedoch den hohen Rechtfertigungsanforderungen des Art. 13 VII GG nicht. Deshalb bietet es sich an, bereits den Eingriffsbegriff ausnahmsweise enger zu fassen. Dogmatisch nicht zu erklären ist es hingegen in einer Klausur, mit der neueren Respr. des BVerfG einen Eingriff zu bejahen, um die o.g. Voraussetzungen sodann als ungeschriebene Schranke heranzuziehen.

<u>Beachte:</u>   Stellt das Betreten von Betriebs- und Geschäftsräumen nach den o.g. Voraussetzungen keinen Eingriff in Art. 13 I GG dar und greifen auch andere spezielle Freiheitsgrundrechte nicht, soll Art. 2 I GG ausnahmsweise anwendbar sein, obwohl der SB des speziellen Art. 13 I GG eröffnet ist. Damit soll auch den Betriebs- und Geschäftsräumen ein verfassungsrechtlicher Mindestschutz gewährleistet werden.

2. Rechtfertigung des Eingriffs

   a) Festlegung der Schranke
      Differenzierung nach der Art des Eingriffs:

      • Durchsuchung, Art. 13 II GG
        Qualifizierter Gesetzesvorbehalt.

        Gefahr im Verzug
        = Zweck der Durchsuchung wird gefährdet oder vereitelt, wenn zuvor ein richterlicher Durchsuchungsbeschluss eingeholt werden muss.
        Strenge Anforderungen, um Missbrauch zu verhindern (ernsthaftes Bemühen der Verwaltung um Durchsuchungsbeschluss einschließlich Dokumentationspflicht, im Gegenzug Notdienste bei Gericht und Staatsanwaltschaft außerhalb der Dienstzeiten).

Examenstipp:
BVerfG, Beschluss vom 12.3.2019, Az.: 2 BvR 675/14, RA-Telegramm 4/2019, S. 35 ff.
Aus Art. 13 GG ergibt sich die verfassungsrechtliche Verpflichtung der Gerichte, die Erreichbarkeit eines Ermittlungsrichters, auch durch die Einrichtung eines Bereitschaftsdienstes, zu sichern. Dieser muss bei Tage, das heißt zwischen 6 Uhr und 21 Uhr, uneingeschränkt erreichbar sein. Während der Nachtzeit ist ein solcher Bereitschaftsdienst jedenfalls bei einem Bedarf einzurichten, der über den Ausnahmefall hinausgeht. Die Prüfung eines solchen Bedarfs haben die Gerichtspräsidien nach pflichtgemäßem Ermessen in eigener Verantwortung vorzunehmen. Für die Art und Weise der Bedarfsermittlung steht ihnen ein Beurteilungs- und Prognosespielraum zu.

      • Akustische und optische Wohnraumüberwachung, Art. 13 III-VI GG
        Qualifizierter Gesetzesvorbehalt.

      • Sonstige Eingriffe, Art. 13 VII GG
        Art. 13 VII 1. Hs. GG normiert eine verfassungsunmittelbare Schranke, d.h. Eingriffe können direkt auf diese Vorschrift gestützt werden.

        Gemeine Gefahr = Gefahr für einen unbestimmten Kreis von Personen oder Sachen, z.B. Lawinen, Überschwemmungen.

        Art. 13 VII 2. Hs. GG ist ein qualifizierter Gesetzesvorbehalt.

        Dringende Gefahr = hinreichende Wahrscheinlichkeit eines Schadens an einem wichtigen Rechtsgut.

   b) Schranken-Schranken

      aa) Verfassungsmäßigkeit des eingreifenden formellen Gesetzes

          (1) Formelle Verfassungsmäßigkeit

          (2) Materielle Verfassungsmäßigkeit
              Verhältnismäßigkeit.

              Beachte: Bei einer Wohnraumüberwachung muss das Gesetz unter Verhältnismäßigkeitsgesichtspunkten vorsehen, dass der sog. **Kernbereich privater Lebensgestaltung** nicht berührt wird. Besonders schwere Straftaten i.S.d. Art. 13 III GG liegen nur vor, wenn die Höchststrafe über 5 Jahren liegt.

      bb) Verfassungsmäßigkeit des Einzelakts
          Neben der Verhältnismäßigkeit kann i.F.d. Art. 13 II GG auch einmal Gefahr im Verzug zu prüfen sein.

X. Eigentumsfreiheit, Art. 14 GG

1. Eingriff in den SB

   a) Persönlicher SB
   Jedermannrecht. Gem. Art. 19 III GG auch auf juristische Personen anwendbar.

   b) Sachlicher SB

   Eigentum = Summe aller vermögenswerten Rechte, die dem Einzelnen durch die Gesetze zugewiesen sind und ihm eine private Nutzungs- oder Verfügungsbefugnis einräumen.
   Die durch das Zivilrecht zugewiesenen Rechtspositionen sind allesamt geschützt, z.B. Eigentum i.S.d. BGB, schuldrechtliche Forderungen, Immaterialgüterrechte (Patente, Markenrechte etc.).
   Rechtspositionen aufgrund des öff. Rechts sind nur geschützt, wenn sie Äquivalent eigener Leistung sind, d.h. sie müssen auf Eigenleistungen des Betroffenen beruhen, z.B. die Rente (hingegen nicht z.B. Sozialhilfe).
   Geschützt sind Bestand des Eigentums, Nutzung, Veräußerung und Verfügung. Nicht von Art. 14 I 1 GG erfasst wird der Eigentumserwerb. Er unterfällt Art. 2 I GG.

   Probleme:

   aa) Vermögen als solches
   Gesamtwert des Vermögens erfüllt nicht die Voraussetzungen der Definition, ist deshalb nicht geschützt. Geschützt werden „nur" die einzelnen Vermögensbestandteile, z.B. Haus, Pkw, Fahrrad.

   bb) Baufreiheit
   Art. 14 I 1 GG schützt nicht allgemeine das Recht, Bauen zu dürfen. Geschützt ist allein das Recht, im Rahmen der Vorschriften zu bauen (sog. **potentielle Baufreiheit**).

   cc) Eingerichteter und ausgeübter Gewerbebetrieb
   Ist der Sammelbegriff für alles, was den wirtschaftlichen Wert eines Unternehmens ausmacht. Die einzelnen Bestandteile des Gewerbebetriebs sind jedoch nur geschützt, wenn sie die o.g. Eigentumsdefinition erfüllen. Geschützt ist daher z.B. der Zugang eines Gewerbebetriebs zu den öffentlichen Verkehrsflächen. Nicht geschützt sind z.B. der gute Ruf, die gute Lage eines Gewerbebetriebs. Ebenfalls nicht geschützt sind bloße Erwerbsaussichten und Umsatzhoffnungen (Merksatz: Art. 14 I 1 GG schützt das Erworbene, nicht den Erwerb).

   c) Eingriff
2. Rechtfertigung des Eingriffs

   a) Festlegung der Schranke
   Art. 14 I 2 GG beinhaltet einen einfachen Gesetzesvorbehalt, wohingegen Art. 14 III GG einen qualifizierten Gesetzesvorbehalt normiert.

   Problem: Abgrenzung Art. 14 I 2 GG ←→ Art. 14 III GG
   Wegen der Wesentlichkeitstheorie muss die Abgrenzung durch den Parlamentsgesetzgeber erfolgen. Es kommt also nicht darauf an, wie intensiv der Eingriff im konkreten Einzelfall ist, sondern ob das zugrunde liegende Gesetz abstrakt eine Schrankenbestimmung i.S.d. Art. 14 I 2 GG oder ein Enteignungsgesetz nach Art. 14 III GG ist.
   Für ein Enteignungsgesetz ist typisch, dass es die Verwaltung dazu ermächtigt, eine ganz bestimmte Eigentumsposition im konkreten Einzelfall zu entziehen. Weiterhin stellt das Fehlen einer Entschädigungsregelung im Gesetz ein Indiz für eine Schrankenbestimmung i.S.d. Art. 14 I 2 GG dar.

b) Schranken-Schranken

aa) Verfassungsmäßigkeit des eingreifenden formellen Gesetzes

(1) Formelle Verfassungsmäßigkeit

(2) Materielle Verfassungsmäßigkeit
Spätestens an dieser Stelle (alternativ bei der Festlegung der Schranke) sind die Anforderungen des qualifizierten Gesetzesvorbehalts zu prüfen. Art. 14 III 1 GG verlangt, dass es um die Erfüllung öff. Aufgaben geht. Eine Enteignung zugunsten einer Privatperson ist daher nur zulässig, wenn es um gemeinnützige Aufgaben geht und die Enteignung unmittelbar der Allgemeinheit dient (Bsp.: Ackerfläche wird enteignet, um dort den für die Stromversorgung dringend benötigten Strommasten eines privaten Energieunternehmens errichten zu können). Art. 14 III 2 GG normiert die sog. **Junktimklausel**. Die Höhe der Entschädigung orientiert sich i.d.R. am Verkehrswert des Eigentums.

Problem: Verhältnismäßigkeit/Angemessenheit ➜ salvatorische Klauseln bzw. ausgleichpflichtige Inhalts- und Schrankenbestimmungen
Inhalts- und Schrankenbestimmungen gewähren nach dem Wortlaut des Art. 14 I 2 GG grds. keine Geldentschädigung, im Gegensatz zu Art. 14 III GG. Daher kommt ein Geldausgleich nur unter folgenden engen **Voraussetzungen** ausnahmsweise in Betracht:

1. Entschädigungsregelung muss in einem formellen Gesetz vorgesehen sein.

2. Da Art. 14 I 2 GG eigentlich keine Geldentschädigung vorsieht, muss sie die Ausnahme sein. Unverhältnismäßige Eingriffe in das Eigentum sind primär durch einen sog. „Realausgleich" zu verhindern, d.h. der Gesetzgeber muss das Eigentum selbst schützen, z.B. durch Ausnahmevorschriften und Härtefallklauseln. Nur wenn dies nicht möglich ist oder das gesetzgeberische Ziel dadurch nicht mehr erreicht wird, ist ein Geldausgleich möglich (Bsp.: Geldausgleich für die Pflichtabgabe besonders wertvoller Druckwerke).

3. Gleichzeitig mit dem Eingriff in das Eigentum muss über den Geldausgleich entschieden werden, damit sich der Betroffene entscheiden kann, ob er den Geldausgleich annimmt oder gegen den Eingriffsakt vorgeht.

bb) Verfassungsmäßigkeit des Einzelakts

Problem: Verhältnismäßigkeit/Angemessenheit ➜ Altlastenfälle
Für die Verseuchung eines Grundstücks haftet der Verhaltensverantwortliche unbegrenzt. Beim Zustandsverantwortlichen stellt grds. der Verkehrswert des Grundstücks nach der Sanierung eine Kostengrenze dar. Diese Grenze hebt sich, wenn der Betroffene bzgl. der Altlast vorsätzlich oder grob fahrlässig ist. Sie senkt sich, wenn die Sanierung die wirtschaftliche Existenz des Eigentümers gefährdet.

Staatshaftungsrecht

A. Haftung für Eigentumsbeeinträchtigungen

I. Entschädigung aus Entschädigungsgesetz, Art. 14 III 2 GG
Entscheidend ist, ob überhaupt eine Enteignung vorliegt, also die Abgrenzung des Art. 14 I 2 GG von Art. 14 III GG.
Rechtsweg: Zivilgerichte, Art. 14 III 4 GG.

II. Enteignungsgleicher Eingriff

Beachte: Keine Anwendbarkeit der Anspruchsgrundlagen enteignungsgleicher bzw. enteignender Eingriff bei einem Fehlverhalten des Parlaments (sog. **legislatives Unrecht**). Wegen der Schadensfolgen muss das Parlament selbst eine Entschädigungsregelung treffen (Wesentlichkeitstheorie).
§ 39 I lit. b) OBG ist lex specialis.

1. Betroffenheit von Eigentum i.S.d. Art. 14 I 1 GG

2. Unmittelbarer (= zurechenbarer) rechtswidriger hoheitlicher Eingriff (= jede Beeinträchtigung) in das Eigentum

3. Enteignungsgleiche Wirkung/Sonderopfer
Wird indiziert durch Rechtswidrigkeit.

4. Mitverschulden/Subsidiarität
Da der Eingriff rechtswidrig ist, muss der Anspruchsteller durch Einsatz aller zumutbaren Rechtsbehelfe versuchen, den Schaden abzuwenden (sog. **Vorrang des Primärrechtsschutzes**/kein „dulde und liquidiere").

5. Rechtsfolge: Entschädigung, nicht Schadensersatz
Grds. nur Ersatz des Substanzverlustes am Eigentum.

Ausn.: Bei Gewerbebetrieben gehört die Ertragsfähigkeit ebenfalls zur Eigentumssubstanz, so dass eine reduzierte Ertragsfähigkeit auszugleichen ist. Das ist nichts anderes als entgangener Gewinn. Hintergrund: Bei Gewerbebetrieben ist ein angemessener Ausgleich sonst oftmals nicht möglich. Ihr Schaden liegt i.d.R. nicht in der Beeinträchtigung körperlicher Gegenstände, sondern in einem Ertragsverlust infolge eines Produktionsausfalls.

6. Anspruchsgegner/Passivlegitimation: Rechtsträger der handelnden Behörde

Rechtsweg: Zivilgerichte, § 40 II 1 1. Fall VwGO (h.M.).

Beachte: Der aufopferungsgleiche Eingriff wird genauso geprüft wie der enteignungsgleiche Eingriff, nur dass ein Eingriff in die Schutzgüter des Art. 2 II 1, 2 GG (Leben, körperliche Unversehrtheit, Freiheit der Person) vorliegen muss.

III. Enteignender Eingriff

1. Betroffenheit von Eigentum i.S.d. Art. 14 I 1 GG

2. Eingriff (= jede Beeinträchtigung) in das Eigentum als unmittelbare (= zurechenbare), aber ungewollte Nebenfolge eines rechtmäßigen hoheitlichen Handelns

3. Enteignende Wirkung/Sonderopfer
   Dem Anspruchsteller muss eine Beeinträchtigung des Eigentums auferlegt worden sein, die andere Eigentümer nicht trifft (Sonderopfer). Das setzt einen besonders intensiven Eingriff in sein Eigentum voraus. Dadurch hebt sich der Anspruchsteller von der Allgemeinheit ab und sein Sonderopfer wird deutlich.
   Sonderopfer jedenfalls (-), wenn den Anspruchsteller die Pflicht trifft, den Eingriff zu dulden. Duldungspflicht kann sich ergeben aus: Gesetz (insbes. § 906 BGB analog), VA bzw. öff.-rechtlichem Vertrag oder aus dem Grundsatz der Vorbelastung.

4. Mitverschulden/Subsidiarität
   Da das hoheitliche Handeln rechtmäßig ist, kommt ein Vorrang des Primärrechtsschutzes nicht in Betracht. Das Mitverschulden kann sich daher nur aus anderen Umständen ergeben.

5. Rechtsfolge: Entschädigung, nicht Schadensersatz
   Siehe oben zum enteignungsgleichen Eingriff.

6. Anspruchsgegner/Passivlegitimation: Rechtsträger der handelnden Behörde

Rechtsweg: Zivilgerichte, § 40 II 1 1. Fall VwGO (h.M.).

Beachte: Der Anspruch aus Aufopferung wird genauso geprüft wie der enteignende Eingriff, nur dass ein Eingriff in die Schutzgüter des Art. 2 II 1, 2 GG (Leben, körperliche Unversehrtheit, Freiheit der Person) vorliegen muss.

Examenstipp:
BGH, Urteil vom 7.9.2017, Az.: III ZR 71/17, RA 2017, 596 f.
Der allgemeine Aufopferungsanspruch wegen eines hoheitlichen Eingriffs in die körperliche Unversehrtheit ist nicht auf den Ersatz materieller Schäden begrenzt, sondern umfasst auch nicht-vermögensrechtliche Nachteile des Betroffenen (Schmerzensgeld).

B. Amtshaftungsanspruch, § 839 I 1 BGB i.V.m. Art. 34 S. 1 GG

I.   Handeln in Ausübung eines öffentlichen Amtes (= hoheitliche Tätigkeit)

II.   Amtspflichtverletzung

III.   „in Ausübung"

IV.   Drittbezogenheit der verletzten Amtspflicht

V.   Verschulden

VI.   Kausalität zwischen Amtspflichtverletzung und Schaden

VII.   Ausschlussgründe, § 839 I 2, II, III BGB

VIII. Rechtsfolge: Schadensersatz

IX.   Passivlegitimation: „Anvertrauenstheorie"

I.   Handeln in Ausübung eines öffentlichen Amtes
Es muss eine hoheitliche Tätigkeit vorliegen (sog. **haftungsrechtlicher Beamtenbegriff**).

Probleme:

1. Realakte, insbesondere Straßenbaulast, VSP und Teilnahme am Straßenverkehr
   Entscheidend ist, ob das tatsächliche Handeln auf einer öff.-rechtlichen oder zivilrechtlichen Grundlage erfolgte.
   Straßenbaulast ist stets hoheitliche Tätigkeit wegen der engen Beziehung zum verfolgten öff. Zweck.
   Verkehrssicherungspflichten (VSP) sind nach h.M. grds. privatrechtlich einzustufen, weil sie den Staat und Privatpersonen in gleichem Maße treffen. Sie sind „Jedermann-Pflichten" und gehören daher zum Zivilrecht als „Jedermann-Recht".
   Bzgl. der Teilnahme am Straßenverkehr soll es nach h.M. darauf ankommen, ob zwischen dem verfolgten öff. Zweck und der Teilnahme am Straßenverkehr ein so enger innerer und äußerer Zusammenhang besteht, dass die Tätigkeit dem hoheitlichen Bereich zuzuordnen ist. Die Gegenauffassung geht wie bei den VSP vor. Da die Verkehrspflichten für alle Verkehrsteilnehmer gleich sind, ist die Teilnahme am Straßenverkehr grds. privatrechtlich.
   <u>Ausn.:</u> Der Staat wird eindeutig hoheitlich tätig, indem er Sonderrechte für sich beansprucht (§ 35 StVO).

2. Anstalts- und Benutzungsverhältnisse, z.B. Nutzung eines Museums
   Entscheidend ist, ob das Benutzungsverhältnis öffentlich-rechtlich (z.B. durch Benutzungssatzung) oder privatrechtlich (z.B. durch AGB) ausgestaltet ist.

3. Beauftragung von Privatunternehmen, z.B. Abschleppunternehmen
   Nach h.M. sind Tätigkeiten eines Privaten im Bereich der Eingriffsverwaltung stets hoheitlich einzustufen, im Übrigen (Leistungsverwaltung/Daseinsvorsorge) kommt es darauf an, wie stark die übertragene Tätigkeit in den behördlichen Pflichtenkreis eingebunden ist (sog. **modifizierte Werkzeugtheorie**). Nach a.A. ist nur entscheidend, ob öffentliche Aufgaben erfüllt werden.

II. Amtspflichtverletzung
Verletzung der Dienstpflicht zwischen Beamtem und Dienstherrn. Zentrale Amtspflicht ist die Pflicht rechtmäßig zu handeln. D.h. hier erfolgt i.d.R. eine inzidente Rechtmäßigkeitsprüfung.

III. „in Ausübung"
Haftungsbegründende Kausalität, d.h. die Amtspflichtverletzung muss dem hoheitlichen Handeln zurechenbar sein. Das ist nicht der Fall, wenn sie nur „bei Gelegenheit" geschieht, z.B. Polizist überfällt während der Dienstzeit eine Bank.

IV. Drittbezogenheit der verletzten Amtspflicht

Die verletzte Amtspflicht muss zumindest auch dem Schutz des Geschädigten dienen. Unproblematisch, wenn infolge eines Verwaltungsverfahrens eine Nähebeziehung zwischen dem Bürger und der Verwaltung besteht, z.B. im Baugenehmigungsverfahren.

Probleme:

1. Legislatives Unrecht
   Da das Parlament allein im Interesse der Allgemeinheit tätig wird, fehlt hier stets der Drittbezug.

2. Schaden tritt bei einem anderen Hoheitsträger ein
   Entscheidend ist, ob die beteiligten Hoheitsträger rechtlich gegenläufige Interessen verfolgen (z.B. Gemeinde und Kommunalaufsicht) oder ob sie gleichsinnig zusammenwirken (z.B. die beteiligten Behörden bei einem mehrstufigen VA).

V. Verschulden

Muss sich auf die Amtspflichtverletzung beziehen. Setzt Vorsatz oder Fahrlässigkeit voraus. Sorgfaltsmaßstab: Der aufmerksame „Durchschnittsbeamte".

Verschulden grds. (-), wenn die Rechtsansicht des Beamten durch ein mit mehreren Richtern besetzten Spruchkörper bestätigt wird.

VI. Kausalität zwischen Amtspflichtverletzung und Schaden

Haftungsausfüllende Kausalität. Adäquanztheorie/Einwand des rechtmäßigen Alternativverhaltens.

VII. Ausschlussgründe

1. Verweisungsprivileg, § 839 I 2 BGB

   Problem: Teleologische Reduktion
   In folgenden **Konstellationen** wird § 839 I 2 BGB teleologisch reduziert:

   • Anderweitiger Ersatzanspruch stammt aus eigenen Leistungen des Geschädigten, insbes. Ansprüche gegen Versicherungen.

   • Anderweitiger Ersatzanspruch richtet sich gegen einen anderen Hoheitsträger. Beide Hoheitsträger könnten ansonsten auf § 839 I 2 BGB verweisen und sich damit dauerhaft der Haftung entziehen.

   • VSP und Teilnahme am Straßenverkehr: Da es sich hier um „Jedermann-Pflichten" handelt, gibt es keinen Grund, den Staat durch § 839 I 2 BGB zu privilegieren.

2. Richterspruchprivileg, § 839 II BGB
   Gilt auch bei Beschlüssen, da § 839 II BGB auch das Ziel verfolgt, die Rechtskraft gerichtlicher Entscheidungen zu schützen.

3. Mitverschulden
   a) Vorrang des Primärrechtschutzes, § 839 III BGB
   b) § 254 BGB

VIII. Rechtsfolge: Schadensersatz

Wegen der Konstruktion der Amtshaftung als übergeleitete Haftung kann vom Staat nur das als Schadensersatz verlangt werden, was auch der Beamte als Privatperson als Schadensersatz erbringen kann. Folglich scheidet Naturalrestitution zumindest dann aus, wenn sie in einem Hoheitsakt besteht. Denn Hoheitsakte kann der Beamte als Privatperson nicht erlassen. Daraus zieht die h.M. die Konsequenz, dass bei der Amtshaftung stets nur Geldersatz möglich ist.

IX. Passivlegitimation: „Anvertrauenstheorie"

Grds.: Haftung der Anstellungskörperschaft.

Ausn.: Die Körperschaft, deren konkrete Aufgabe erfüllt wurde, wenn der Beamte mehrere Dienstherrn hat, z.B. Organleihe.

Rechtsweg: Zivilgerichte, Art. 34 S. 3 GG i.V.m. § 40 II 1 3. Fall VwGO.

 Autor: Dr. Dirk Kues

C. Folgenbeseitigungsanspruch

I. Hoheitliches Handeln
Grenzt ab von § 1004 BGB.

II. Eingriff in ein subjektiv-öffentliches Recht

III. Unmittelbarkeitszusammenhang
Der Eingriff in das subj.-öff. Recht muss dem hoheitlichen Handeln zurechenbar sein.

IV. Rechtswidrigkeit des noch andauernden Zustands
Da der Anspruchsteller eine Beseitigung des bestehenden Zustands begehrt, kommt nicht auf die Rechtswidrigkeit des Eingriffs, sondern des Zustands im Zeitpunkt der gerichtlichen Entscheidung an. Rechtswidrigkeit insbes. (-), wenn eine Duldungspflicht besteht. Duldungspflicht kann sich ergeben aus: Gesetz (insbes. § 906 BGB analog), VA bzw. öff.-rechtlichem Vertrag oder aus dem Grundsatz der Vorbelastung (s. bereits oben die Ausführungen beim enteignenden Eingriff).

V. Rechtsfolge: Wiederherstellung des status quo ante
Es ist der Zustand wiederherzustellen, der vor dem hoheitlichen Handeln bestand.

VI. Ausschlussgründe

1. Rechtliche oder tatsächliche Unmöglichkeit der Folgenbeseitigung

   Problem: FBA in Mehrpersonenverhältnissen
   Ist mit der Folgenbeseitigung ein Eingriff in Rechte Dritter verbunden (z.B. Ausweisung eines Obdachlosen aus einer Wohnung, in die er zuvor eingewiesen wurde), bedarf es für diesen Eingriff einer EGL. Das kann der FBA als ungeschriebener Anspruch nicht sein. Es muss also eine separate EGL vorliegen, deren Voraussetzungen erfüllt sein müssen.

2. Unzumutbarkeit der Wiederherstellung
   Aufwand für die Wiederherstellung und Vorteil für den Anspruchsteller stehen völlig außer Verhältnis. Hier ist der Anspruchsteller auf eine Geldentschädigung zu verweisen.

3. Mitverschulden

   Problem: Wiederherstellung besteht in unteilbarer Leistung
   In diesem Fall hat der Anspruchsteller die Wahl, ob er vom Hoheitsträger eine vollständige Wiederherstellung verlangt und sich entsprechend seines Mitverschuldensanteils an den Wiederherstellungskosten beteiligt. Oder der Anspruchsteller stellt den früheren Zustand selbst wieder her und verlangt vom Hoheitsträger entsprechend dessen Verschuldensanteil Entschädigung.

   <u>Beachte:</u> In diesem Fall und im Fall der Unzumutbarkeit der Wiederherstellung ist fraglich, wie der Geldentschädigungsanspruch herzuleiten ist. Nach einer Ansicht wandelt sich der FBA in einen sog. **Folgenentschädigungsanspruch**. Nach a.A. scheitert der FBA und es ist auf die „üblichen" Entschädigungs- und Schadensersatzansprüche zurückzugreifen (Amtshaftung, enteignungsgleicher Eingriff etc.).

4. Möglichkeit der Legalisierung des rechtswidrigen Zustands

Rechtsweg: Verwaltungsgerichte, § 40 I 1 VwGO.

D. Öffentlich-rechtlicher Unterlassensanspruch

Grds. Aufbau wie der FBA, allerdings mit folgenden Unterschieden:

Es bedarf eines hoheitlichen Handelns mit Wiederholungsgefahr. Steht eindeutig fest, dass der Hoheitsträger das umstrittene Verhalten nicht wieder an den Tag legen wird, scheitert der Unterlassungsanspruch, mit dem ja gerade eine Wiederholung des staatlichen Handelns verhindert werden soll.

Der Eingriff und nicht der Zustand muss rechtswidrig sein, denn es wird nicht die Beseitigung eines noch andauernden Zustands, sondern ein zukünftiges Unterlassen begehrt.

Problem: Ehrverletzende Äußerungen eines Hoheitsträgers

Hier ist nur ein Unterlassungsanspruch möglich. Ein FBA funktioniert bei Meinungsäußerungen hingegen nicht, da diese nicht widerrufen werden können.

Rechtsweg: Verwaltungsgerichte, § 40 I 1 VwGO.

Examenstipps:
BGH, Urteil vom 2012.2018, Az.: I ZR 112/17, RA 2019, 141 ff.
Umfang und Grenzen des Gebots der Staatsferne der Presse bestimmen sich bei gemeindlichen Publikationen unter Berücksichtigung der aus der Garantie der kommunalen Selbstverwaltung des Art. 28 II 1 GG folgenden gemeindlichen Kompetenzen einerseits und der Garantie des Instituts der freien Presse aus Art. 5 I 2 GG andererseits.

Für die konkrete Beurteilung kommunaler Publikationen mit Blick auf das Gebot der Staatsferne der Presse sind Art und Inhalt der veröffentlichten Beiträge auf ihre Neutralität sowie Zugehörigkeit zum Aufgabenbereich der Gemeinde zu untersuchen und ist unter Einbeziehung des äußeren Erscheinungsbilds eine wertende Gesamtbetrachtung vorzunehmen.

Je stärker eine kommunale Publikation den Bereich der ohne weiteres zulässigen Berichterstattung überschreitet und bei den angesprochenen Verkehrskreisen - auch optisch - als funktionales Äquivalent zu einer privaten Zeitung wirkt, desto eher ist die Garantie des Instituts der freien Presse aus Art. 5 I 2 GG gefährdet und die daraus abgeleitete Marktverhaltensregelung des Gebots der Staatsferne der Presse verletzt.

BVerwG, Urteil vom 13.9.2017, Az.: 10 C 6.16, RA 2018, 29 ff.
Der Oberbürgermeister ist als kommunaler Wahlbeamter zwar grundsätzlich befugt, sich im Rahmen seines Aufgabenbereichs zu Themen der örtlichen Gemeinschaft öffentlich zu äußern. Diese Befugnis unterliegt jedoch Grenzen. Aus dem Demokratieprinzip folgt, dass ein Amtsträger sich zwar am politischen Meinungsbildungsprozess der Bevölkerung beteiligen, ihn aber nicht lenken und steuern darf. Ebenso sind ihm Äußerungen nicht gestattet, die die Ebene des rationalen Diskurses verlassen oder die Vertreter anderer Meinungen ausgrenzen.

Danach erwiesen sich die in Rede stehenden Maßnahmen des Düsseldorfer Oberbürgermeisters als rechtswidrig. Der Aufruf zur Teilnahme an einer Gegendemonstration griff in unzulässiger Weise in den Meinungsbildungsprozess der Bevölkerung ein. Mit dem Aufruf, das Licht auszuschalten, und dem tatsächlichen Ausschalten der Beleuchtung an städtischen Gebäuden wurden die Grenzen der Äußerungsbefugnis, sich in sachlicher und rationaler Weise mit den Geschehnissen in der Stadt Düsseldorf auseinanderzusetzen, überschritten und der Bereich politischer Kommunikation durch diskursive Auseinandersetzung verlassen.

OVG Koblenz, Beschluss vom 25.1.2019, Az.: 10 A 11561/18.OVG, RA 2019, 197 ff.
Das einzigartige Verfolgungsschicksal der Juden im „Dritten Reich" prägt den Geltungs- und Achtungsanspruch eines jeden von ihnen vor allem gegenüber den Bürgern des Landes, auf dem diese Vergangenheit lastet. Dem persönlichen Betroffensein steht dabei nicht entgegen, dass eine Person selbst jener Verfolgung nicht ausgesetzt gewesen war. Der Kreis der Betroffenen beschränkt sich daher nicht auf die Juden, die unter der Verfolgung des „Dritten Reichs" leben mussten und sie überlebt haben.

Kommunale Gremien dürfen die Judenvernichtung durch das NS-Regime weder billigen noch leugnen noch verharmlosen.

Autor: Dr. Dirk Kues

VG Münster, Urteil vom 8.2.2019, Az.: 1 K 3306/17
Das Ausschalten der Außenbeleuchtung des Rathauses stellt einen parteiergreifenden Eingriff in die politische Willensbildung des Volkes dar, wenn damit – wie hier – nach dem maßgeblichen objektiven Empfängerhorizont eine negative Bewertung der Veranstaltung einer politischen Partei bzw. der von ihr verfolgten Ziele zum Ausdruck gebracht wird.
Schließt sich ein kommunaler Wahlbeamter mit der Anordnung des Lichtlöschens in Kenntnis ihrer Motive einer Aktion von Privatleuten an, die sich ausdrücklich bzw. zumindest für objektive Dritte eindeutig erkennbar gegen eine politische Partei richtet, macht er sich deren Ziele zu eigen und muss sich in der Folge auch an diesen festhalten lassen, wenn sein Verhalten am Maßstab des Neutralitätsgebots gemessen wird.

VG Köln, Beschluss vom 30.3.2017, Az.: 4 L 750/17, RA-Telegramm 5/2017, S. 33
Bedient sich ein Bürgermeister gemeindlicher Angestellter, um eine als „privat" deklarierte Stellungnahme zu erarbeiten und zu verbreiten, handelt es sich um eine amtliche Äußerung, die dem parteipolitischen Neutralitätsgebot unterliegt.

E. Öffentlich-rechtlicher Erstattungsanspruch
Spezialgesetzliche Ausprägung: § 49a I 1 VwVfG NRW, § 21 I GebG NRW.

I. Öff.-rechtliche Vermögensverschiebung
Grenzt ab von §§ 812 ff. BGB.

II. Ohne Rechtsgrund
Den Rechtsgrund für die Vermögensverschiebung bildet i.d.R. ein öff.-rechtlicher Vertrag. Folglich ist dessen Wirksamkeit hier inzident zu prüfen.

III. Einwand der Entreicherung
Darauf kann sich der Staat wegen Art. 20 III GG gar nicht berufen. Dem Bürger schaden Vorsatz und grobe Fahrlässigkeit bzgl. des Fehles des Rechtsgrundes. Ansonsten erfolgt eine Abwägung zwischen dem Vertrauensschutz des Bürgers und dem Prinzip der Gesetzmäßigkeit der Verwaltung.

F. Anspruch aus § 39 I OBG (ggf. i.V.m. § 67 PolG NRW bei polizeilichem Handeln)

Problem: Analoge Anwendung des § 39 I lit. a) OBG bei Gefahrenverdacht und Anscheinsgefahr
Es ist zwischen der Primär- und der Sekundärebene zu trennen. Die Primärebene ist die Ebene der Gefahrenabwehr. Hier herrscht wegen der Effektivität der Gefahrenabwehr eine objektive ex ante-Betrachtung. Folglich sind auch Gefahrenverdacht und Anscheinsgefahr eine Gefahr und können ein behördliches Handeln legitimieren.
Demgegenüber geht es auf der Sekundärebene um eine gerechte Verteilung der entstandenen Kosten bzw. erlittenen Schäden. Hier herrscht eine objektive ex post-Betrachtung.
Diese Differenzierung leistet § 39 I lit. a) OBG nicht, da die Vorschrift mit der Bezugnahme auf den Nichtverantwortlichen einseitig auf die Primärebene abstellt und die Sekundärebene vollständig ausblendet.
Diese Regelungslücke ist auch planwidrig, da ihre bewusste Existenz einen verfassungswidrigen Zustand erzeugen würde. Die Gewährung eines Ausgleichsanspruchs ist nämlich erforderlich, um die Ausdehnung der Gefahrbegriffe auf der Primärebene zu kompensieren, d.h. aus Verhältnismäßigkeitsgründen geboten.
Schließlich ist die Interessenlage bei einer Anscheinsgefahr und einem nicht bestätigten Gefahrenverdacht auch vergleichbar mit dem geregelten Fall. Nur stellt sich hier erst ex post heraus, dass der Anspruchsteller mangels Existenz einer Gefahr Nichtverantwortlicher ist.

Rechtsweg: Zivilgerichte, § 40 I 2 VwGO, § 43 I OBG (ggf. i.V.m. § 67 PolG NRW).

Examenstipp:
LG Hannover, Urteil vom 9.7.2020, Az.: 8 O 2/20, RA 2020, 537 ff.
Entschädigungsansprüche von Nichtstörern wegen Betriebsschließungen, verursacht durch Coronaschutz-Verordnungen, folgen nicht aus einer Analogie zu §§ 56, 65 IfSG.

Die Entschädigungsansprüche von Nichtstörern sind abschließend im IfSG normiert, sodass insoweit ein Rückgriff auf die Entschädigungsansprüche des allgemeinen Polizeirechts ausscheidet. Der Grundsatz der Gewaltenteilung und die sog. Wesentlichkeitstheorie verbieten es, aus dem Rechtsinstitut des enteignenden Eingriffs einen Entschädigungsanspruch zu gewähren, wenn es aufgrund von Coronaschutz-Verordnungen zu Betriebsschließungen kommt.

G. Ansprüche aus öffentlich-rechtlichen Schuldverhältnissen

Bei den öff.-rechtlichen Schuldverhältnissen geht es um eine analoge Anwendung der Schuldrechtsvorschriften des BGB im Verhältnis Bürger-Staat, Staat-Bürger sowie Staat-Staat. Damit sollen Lücken im Staatshaftungsrecht geschlossen werden.

Erforderlich ist eine schuldrechtsähnliche Beziehung zwischen den Beteiligten, die öff.-rechtlich geprägt ist.

Fallgruppen:

1. Öffentlich-rechtlicher Vertrag, §§ 54 ff. VwVfG NRW
   § 62 S. 2 VwVfG NRW verweist ausdrücklich auf die BGB-Bestimmungen.

2. Öffentlich-rechtliche GoA
   Denkbar in den Konstellationen: Hoheitsträger handelt für Hoheitsträger, Hoheitsträger handelt für Bürger, Bürger handelt für Hoheitsträger. Kernproblem und regelmäßiger Grund für eine Unanwendbarkeit der GoA-Regeln ist, dass auf diesem Weg die gesetzlichen EGL und Zuständigkeitsvorschriften unterlaufen werden können. So ließe sich z.B. das Abschleppen eines Kfz als GoA des Staates für den Bürger qualifizieren, so dass sich daraus ein staatlicher Kostenerstattungsanspruch ergeben würde. Damit würden aber die ausdrücklichen Bestimmungen des Vollstreckungsrechts unterlaufen werden. Daher ist die GoA nur in nicht geregelten Notsituationen einschlägig. Bsp.: Privatunternehmen dichtet einen beschädigten Deich ab, weil ein Hochwasser droht, die zuständige Behörde aber trotz mehrfacher Aufforderung und eindeutiger Gefahrensituation untätig bleibt.

3. Öffentlich-rechtliche Verwahrung
   Nimmt der Staat Sachen in seine Obhut, trifft ihn gegenüber dem Eigentümer die Pflicht, die Sachen vor Beschädigungen zu schützen.

4. Öffentlich-rechtliche Benutzungs- und Leistungsverhältnisse
   Der Bürger nimmt staatliche Leistungen in Anspruch, z.B. Versorgung mit Trinkwasser, Abwasserbeseitigung. Hier bestehen beiderseitige schuldrechtsähnliche Pflichten (der Hoheitsträger hat sauberes Trinkwasser zu liefern, der Bürger hat die Abwasserleitungen nicht zu beschädigen, indem er z.B. Farbreste in den Abfluss kippt). Ob das Benutzungs- und Leistungsverhältnis öffentlich-rechtlich oder privatrechtlich ist, hängt von dessen Ausgestaltung ab (gibt es eine Benutzungssatzung oder werden AGB verwandt?).

Beachte: Bei Vorliegen einer der Fallgruppen werden entsprechend dem klägerischen Begehren die jeweiligen Anspruchsgrundlagen aus dem BGB wie in einer Zivilrechtsklausur geprüft. In der Regel dürfte es um einen Anspruch analog § 280 I BGB wegen Schlechtleistung gehen, z.B. Lieferung von verseuchtem Trinkwasser, Rückgabe einer verwahrten Sache in beschädigtem Zustand.

Rechtsweg: Gem. § 40 II 1 VwGO grds. Zivilgerichte.

Ausn.: Verwaltungsgerichte bei einer Verletzung von Pflichten aus einem öff.-rechtlichen Vertrag.
Str. im Fall der c.i.c. Nach einer Ansicht Verwaltungsrechtsweg wegen der Nähe zum öff. - rechtlichen Vertrag. Nach a.A. Zivilrechtsweg, da die c.i.c. eine gesetzliche Vertrauenshaftung ist, die unabhängig vom späteren Vertragsschluss besteht.

Beachte: § 40 II 1 VwGO gilt nur für Ansprüche des Bürgers gegen den Staat. Allein dafür wurde die Norm geschaffen. Für Ansprüche des Staates gegen den Bürger oder im innerstaatlichen Bereich gilt die Norm nicht, d.h. Verwaltungsrechtsweg gem. § 40 I 1 VwGO.

Europarecht

A. Die Europäische Union

EU ist Rechtsnachfolgerin der EG, Art. 1 III EUV. Sie ist rechtsfähig (Art. 335 AEUV) und partiell völkerrechtsfähig. Da sie direkt in den Mitgliedstaaten Recht setzen kann, ist sie keine bloße internationale Organisation wie z.B. die UNO. Andererseits ist sie aber auch kein Staat, weil ihr die sog. **Kompetenz-Kompetenz** fehlt. Daher kann die EU als supranationale Organisation oder als Staatenverbund bezeichnet werden.

Die grundsätzlichen Regelungen finden sich im EU- und AEU-Vertrag. Grob gesagt legt der EU-Vertrag die Grundsätze fest, wohingegen der AEU-Vertrag die Detailregelungen trifft.

B. Organe der Europäischen Union und Kompetenzen

Zentrale Organe der EU sind das Europäische Parlament, der Europäische Rat, der Rat, die Europäische Kommission sowie der Gerichtshof, Art. 13 I EUV.

Das Parlament wirkt maßgeblich an der Gesetzgebung mit, bestimmt diese allerdings nicht alleine, sondern zusammen mit dem Rat. Damit hat es eine Stellung, die seiner unmittelbaren demokratischen Legitimation nicht gerecht wird (Stichwort: „Demokratisches Defizit").

Der Europäische Rat umfasst im Wesentlichen die Staats- und Regierungschefs der Mitgliedstaaten. Sie treffen die grundsätzlichen Entscheidungen für die EU wie z.B. Aufnahme neuer Mitgliedstaaten.
Der Rat umfasst die Fachminister, z.B. die Finanzminister der Mitgliedstaaten. Er ist zusammen mit dem Parlament das Hauptrechtsetzungsorgan der EU und vollzieht vor allem die vom Europäischen Rat getroffenen Grundsatzentscheidungen.

Die Europäische Kommission ist gleichsam die Regierung der EU, d.h. das Hauptexekutivorgan. Sie überwacht die korrekte Anwendung des EU-Rechts und hat das Initiativmonopol, d.h. leitet das Gesetzgebungsverfahren durch einen entsprechenden Vorschlag ein.

Eine Sonderrolle hat der Hohe Vertreter der Union für die Außen- und Sicherheitspolitik, der europäische „Außenminister". Er ist Mitglied im Rat und in der Kommission (sog. „Doppelhut") und soll für ein einheitliches Auftreten der EU nach außen sorgen.

Der Gerichtshof setzt sich aus dem Gerichtshof (EuGH), dem Gericht (EuGH) sowie etwaigen Fachgerichten zusammen. Die Abgrenzung ihrer Zuständigkeiten erfolgt durch Art. 256, 257 AEUV. Die wichtigsten Verfahren sind das Vertragsverletzungsverfahren (Art. 258 AEUV), die Nichtigkeitsklage (Art. 263 AEUV) sowie das Vorabentscheidungsverfahren (Art. 267 AEUV).

C. Primärrecht/Grundfreiheiten

Das Primärrecht besteht im Wesentlichen aus dem EU- und AEU-Vertrag sowie aus der Grundrechte-Charta (GR-Charta).
Besonders examensrelevant sind die Grundfreiheiten: Warenverkehrsfreiheit, Arbeitnehmerfreizügigkeit, Niederlassungsfreiheit, Dienstleistungsfreiheit, Kapital- und Zahlungsverkehrsfreiheit (s.u. den Prüfungsaufbau).

D. Sekundärrecht

Sekundärrecht ist abgeleitetes Europarecht, d.h. Rechtsakte der EU-Organe auf der Grundlage des Primärrechts. Es ist hauptsächlich in Art. 288 AEUV geregelt, nämlich die Verordnung, Richtlinie und der Beschluss.

Die Verordnung gilt gem. Art. 288 II AEUV unmittelbar in jedem Mitgliedstaat. Sie wirkt also gleichsam wie ein innerstaatliches Gesetz.

Die Richtlinie bedarf hingegen gem. Art. 288 III AEUV der Umsetzung durch die Mitgliedstaaten, um innerstaatlich wirken zu können. Die Umsetzung muss nach h.M. per Gesetz erfolgen, um dem Grundsatz der praktischen Wirksamkeit des Eu-Rechts (effet utile) gerecht zu werden.

Setzt ein Mitgliedstaat eine Richtlinie nicht fristgerecht in sein nationales Recht um, kommt als Sanktion eine unmittelbare innerstaatliche Wirkung der Richtlinienvorschriften in Betracht, d.h. sie entfalten ohne Umsetzungsakt Rechtswirkungen in den Mitgliedstaaten.

Voraussetzung für eine unmittelbare innerstaatliche Wirkung ist, dass die Umsetzungsfrist abgelaufen und die jeweilige Richtlinienvorschrift inhaltlich unbedingt und hinreichend bestimmt ist, sie also ohne weitere Konkretisierung angewandt werden kann. Will sich ein Unionsbürger auf eine Richtlinienvorschrift berufen, muss sie ihm zusätzlich auch ein subjektiv-öffentliches Recht vermitteln. Da die unmittelbare innerstaatliche Wirkung eine Sanktion des Mitgliedstaates für seine Untätigkeit darstellt, kann sie nur im Verhältnis Bürger → Staat (sog. **vertikale Wirkung**) geltend gemacht werden.

Hingegen kann sich der Staat gegenüber seinem Bürger nicht auf eine unmittelbare innerstaatliche Wirkung berufen (sog. **umgekehrt vertikale Wirkung**). Auch im Verhältnis zwischen Privatpersonen (sog. **horizontale Wirkung**) sind Richtlinien daher nicht anwendbar, würde das doch auf eine Sanktion einer Privatperson hinauslaufen, die aber für die Nichtumsetzung der Richtlinie nicht verantwortlich ist.

Beachte: Die unmittelbare innerstaatliche Wirkung ist für jede Richtlinienvorschrift einzeln zu untersuchen.

Beschlüsse können gem. Art. 288 IV AEUV an Einzelpersonen oder an einen größeren Personenkreis gerichtet sein. Sie sind mit einem Verwaltungsakt im deutschen Recht vergleichbar.

E. Grundfreiheiten

I. Schutzbereich

1. Kein spezielles Sekundärrecht

2. Unmittelbare innerstaatliche Anwendbarkeit

3. Grenzüberschreitender Sachverhalt

4. Sachlicher Schutzbereich
   (Warenverkehrsfreiheit, Arbeitnehmerfreizügigkeit, Niederlassungs-, Dienstleistungs-, Kapital- und Zahlungsverkehrsfreiheit)

5. Keine Bereichsausnahme, Art. 45 IV, 51 I, 62 AEUV

6. Persönlicher Schutzbereich

II. Eingriff

1. Handeln eines Verpflichteten

2. Vorliegen eines Eingriffs
   a) Offene Diskriminierung
   b) Versteckte Diskriminierung
   c) Sonstige Beschränkungen

III. Rechtfertigung

1. Festlegung der Schranke
   a) Ausdrückliche Schranken des AEU-Vertrages, Art. 36, 45 III, 52 (62), 65 I AEUV
   b) Ungeschriebene Schranken

2. Schranken-Schranken
   a) Verhältnismäßigkeit
   b) Sonstiges Primärrecht

I. Schutzbereich

1. **Kein spezielles Sekundärrecht**
   Sachverhalt darf nicht abschließend durch eine Verordnung, Richtlinie oder einen Beschluss geregelt sein.

2. **Unmittelbare innerstaatliche Anwendbarkeit**
   Für die Grundfreiheiten allgemein anerkannt. Gelten nicht nur für die Mitgliedstaaten, sondern auch in den Mitgliedstaaten.

3. **Grenzüberschreitender Sachverhalt**
   Es muss ein Bezug zum Europarecht bestehen.

   Problem: Inländerdiskriminierung
   Ausländer muss wegen der Geltung der Grundfreiheiten eine bestimmte Pflicht nicht beachten, die aber für den Inländer gilt, so dass dieser schlechter behandelt wird als der Ausländer. Bsp.: Meisterzwang im Handwerk. Inländer kann sich nur auf das nationale Recht, insbes. auf die Grundrechte berufen.

Autor: Dr. Dirk Kues

4. Sachlicher Schutzbereich

   a) Warenverkehrsfreiheit, Art. 28 II, 34 AEUV
      Eine Ware ist jeder (körperliche oder unkörperliche) Gegenstand, der einen Geldwert hat und damit Gegenstand von Handelsgeschäften sein kann. Weiterhin muss die Ware die Voraussetzungen des Art. 28 II AEUV erfüllen (sog. **Unionsware**).

   b) Arbeitnehmerfreizügigkeit, Art. 45 AEUV
      Arbeitnehmer sind Personen, die während einer bestimmten Zeit für einen anderen nach dessen Weisung Leistungen erbringen, für die sie als Gegenleistung eine nicht völlig unerhebliche Vergütung erhalten.

   c) Niederlassungsfreiheit, Art. 49 AEUV
      Die Niederlassungsfreiheit umfasst die auf Dauer angelegte, selbständige Teilnahme am Wirtschaftsverkehr an einem festen Standort in einem anderen Mitgliedstaat. Die Selbständigkeit grenzt die Niederlassungsfreiheit von der Arbeitnehmerfreizügigkeit ab. Sie erfordert ein Tätigwerden auf eigene Rechnung und eigenes Risiko.

   d) Dienstleistungsfreiheit, Art. 56, 57 AEUV
      Die Dienstleistung ist eine selbständige Tätigkeit, die in der Regel gegen Entgelt erbracht wird (Art. 57 I AEUV), zeitlich begrenzt ist (Art. 57 III AEUV) und eine Grenze überschreitet. In Abgrenzung zur Niederlassungsfreiheit handelt es sich um eine vorübergehende, nicht dauerhafte Tätigkeit. Von der Arbeitnehmerfreizügigkeit unterscheidet sich die Dienstleistungsfreiheit dadurch, dass sie Selbständigkeit voraussetzt.

   e) Kapital- und Zahlungsverkehrsfreiheit, Art. 63 AEUV
      Der Kapitalverkehr beinhaltet jede über die Grenzen eines Mitgliedstaates der EU hinweg stattfindende einseitige Übertragung von Geld- oder Sachkapital, die primär zu Anlagezwecken erfolgt. Die Zahlungsverkehrsfreiheit schützt den Transfer von Kapitalmitteln als Gegenleistung im Rahmen eines Vertrags. Sie ist das notwendige Gegenstück zu den anderen Grundfreiheiten, da letztere ohne die freie Transferierung von Gehältern, Erlösen und Gewinnen wirkungslos wären. Daher wird sie auch als „Annex- oder Hilfsfreiheit" bezeichnet.

5. Keine Bereichsausnahme, Art. 45 IV, 51 I, 62 AEUV
   Die konkrete Tätigkeit muss mit der Ausübung hoheitlicher Befugnisse oder der Wahrnehmung solcher Aufgaben verbunden sein, die auf die Wahrung der allgemeinen Belange des Staates und anderer öffentlicher Körperschaften gerichtet sind, und die deshalb ein Verhältnis besonderer Verbundenheit des jeweiligen Stelleninhabers zum Staat verlangt, z.B. Richterdienst, Polizeivollzugsdienst. Warenverkehrsfreiheit sowie Kapital- und Zahlungsverkehrsfreiheit haben keine Bereichsausnahme.

6. Persönlicher Schutzbereich
   Abhängig von der jeweiligen Grundfreiheit. Bei Art. 28 II, 34 AEUV spielt der persönliche Schutzbereich keine Rolle, weil es nur um die Sache, die Ware, geht. Die Arbeitnehmerfreizügigkeit schützt gem. Art. 45 II AEUV nur Unionsbürger. Art. 49 I 1 AEUV verlangt für die sog. **primäre Niederlassungsfreiheit** nur die Unionsbürgerschaft des Betroffenen, wohingegen Art. 49 I 2 AEUV für die sog. **sekundäre Niederlassungsfreiheit** zusätzlich auch noch seine Ansässigkeit in der EU fordert. Für die Dienstleistungsfreiheit sind gem. Art. 56 I AEUV Unionsbürgerschaft und Ansässigkeit in der EU immer erforderlich. Bei der Kapital- und Zahlungsverkehrsfreiheit spielt der persönliche Schutzbereich gem. Art. 63 AEUV wiederum keine Rolle, d.h. auch Drittstaatler können sich auf diese Grundfreiheit berufen. Für Gesellschaften gilt gem. Art. 54 I AEUV (ggf. i.V.m. Art. 62 AEUV) die Sitz- und Gründungstheorie.

II. Eingriff

1. Handeln eines Verpflichteten
Verpflichtete der Grundfreiheiten sind die Mitgliedstaaten und die EU-Organe. Str. ist, ob auch Privatpersonen in die Grundfreiheiten eingreifen können. Der EuGH bejaht dies einerseits für private Organisationen, die durch Kollektivvereinbarungen Einfluss auf die grenzüberschreitende gewerbliche Betätigung nehmen und damit eine dem Staat vergleichbare Macht besitzen (sog. „Verbände-Rechtsprechung"), z.B. Profisportverbände wie die UEFA. Darüber hinaus sollen Einzelpersonen an Art. 45 AEUV gebunden sein, wenn sie Diskriminierungen vornehmen.
Ein Eingriff kann auch in einem Unterlassen bestehen, wenn eine Handlungspflicht existiert, insbesondere aus Art. 4 III EUV.

2. Vorliegen eines Eingriffs
In die Grundfreiheiten kann wie folgt eingegriffen werden:

   a) Offene Diskriminierung
   Eine offene Diskriminierung liegt vor, wenn die Maßnahme ausdrücklich zwischen dem inländischen und dem grenzüberschreitenden Sachverhalt differenziert, also auf die Inländer- oder Ausländereigenschaft abstellt.

   b) Versteckte Diskriminierung
   Hier werden Produkte oder Personen aus dem EU-Ausland zwar nicht ausdrücklich schlechter behandelt, jedoch belastet sie die mitgliedstaatliche Maßnahme typischerweise stärker als die rein inländischen Produkte oder Personen (z.B. Pflicht zur Kennzeichnung von Produkten in der Sprache des Mitgliedstaates).

   c) Sonstige Beschränkungen

      aa) Dassonville-Formel
      Beeinträchtigungen der Grundfreiheiten können nicht allein durch Diskriminierungen geschehen, sondern auch unterschiedslos wirkende Maßnahmen können den freien Waren- und Personenverkehr erheblich erschweren. Deshalb hat der EuGH am Beispiel der Warenverkehrsfreiheit die sog. **Dassonville-Formel** entwickelt, die er dann auf die anderen Grundfreiheiten übertrug. Danach liegt eine Beschränkung vor, wenn eine staatliche Regelung den grenzüberschreitenden Verkehr mittelbar oder unmittelbar behindert oder behindern kann, unabhängig davon, ob sie diskriminierend oder unterschiedslos wirkt.

      bb) Ausklammerung im Sinne der sog. **Keck-Rechtsprechung**
      Hinsichtlich der Warenverkehrsfreiheit hat der EuGH einen Eingriff verneint, wenn eine unterschiedslos, also nicht diskriminierend wirkende mitgliedstaatliche Maßnahme Verkaufsmodalitäten regelt (z.B. Ladenschlussgesetz). Es ist im Rahmen des Art. 34 AEUV folglich zwischen produktbezogenen Maßnahmen (= Eingriff liegt vor) und vertriebsbezogenen Maßnahmen (= kein Eingriff) zu differenzieren. Produktbezogene Maßnahmen sind jedenfalls Beschränkungen in Bezug auf die Ware selbst, ihre Zusammensetzung, Etikettierung, Verpackung, Form, Abmessung oder Bezeichnung. Zweck dieser Unterscheidung ist eine Korrektur der weiten Dassonville-Formel. Vertriebsbezogene Maßnahmen sind staatliche Maßnahmen, die festlegen, wer, wann, wo, wie und zu welchem Preis Waren verkaufen darf, z.B. die Ladenschlussregelungen.
      Diese Rechtsprechung hat der EuGH in der Sache auf die Art. 45, 49 AEUV übertragen. Sie gilt ferner wohl auch für die Dienstleistungsfreiheit, während dies für Art. 63 AEUV noch nicht geklärt ist. Es ist demnach zu differenzieren zwischen dem „OB" des Zugangs zum mitgliedstaatlichen Markt (Eingriff zu bejahen) und dem „WIE" der Betätigung nach Zugang zum mitgliedstaatlichen Markt (Eingriff zu verneinen).

III. Rechtfertigung

1. Festlegung der Schranke

   a) Ausdrückliche Schranken des AEU-Vertrages, Art. 36, 45 III, 52 (62), 65 I AEUV

   b) Ungeschriebene Schranken
   Wegen des engen Anwendungsbereichs der ausdrücklichen Schranken hat der EuGH die sog. **ungeschriebenen Schranken** entwickelt. Das ist mit der sog. **Cassis-Rechtsprechung** zunächst für die Warenverkehrsfreiheit erfolgt, wurde sodann aber auf alle Grundfreiheiten übertragen.
   Danach ist eine Beeinträchtigung der Grundfreiheiten gerechtfertigt, wenn zwingende Gründe des Allgemeinwohls für den Eingriff sprechen, z.B. Umweltschutz, Verbraucherschutz. Nicht ausreichend sind bloße wirtschaftliche Interessen wie z.B. Schutz der einheimischen Wirtschaft, da dies zu einer übermäßigen Beschränkung der Grundfreiheiten führen könnte.
   Nicht anwendbar ist die Cassis-Rechtsprechung nach h.M. allerdings bei offenen Diskriminierungen. Sie sind so schwerwiegend, dass sie nur durch eine ausdrückliche Schranke gerechtfertigt werden können. Hingegen greift die Cassis-Rechtsprechung bei versteckten Diskriminierungen, weil sie sich oftmals nur schwer von sonstigen Beschränkungen i.S.d. Dassonville-Formel abgrenzen lassen.

2. Schranken-Schranken

   a) Verhältnismäßigkeit

   > **Examenstipp:**
   > **EuGH, Urteil vom 18.6.2019, Az.: C-591/17, RA 2019, 419 ff.**
   > Die deutsche Vignette für die Benutzung von Bundesfernstraßen durch Personenkraftwagen (sog. Autobahnmaut) verstößt gegen das Unionsrecht, insbesondere gegen Art. 18 I AEUV.

   b) Sonstiges Primärrecht
   Das sonstige Primärrecht umfasst insbesondere die EU-Grundrechte, Art. 6 I EUV i.V.m. GR-Charta. Die europäischen Grundrechte werden im Wesentlichen genauso geprüft wie die deutschen Grundrechte (Eingriff in den Schutzbereich, Rechtfertigung des Eingriffs, Schranken-Schranken), insbesondere können die Definitionen des sachlichen Schutzbereichs übernommen werden. Zu beachten ist einerseits, dass die GR-Charta primär an die EU-Organe gerichtet ist, d.h. sie greifen in erster Linie in die EU-Grundrechte ein. Die Mitgliedstaaten hingegen sind vor allem an ihre nationalen Grundrechte gebunden. Sie können nur in die EU-Grundrechte eingreifen, wenn sie EU-Recht durchführen, Art. 51 I 1 GR-Charta, z.B. Umsetzung einer Richtlinie, Eingriff in die Grundfreiheiten (h.M.).
   Andererseits ist bei der Prüfung der Rechtfertigung des Eingriffs die sog. **Transferklausel** des Art. 52 III GR-Charta zu beachten. EU-Grundrechte, die mit Rechten aus der EMRK identisch sind, unterliegen den gleichen Schranken, d.h. den Schranken der EMRK. Ist demnach ein Recht in der EMRK absolut geschützt, kann also ein Eingriff in dieses Recht nicht gerechtfertigt werden, gilt das auch für die GR-Charta, z.B. Art. 4 GR-Charta (= Art. 3 EMRK). Der allgemeine Schrankenvorbehalt des Art. 52 I 1 GR-Charta greift daher nur subsidiär ein.
   Eine Auflistung der Grundrechte aus der GR-Charta, die den Rechten der EMRK entsprechen oder über ihren Schutzumfang noch hinausgehen, findet sich in den Erläuterungen des Präsidiums des Verfassungskonvents zu Art. 52 GR-Charta.

F. Verfahren vor dem Gerichtshof

I. Vertragsverletzungsverfahren, Art. 258 AEUV

1. Zulässigkeit

   a) Zuständiges Gericht
   EuGH, arg. e. Art. 256 I UAbs. 1 AEUV.

   b) Beteiligtenfähigkeit
   Aktiv: Kommission. Passiv: Mitgliedstaaten.

   c) Klagegegenstand
   = jeder Verstoß gegen primäres oder sekundäres EU-Recht.
   Der Mitgliedstaat haftet für das Verhalten jedes staatlichen Organs.

   d) Klageberechtigung
   „Auffassung sein"
   = Überzeugung von der Vertragsverletzung.

   e) Ordnungsgemäßes Vorverfahren
   2 Verfahrensschritte:
   Mitgliedstaat erhält zunächst Mahnschreiben, in dem ihm der Vertragsverstoß, die verletzte EU-Vorschrift und die Einleitung des Verfahrens mitgeteilt werden sowie eine Frist zur Äußerung gesetzt wird.
   Nach Fristablauf ergeht die mit Gründen versehene Stellungnahme, wenn der Mitgliedstaat den Rechtsverstoß nicht beseitigt hat. Der Vertragsverstoß und die maßgebliche Sach- und Rechtslage werden nochmals bezeichnet. Es erfolgt eine Fristsetzung zur Beseitigung des Rechtsverstoßes.

   <u>Beachte:</u> Mahnschreiben und mit Gründen versehene Stellungnahme müssen inhaltlich identisch sein.

   f) Ordnungsgemäße Klageerhebung
   Art. 21 Satzung des Gerichtshofs.

   g) Klagefrist
   Keine ausdrückliche Frist, Klage ist aber unzulässig vor Ablauf der Fristen, welche die Kommission dem Mitgliedstaat gesetzt hat.

   h) Rechtsschutzbedürfnis
   Fehlt, wenn der Mitgliedstaat den Vertragsverstoß innerhalb der gesetzten Fristen beseitigt.

2. Begründetheit

   <u>Obersatz:</u> Die Klage ist begründet, soweit der beklagte Staat tatsächlich einen zurechenbaren Verstoß gegen das EU-Recht begangen hat.
   Maßgeblicher Zeitpunkt ist der Ablauf der in der mit Gründen versehenen Stellungnahme gesetzten Frist.
   Die Rechtsfolgen einer Verurteilung ergeben sich aus Art. 260 AEUV.

II. Nichtigkeitsklage, Art. 263 AEUV

1. Zulässigkeit

   a) Zuständiges Gericht
   EuGH oder das Gericht, Art. 256 I Abs. 1 AEUV i.V.m. Art. 51 Satzung des Gerichtshofs.

b) Beteiligtenfähigkeit
Aktiv: Mitgliedstaaten, Parlament, Rat, Kommission, Rechnungshof, EZB, Ausschuss der Regionen, natürliche und juristische Personen. Passiv: Rat, Kommission, EZB, Parlament und Rat zusammen.

c) Klagegegenstand
= Gesetzgebungsakte und Handlungen der in Art. 263 I 1 AEUV genannten Organe, soweit sie Rechtswirkungen haben.

d) Klagebefugnis

Differenzierung:

- Mitgliedstaaten, Parlament, Rat und Kommission sind gem. Art. 263 II AEUV privilegiert klagebefugt, müssen keine Verletzung eigener Rechte rügen.

- Rechnungshof, EZB, Ausschuss der Regionen müssen gem. Art. 263 III AEUV eine Verletzung eigener Rechte rügen.

- Natürliche und juristische Personen sind gem. Art. 263 IV AEUV ohne weiteres klagebefugt, wenn sie Adressatin einer Handlung, d.h. eines Beschlusses sind. Eine mögliche Rechtsverletzung ist dann nicht erforderlich.
  Die an einen Dritten gerichteten Beschlüsse sowie adressatenlose Handlungen wie Verordnungen und Richtlinien und Rechtsakte mit Verordnungscharakter kann eine natürliche und juristische Person nur angreifen, wenn sie unmittelbar betroffen ist.

Unmittelbar = Rechtsakt beeinträchtigt den Kläger ohne weiteren Durchführungsakt oder Mitgliedstaat ist zur Vornahme des Durchführungsaktes verpflichtet.

Probleme:
aa)   Individuelle Betroffenheit
      H.M.:   Kläger muss wegen bestimmter persönlicher Eigenschaften oder besonderer, ihn aus dem Kreis der Allgemeinheit heraushebender Umstände durch den umstrittenen Rechtsakt berührt und in ähnlicher Weise individualisiert sein wie der Adressat einer Einzelfallentscheidung (sog. **Plaumann-Formel**). Das bedeutet, der Kläger muss einem zum Zeitpunkt des Erlasses des Rechtsaktes abgeschlossenen, bestimmbaren Personenkreis angehören, der sich von der Allgemeinheit abhebt, durch persönliche Eigenschaften gekennzeichnet ist, und der angegriffene Rechtsakt muss nur diesen Personenkreis betreffen.

          Arg.:   Kreis der Klageberechtigten ist anderenfalls zu groß. Primär ist es Sache der nationalen Gerichte, effektiven Rechtsschutz auch gegen Rechtsakte der EU zur gewährleisten, ggf. i.V.m. dem Vorabentscheidungsverfahren.

      M.M.:   Es genügt, wenn der Kläger durch den Rechtsakt erheblich in seiner Marktposition oder in seinen Grundrechten beeinträchtigt wird.
          Arg.:   Anforderungen der h.M. sind zu streng, sie gewährt letztlich keinen effektiven Rechtsschutz.

bb)   Rechtsakte mit Verordnungscharakter
Nach einer Ansicht sind damit alle Sekundärrechtsakte gemeint, also Verordnungen, Richtlinien, Beschlüsse sowie alle sonstigen rechtsverbindlichen Handlungen wie z.B. Durchführungsverordnungen der Kommission. Als Argument lässt sich auf den weit gefassten Wortlaut des Art. 263 IV AEUV verweisen.
Die Gegenauffassung sieht Verordnungen, Richtlinien und Beschlüsse nicht als erfasst. Sie beruft sich auf die historische Auslegung. Danach war auch in den Vorarbeiten des Vertrages von Lissabon eine entsprechende Beschränkung vorgesehen.

cc) Keine Durchführungsmaßnahmen

Strittig ist, ob dieses Merkmal neben dem Merkmal „unmittelbar" eine eigenständige Bedeutung hat. Teilweise wird dies verneint. Die Gegenauffassung sieht seine Bedeutung hingegen darin, die Anfechtung von Richtlinien auszuschließen. Diese können zwar ausnahmsweise unmittelbar innerstaatlich wirken, bedürfen aber gleichwohl stets einer mitgliedstaatlichen Durchführungsmaßnahme.

e) Klagegrund

Substanziierte Behauptung eines der in Art. 263 II AEUV genannten Klagegründe.

f) Ordnungsgemäße Klageerhebung

Art. 21 Satzung des Gerichtshofs.

g) Klagefrist

Art. 263 VI AEUV

2. Begründetheit

Obersatz: Die Klage ist begründet, wenn einer der in Art. 263 II AEUV genannten Nichtigkeitsgründe tatsächlich vorliegt.

Letztlich ist zu prüfen, ob der angegriffene Rechtsakt gegen höherrangiges Primär- oder Sekundärrecht verstößt. Prüfungsaufbau wie bei der Prüfung eines deutschen Parlamentsgesetzes (formelle und materielle Rechtmäßigkeit).

Die Rechtsfolgen des Urteils ergeben sich aus Art. 264 AEUV.

III. Vorabentscheidungsverfahren, Art. 267 AEUV

1. Zulässigkeit

a) Zuständiges Gericht

EuGH, da keine anderweitige Regelung in der Satzung des Gerichtshofs, vgl. Art. 256 I UAbs. 1 S. 1, III UAbs. 1 AEUV.

b) Vorlagegegenstand

→ Art. 267 I lit. a) AEUV:

„Verträge" = gesamtes Primärrecht.

„Auslegung" = abstrakt-generelle Deutung des EU-Rechts. EuGH entscheidet also nicht den konkreten Ausgangsrechtsstreit.

→ Art. 267 I lit. b) AEUV:

„Handlungen" = Sekundärrecht.

„Gültigkeit" = Vereinbarkeit mit dem höherrangigen EU-Recht, also Rechtmäßigkeitsprüfung.

„Auslegung" = s.o.

c) Vorlageberechtigung

Gericht, Art. 267 II AEUV = alle zur Entscheidung in Rechtsstreitigkeiten berufenen Spruchkörper, die unabhängig sind, nach einem rechtsstaatlichen Verfahren auf rechtlicher Grundlage mit bindender Wirkung entscheiden und in das innerstaatliche Rechtsschutzsystem eingebunden sind.

Vorlagepflicht für Gerichte, deren Entscheidungen nicht mehr angefochten werden können, Art. 267 III AEUV. Maßgeblich ist, ob im konkreten Einzelfall noch ein Rechtsmittel zur Verfügung steht (sog. **konkrete Betrachtungsweise**), so dass auch ein Amtsgericht vorlagepflichtig sein kann.

Auch solche Gerichte müssen ausnahmsweise jedoch nicht vorlegen, wenn:

- der EuGH die Vorlagefrage bereits in einem anderen Verfahren beantwortet hat
- es um eine Entscheidung in einem Verfahren des vorläufigen Rechtsschutzes geht (Eilbedürftigkeit widerspricht der Durchführung eines Vorabentscheidungsverfahrens)
- die Antwort auf die vorzulegende Frage völlig offensichtlich ist (sog. **acte clair-Theorie**). Letzteres ist jedoch nur der Fall, wenn das nationale Gericht die umstrittene EU-Vorschrift in ihren unterschiedlichen Sprachfassungen verglichen, die einschlägige Rechtsprechung des EuGH berücksichtigt sowie die Ausstrahlungswirkung des höherrangigen EU-Rechts beachtet hat.

Andererseits müssen auch Gerichte unterer Instanzen zwingend vorlegen, wenn sie einen Rechtsakt der EU nicht anwenden wollen, weil sie ihn für unwirksam halten. Denn die Entscheidung über die Gültigkeit von EU-Recht steht im Interesse der Rechtseinheit nur dem EuGH zu.

Beachte: Missachtet ein deutsches Gericht eine bestehende Vorlagepflicht, kann dies mit einer Verfassungsbeschwerde gerügt werden, gestützt auf Art. 101 I 2 GG. Allerdings geht das BVerfG nur von einem Verstoß gegen Art. 101 I 2 GG aus, wenn die Vorlage willkürlich unterblieben ist, weil es primär Sache der Fachgerichte sei, über die Vorlage zu entscheiden. Zudem möchte das BVerfG nicht zu einem obersten „Vorlagenkontrollgericht" werden. Eine willkürliche Nichtvorlage ist in folgenden Konstellationen gegeben:

- Grundsätzliche Verkennung der Vorlagepflicht:
    - das Gericht weicht bewusst von der Rechtsprechung des EuGH weicht, ohne erneut vorzulegen (bewusstes Abweichen ohne Vorlagebereitschaft)
    - das Gericht äußert in seiner Entscheidung Zweifel bzgl. der richtigen Auslegung des EU-Rechts, legt gleichwohl nicht vor
    - das Gericht hat sich hinsichtlich des EU-Rechts nicht hinreichend kundig gemacht oder offenkundig einschlägige Rechtsprechung des EuGH nicht ausgewertet
- Unvollständigkeit der Rechtsprechung:
  Ist die zu entscheidende Frage vom EuGH noch nicht abschließend geklärt oder erscheint eine Fortentwicklung der Rechtsprechung des EuGH nicht nur als entfernte Möglichkeit, wird Art. 101 I 2 GG verletzt, wenn das vorlagepflichtige Gericht den ihm in diesen Fällen zukommenden Beurteilungsspielraum in unvertretbarer Weise überschreitet. Das ist der Fall, wenn das Gericht das Vorliegen eines „acte clair" (= Antwort auf die vorzulegende Frage ist völlig offensichtlich, s.o.) oder eines „acte èclaire" (= vorzulegende Frage ist durch die Rechtsprechung in einer Weise geklärt, die keinen vernünftigen Zweifel offenlässt) willkürlich bejaht. Das vorlagepflichtige Gericht muss sich also auch hier hinsichtlich des EU-Rechts kundig machen und die einschlägige Rechtsprechung des EuGH auswerten.

d) Entscheidungserheblichkeit
   = Ausgang des Verfahrens vor dem vorlegenden Gericht muss von der Beantwortung der Vorlagefrage abhängen.

2. Begründetheit der Vorlage/Sachentscheidung des EuGH
   Entweder ist eine EU-Vorschrift auszulegen oder ein Rechtsakt der EU auf seine Wirksamkeit zu prüfen (formelle und materielle Rechtmäßigkeit).
   Die Entscheidung des EuGH ist für das vorlegende Gericht bindend. Erklärt der EuGH eine EU-Vorschrift für ungültig, wirkt dies erga omnes.

G. Europarechtskonforme Auslegung des nationalen Rechts

Das Europarecht, insbes. die Grundfreiheiten, treten in Klausuren regelmäßig in Kombination mit dem nationalen Recht auf. Das bedeutet, immer wenn in einem Klausursachverhalt ein grenzüberschreitender Bezug erkennbar ist (z.B. Ware soll importiert werden, Unionsbürger will einreisen, Deutscher will ausreisen), muss an das Europarecht gedacht werden. Dieses kann dann entweder direkt bei dem Merkmal der deutschen Norm geprüft werden, dessen Auslegung oder Anwendung gegen das Europarecht verstößt (z.B. europarechtskonforme Auslegung der Merkmale des § 48 VwVfG NRW bei der Rücknahme europarechtswidriger Beihilfen, s.o. die Ausführungen im allg. Verwaltungsrecht). Oder es wird zuerst nur anhand des deutschen Rechts geprüft, um das Ergebnis sodann auf die Vereinbarkeit mit dem Europarecht zu untersuchen.

H. Unionsrechtlicher Staatshaftungsanspruch

Der Unionsrechtliche Staatshaftungsanspruch wurzelt im Europarecht, die Haftungsfolgen ergeben sich jedoch aus dem nationalen Recht.

I. Anspruchsvoraussetzungen

1. Verstoß gegen eine individualschützende Norm des EU-Rechts
   Die verletzte Norm muss zumindest auch dem Schutz des Geschädigten dienen. Diese Voraussetzung erfüllen insbesondere die Grundfreiheiten. Ihre Verletzung kann also den unionsrechtlichen Staatshaftungsanspruch auslösen.

2. Qualifizierter Rechtsverstoß
   = erheblicher und offenkundiger Verstoß gegen die individualschützende Europarechts-norm.

   Kriterien:
   Klarheit und Genauigkeit der verletzten Norm, Entscheidungsspielraum der nationalen Behörden bei der Anwendung der Norm, Vorsätzlichkeit des Rechtsverstoßes, Entschuldbarkeit eines Rechtsirrtums, Mitwirkung eines EU-Organs an dem Rechtsverstoß, Verletzung der Vorlagepflicht nach Art. 267 III AEUV bei judikativem Unrecht.
   Der Rechtsverstoß kann durch jedes staatliche Verhalten, also durch Maßnahmen der Legislative, Exekutive und Judikative ausgelöst werden.

3. Kausalität
   Adäquanztheorie.

II. Haftungsfolgen

Die Haftungsfolgen ergeben sich aus dem nationalen Recht unter Beachtung des Diskriminierungsverbots und Effizienzgebots.

1. Art und Umfang des Schadensersatzes
   Schadensersatz einschließlich Schmerzensgeld. Naturalrestitution ist im Gegensatz zum deutschen Amtshaftungsanspruch grds. möglich, weil es sich hier nicht um eine übergeleitete Haftung handelt. Naturalrestitution scheidet nur bei judikativem Unrecht aus, um die Rechtskraft gerichtlicher Entscheidungen zu schützen.

2. Haftungsausschluss
   § 839 I 2 BGB ist nicht anwendbar, da keine übergeleitete Haftung. Gleiches gilt für § 839 II BGB, da eine Haftung auch bei judikativem Unrecht möglich ist. Anwendbar ist hingegen § 839 III BGB als Ausfluss des Mitverschuldens sowie das allgemeine Mitverschulden auch § 254 BGB.

3. Passivlegitimation
   Anspruchsgegner ist der Mitgliedstaat, dessen Organ den Schaden verursacht hat. Hat in einem Bundesstaat wie Deutschland eine Landesbehörde den Schaden verursacht, kann innerstaatlich bestimmt werden, dass sich der Anspruch gegen das jeweilige Bundesland richtet.

I. Verhältnis Europarecht - nationales Recht

Das unmittelbar innerstaatlich geltende EU-Recht besitzt gegenüber dem nationalen Recht grds. einen Anwendungsvorrang. D.h. bei einer Kollision mit dem EU-Recht wird das entgegenstehende nationale Recht verdrängt. Das muss von allen nationalen Gerichten und Behörden beachtet werden, weil das mit Anwendungsvorrang ausgestattete EU-Recht als „Recht" i.S.d. Art. 20 III GG zu qualifizieren ist.

Eine Grenze ist jedoch erreicht, wenn durch das EU-Recht die Kernprinzipien des GG, insbes. die Grundrechte infrage gestellt werden (sog. Solange-Respr. und Identitätskontrolle). Sie sind auch gegenüber dem EU-Recht durch Art. 23 I 3 i.V.m. Art. 79 III GG absolut geschützt. Zu der entsprechenden Kontrolle zählt das BVerfG auch die Prüfung, ob die EU sich außerhalb ihrer Kompetenzen bewegt hat (sog. **ultra-vires-Kontrolle** bzw. „ausbrechende Hoheitsakte"). Die ultra-vires-Kontrolle ist allerdings europarechtsfreundlich auszuüben, da es primär Sache des EuGH ist, Rechtsakte der EU zu überprüfen, auch bzgl. der einzuhaltenden Kompetenzen. Daher muss zunächst der EuGH im Rahmen des Vorabentscheidungsverfahrens nach Art. 267 AEUV eingeschaltet werden, bevor ein nationales Gericht eine Kompetenzüberschreitung der EU feststellen darf. Ferner muss der Kompetenzverstoß offensichtlich und erheblich sein.

Examenstipp:
BVerfG, Urteil vom 5.5.2020, Az.: 2 BvR 859/15 u.a., RA-Telegramm 5/2020, S. 65 ff.
Die Bundesregierung und der Deutsche Bundestag haben die Beschwerdeführer in ihrem Recht aus Art. 38 I 1 in Verbindung mit Art. 20 I, II in Verbindung mit Art. 79 III GG verletzt, indem sie es unterlassen haben, dagegen vorzugehen, dass die Europäische Zentralbank (EZB) in den für die Einführung und Durchführung des PSPP erlassenen Beschlüssen weder geprüft noch dargelegt hat, dass die hierbei getroffenen Maßnahmen verhältnismäßig sind. Dem steht das Urteil des Gerichtshofs der Europäischen Union (EuGH) vom 11. Dezember 2018 nicht entgegen, da es im Hinblick auf die Kontrolle der Verhältnismäßigkeit der zur Durchführung des PSPP erlassenen Beschlüsse schlechterdings nicht mehr nachvollziehbar und damit ebenfalls ultra vires ergangen ist.

Ist das EU-Recht nicht unmittelbar innerstaatlich anwendbar, besteht für die nationalen Behörden und Gerichte eine Pflicht zur europarechtskonformen Auslegung des nationalen Rechts. D.h. die Vorgaben des EU-Rechts sind im Rahmen der Auslegungsmethoden sowie ggf. durch Analogiebildung und teleologische Reduktion umzusetzen.

EMRK

Prüfungsaufbau einer Individualbeschwerde, Art. 34 EMRK

A. Zulässigkeit

I. Zuständigkeit des Europäischen Gerichtshofs für Menschenrechte (EGMR)
Zeitliche Zuständigkeit (sog. ratione temporis): Art. 59 EMRK.
Örtliche Zuständigkeit (sog. ratione loci): Art. 1 EMRK.

II. Partei- und Prozessfähigkeit (sog. ratine personae)
Für den Beschwerdeführer geregelt in Art. 34 EMRK. Beschwerdegegner muss ein Verpflichteter der EMRK sein, d.h. ein Konventionsstaat, Art. 1, 59 I EMRK.
Prozessfähig ist jeder, der faktisch Prozesshandlungen vornehmen kann.

III. Beschwerdegegenstand (sog. ratione materiae), Art. 34 S. 1 EMRK
= jeder Akt, der einem Konventionsstaat zurechenbar ist.
Die Konventionsstaaten haften nach außen für jedes hoheitliche Handeln, unabhängig davon, welche staatliche Stelle gehandelt bzw. unterlassen hat.

IV. Beschwerdebefugnis (Opfereigenschaft), Art. 34 S. 1 EMRK
= nach dem Vorbringen des Beschwerdeführers muss die Möglichkeit bestehen, dass er in einem seiner Rechte aus der EMRK oder den Zusatzprotokollen verletzt ist. Zudem muss er selbst, gegenwärtig und unmittelbar betroffen sein.

V. Rechtswegerschöpfung, Art. 35 I EMRK
Mitgliedstaaten sollen die Möglichkeit haben, die Rechtsverletzung selbst zu beheben. Die Rechtsbehelfe müssen echte Abhilfemöglichkeiten sein, bei denen realistische Erfolgsaussichten bestehen.

VI. Beschwerdefrist, Art. 35 I EMRK

VII. Form
Schriftlich und Unterschrift.

B. Begründetheit
Obersatz: Die Individualbeschwerde ist begründet, wenn der Beschwerdeführer in einem seiner Rechte aus der EMRK oder deren Zusatzprotokollen verletzt ist.

I. Schutzbereich
Übernahme der Definitionen der deutschen Grundrechte.

II. Eingriff
= staatliches Handeln oder Unterlassen, das eine gewisse Intensität aufweist, also mehr ist als eine bloße Bagatelle.

III. Rechtfertigung des Eingriffs

1. Spezielle Schranken
   Einzelne Konventionsrechte haben spezielle Schranken, z.B. Abs. 2 der Art. 8-11 EMRK. Ein Parlamentsgesetz ist nicht zwingend, ungeschriebenes Recht genügt.

2. Allgemeine Schranken, Art. 15-17 EMRK
   Beachte: Notstandsfeste Rechte gem. Art. 15 II EMRK.

3. Immanente Schranken
   Sind keine ausdrücklichen Schranken einschlägig, greifen subsidiär die immanenten Schranken, d.h. kollidierende Rechte Dritter.

4. Verhältnismäßigkeit
   Schranke-Schranke. Im Rahmen der Abwägung ist entscheidend, wie wichtig das verfolgte Ziel ist, wie intensiv die Souveränität des Konventionsstaates berührt ist und ob es gemein-europäische Standards gibt. Den Konventionsstaaten steht ein Beurteilungsspielraum zu.